南傳大藏經

凡例

一、今巻依用の底本は四經共に巴利聖典出版協會(Pāli Text Society)本にして、兼て暹羅版を參照せり。

一、本文行頭に羅馬數字を以て底本の頁數を附し、彼此參看に便じたり。

一、文中〔　〕印を以て括せる語又は句は、譯者の挿入にして、六號活字(　)印を以て括せるは譯者の註記なり。

一、文中…乃至…又は……とあるは、底本に然く省略せるものなり。

一、文字の右肩に附せる白拔羅馬數字は註の對照番號にして、註の文は小誦經にありては各經末に、其の他の三經は各品末に之を出したり。

一、固有名詞の中、音譯の漢譯經典に存するものは可及的に之を採り巴利原音の假名を附せり。但し漢譯は主にサンスクリットよりの飜譯なれば、その音譯は必ずしも巴利語のそれに對應すとは言ふべからず。

一、假名字を以て表せる發音も亦巴利語の正確なる音を寫せるものとは言ひ難し。從つて漢字、假名兩者いづれの表音も、その巴利發音を知る爲には卷末索隱中の原語に依るを要す。

一、索隱は發音索隱と漢字索隱との二種とし、前者は假名字、原語羅馬字、漢字の順に、後者は漢字、原語羅馬字の順に配し、總て五十音順に列位す。而して漢字索隱中には固有名詞の他に術語をも合入したり。

目次

小部經典一

本經は小部經典の最初に位する極めて簡短なる集錄で、「小讀本」とも稱すべきものである。新入道者が最初に學習するに適する要文と佛教儀式に用ひられる禮讚文である。九部より成つて居り、初めの四部はパータ（誦文）で極めて短い要文であり、本經を小誦經と名づけるのは之によるのであらう。後の五部はスッタ（經）であり、其の中第五、第六、第九の三經は經集《スッタニパータ》（南傳藏卷第二十四）に存するものと同一であり、第七の戶外經は餓鬼事經《ペータヷツトゥ》（南傳藏卷第二十四）に見出される。

本經は錫蘭では大いに尊重せられ、現在の錫蘭佛教徒の儀式、生活に缺くべからざるものとして永く行はれて居るものである。第七・第八の二經を除いて他の七は今日も佛教徒のパリッター式に誦せられ、家屋の新築、死亡、病氣等のあらゆる機會に降魔・祈福の爲に誦せられるといふ。

西紀一八六九年チルダースによつて本文幷に英譯が王立亞細亞協會の雜誌に掲載せられた。然し此より前、第七第八の二經を除いて他は、一八三九年シーロンフレンド誌にピリットの翻譯としてゴージャーリーによりて掲げられ、後にザイデンスチュッカー及びキンテルニッツも之を獨譯した。漢譯には本經に相當するものはない。

法句經は二十六品四百二十三偈より成り、釋尊の金口より迸れる無問自說の「法句」、卽ち佛敎の妙諦を宣示せる勝句を分類蒐集したものと稱せられる。行文概して平易簡潔、而も巧妙なる譬喩を交へて枯燥ならず、その間に佛敎の道德觀・社會觀の根本義を敎へて佛道入門の指針をなし、南傳三藏中特に珍重せらるゝ珠玉の文字である。之に因緣譚及註解を附した佛音の浩瀚なる註釋 (Dhammapadaṭṭhakathā ed. by H. C. Norman, PTS 1906-1915; tr. by E. W. Burlingame: Buddhist Legends, 3 vols., Cambridge Mass. 1921) も廣く世に行はれてゐる。

西曆一八五五年デンマルクの碩學ファウスベルは法句經を出版し、之をラテン語に飜譯し、且つ上記の註釋の拔粹を添へ、學界に不朽の貢獻をなした。Dhammapadam. Ex tribus codicibus Hauniensibus palice edidit, latine vertit, excerptis ex commentario palico notisque illustravit V. **Fausböll**, Hauniae 1855. その第二版は一九〇〇年ロンドンより出版せられ、更に一九一四年にはスーリヤゴーダ・スマンガラ・テーラによつて新に出版せられた。The Dhammapada. New edition by **Sūriyagoda Sumangala Thera**, PTS 1914. 飜譯に至つては歐洲の主要語に移植せられたものも頗る多く、今玆には最も重要なものとして F. **Max Müller**: The Dhammapada. Sacred Books of the East vol. X, Oxford 1881, 2nd ed. 1898, New ed. 1924; R. **Otto Franke**: Dhammapada-Worte, Jena 1923 を擧げるに止める。本邦に於

ても立花俊道教授(國譯大藏經、經部第十二卷、大正七年)、長井眞琴教授(世界文庫、大正十三年)、荻原雲來教授(岩波文庫、昭和十年)等の翻譯がある。本譯は之等先覺巨匠の勞作を自由に參考利用しつゝ、出來得る限り忠實にP・T・S出版本を譯出するに務め、誤植句讀等の些細の點は別として之に從ひ得なかつた二三の箇所は註を附して明瞭にしておいた。

南傳法句經に相當する北傳梵本は法救(Dharmatrāta)撰ウダーナヴルガ(Udānavarga)と稱せられ、近時の中亞發掘研究の結果、原本斷片の世に出でたものも少くなく、その概要を髣髴するに難くない。卽ち三十三品より成り、偈數も南傳法句經より遙に多く、內容より見るも之と所傳を異にしてゐることは明白である。特に Sylvain Lévi. L'Apramāda-varga. Étude sur les recensions des Dharmapadas, Journ. Asiatique 1912 II, P. 203-294; P. N. Chakravarti: L'Udānavarga sanskrit. Tome I. (chapitres I-XXI), Paris 1930 參照。尙梵語から翻譯せられた西藏語ウダーナヴルガ(Ched-du-brjod-pahi tshoms)は三十三品より成り、九八五乃至九八九偈(一少部分は散文)を含み、カンヂュール部のみならずタンヂュール部にも收められてゐる。早くから英譯によつて知られ(W. W. Rockhill: Udānavarga. translated from the Tibetan of the Bkah-hgyur with notes and extracts from the commentary of Prajñâvarman, London 1883, Trubner's Or. Ser. (1892) 後に至つて原文も出版せられた(H. Beckh: Udānavarga. nach dem kanjur und Tanjur …… herausgegeben, Berlin 1911)パーリ語法句經並に優陀那の偈文の大部分に相當する偈頌を有し、之等の中に見出されなら偈頌も概ね南傳三藏の他經中の偈文に相應する。特に L. de la Vallée Poussin: Essai d'identification des gāthās et des udānas en prose de l' Udānavarga de Dharmatrāta, Journ. Asiatique 1912 I, P. 311-330 參照。

次に漢譯經典中法句經或はウダーナヷルガに類似相應するものに次の四經がある。一、法句經(法救撰、吳、維祇難等譯、西曆三世紀の初、三十九品七百五十二偈)、二、法句譬喩經(西晋、法炬·法立共譯、西曆二九〇—三〇六年、四十二品)、三、出曜經(後秦、竺佛念譯、西曆三九八—三九九年、三十四品)、四、法集要頌經(法救集、宋、天息災譯、十世紀末、三十三品、約九百五十偈)卽ち之である。この中第一は偈頌のみより成り、第二はその少數の偈に因緣譚を加へたものである。第三は偈頌のみならず因緣譚註解を含み、第四は大體に於てその偈頌のみを改訂集錄したものに過ぎない。而して偈頌に關して見るも第一第二の一類と第三第四の一類とはその原文を異にし、後者は梵語西藏語のウダーナヷルガに近い。

以上の外、法句の集錄は種々なる宗派に於ても行はれたものゝ如く、西北印度方言の特徴ある一種のプラークリット語で書かれた法句經が于闐地方から發見せられた。その寫本はカローシュティー文字を以て書かれ、西曆一世紀乃至三世紀に屬すと考へられ、內容は梵巴兩本の何れとも一致しない獨立の一異本をなしてゐる。 E. Senart: Le manuscrit Kharoṣṭhi du Dhammapada. Les fragments Dutreuil de Rhins, Journ. Asiatique 1898 II. 193 ff.; 545 ff.; Benimadhab Barua and Sailendranath Mitra: Prākrit Dhammapada based upon M. Senart's Kharoṣṭhi manuscript, with text, translation and notes, Calcutta 1921 參照。

同様にマハーヴストゥは法句經 (Dharmapada) の名を擧げて、その千品 (Sahasravarga, ed. Senart vol. III, P. 434-6) 及び他の數偈を引用してゐる。大衆部も亦獨立の一異本を有してゐたことを知るに足るのである。

最後にウダーナヴァルガが中央亞細亞に於ても愛好せられたことは、所謂トカラ語の寫本中に偈頌の飜譯斷片のみならず、その註釋書 (Udānālaṃkāra) の斷片も存在する事實によつて證明せられる。B方言卽ち龜玆語に關しては特に Sylvain Lévi : Fragments de textes kontchéens, Udānavarga, Udānastotra, Udānālaṃkāra et Karmavibhaṅga, Paris 1933; E. Sieg und W. Siegling : Udānavarga-Übersetzungen in „Kucischer Sprache," Volume Rapson, London 1931, P. 483-499 參照。A方言卽ち焉耆語に關しては E. Sieg und W. Siegling : Bruchstücke eines Udānavarga-Kommentars (Udānālaṃkāra?) im Tocharischen, Festschrift fur M. Winternitz, Leipzig 1933, P. 167-173 參照。

本經は小部經典十五經中第三に位し、法句經の次、如是語經の前に存する。部分的には註にも記した通り、漢譯聖典中にも存するが、全體としてはその相當經を見出し得ない。元來優陀那（Udāna）とは佛陀が感興に從つて發せられた偈であるから、普通感興偈又は自說經と稱する。現今の自說經は、菩提品、目眞隣陀品、難陀品、彌醯品、蘇那長老品、生盲品、小品、波吒離村人品の八品より成り、各品には各十經づつを含む。故に全體では八十經より成つてゐる。各經は長行（散文）と所謂優陀那とに分れる。長行はその優陀那の發せらるゝ因緣を說く。更に一品の終りには攝頌（Uddāna）なるものが加へられ、第八品攝頌の末尾には各品を總括する頌が添へられてゐる。各品の題名は必らずしも一品全體の內容を代表したものでなく、その中の一經又は二三經によつて選ばれたものに過ぎない。但し第七品は一般に短經より成つてゐるので、小品といふ名を得たのであらう。第一品は成道、第八品は涅槃に就て述べられてゐるやうに、本經は主として佛陀の傳記に關するものが多く集められてゐるのである。されば律藏の大品、小品、長部經典の大般涅槃經、その他佛傳等に關する文獻と一致するものが存する。佛音は九分教を解釋し、その中優陀那に就て歡喜知に基く偈を伴ふ八十二の經是れ優陀那なりと知るべしと言つてゐる。佛音が八十二經とした所に誤りなしとせば、現存の八十經との間には多少の變化が存すると言はねばならない。第五品の六經には大迦旃延の侍者たる蘇那が佛陀の下に赴き、八八品の十六偈を悉く暗誦した記事が見出される。この記事は本經の成立問題に就て一つの示唆を與へると言はれてゐる。是等に關しては尙ほ論ずべき問題も殘されてゐるが、併し本經は上に述べたる意味に於て原始佛教研究には貴重なる文獻の一たる價値を失はない。本經の印行は一八八五年 Steinthal 一八九〇年 Windisch によつて果され、英譯は一九〇二年 D. M. Strong 獨譯は一九二〇年 Seidenstücker によつて行はれてゐる。

如是語經………石黒彌致譯……二四一

本經の經名は其の說相より出たものである。卽ち一節每に iti (如是)の語を以て結び、卷頭は Vuttaṁ hetaṁ bhagavatā vuttam-arahatā ti me suttaṁ (げにこれを世尊は說き應供は說き給へりと我聞けり)に始まり、此の首尾を合して iti vutta-ka (と說かれしもの、―如是說、如是語)と稱するに至つたものである。

本經は百十二の小經が法數順に一集・二集・三集・四集と集成され、各小經は經序・本文・偈文・結尾の形式で構成されて居る。中には此の形式でないものもあるが撰者の意圖は此の順序にあつたものと思はれる。本文と偈文とは同一內容を含むものであるが、その成立は本文を先づ述べて然る後に偈文を頌したものではなく、兩者別個に成立したものを後に現在の如き形に整理したらしく、其の次第に於ては本文よりも偈文の方が早く成立したものゝやうである。

內容は目次に示す如く三毒・五蓋・六結等を一法より四法までに取り合せて說いてある。對告衆は比丘衆であるが必しも比丘にのみ限られた說法ではなく、第百六經の如く在家向きの敎說も存する。又單なる法數の羅列のみでなく第八十二、八十三經・第百九經の如き說話をも含んで居る。

漢譯には本經と類似のものに本事經がある。これは第一法品より第三法品までゞあつて總計百三十八經を有して居る。內容より見ても現形巴利本の翻譯に非ざるは明白である。概して言へば冗長であつて或點から見れば原本は梵本であつたかと考へられる。漢巴の對照は本譯文の註記を參照せられ度い。

小誦經（クッダカ・パータ）

かの世尊、應供、正等覺者に歸命し奉る。

一　三歸文

我は佛に歸依し奉る。我は法に歸依し奉る。我は僧團に歸依し奉る。再び、我は佛に歸依し奉る。再び、我は法に歸依し奉る。再び、我は僧團に歸依し奉る。三たび、我は佛に歸依し奉る。三たび、我は法に歸依し奉る。三たび、我は僧團に歸依し奉る。

二　十戒文

一、殺生を禁ずる學處を我は受持す。二、與へられざるものを取るを禁ずる學處を我は受持す。三、非梵行を禁ずる學處を我は受持す。四、妄語を禁ずる學處を我は受持す。五、穀酒・果酒・酒類に沈酔するを禁ずる學處を我は受持す。六、非時食を禁ずる學處を我は受持す。七、舞・誦・唱・歌・音樂・觀劇を禁ずる學處を我は受持す。八、華環・薫香・塗香を持し、扮飾・装飾物を禁ずる學處を我は受持す。九、高床・大
[2]床を禁ずる學處を我は受持す。十、金・銀を受領するを禁ずる學處を我は受持す。

三　三十二身分

此の體には〔次の如きもの〕あり。毛髪・體毛・爪・齒・外皮・肉・筋・骨・骨髓・腎臟・心臟・肝臟・肋膜・脾・肺・臟腑・腸間膜・胃・排泄物・膽汁・痰・膿汁・血・汗・脂肪・涙・血漿・唾・鼻液・關節滑液・尿・頭には頭腦あり。

四　問沙彌文

一とは何か。一切衆生は食に依りて住す。二とは何か。名と色と。三とは何か。三受。四とは何か。四聖諦。五とは何か。五取蘊。六とは何か。六內處。

七とは何か。七菩提分。八とは何か。八支聖道。九とは何か。九衆生居。十とは何か。十[1]支を具足せるを阿羅漢と謂ふと。

註❶漢譯經典では一切入とあり。地、水、火、風、青、黄、赤、白、空無邊處、識無邊處の十徧處定を擧ぐ。

五　吉[1]祥經

我是の如く聞けり。或る時、世尊舍衞城の祇樹給孤獨園に住し給ひき。その時、一人のいと美麗なる神、夜更けて祇樹園全體を輝かし佛の所に近づきぬ。近づきて佛に挨拶して一隅に立ちたり。一隅に立ちて、彼の神は佛に〔次の〕偈を以て申さく、

3
一　「多くの神々や人々は最上の福を求め、吉祥に就きて考ふ。願くは最上の吉祥を説き給へ」と。

二〔佛〕「愚者を避けて賢者と交はり、尊敬すべきものを敬ふ、これぞ最上の吉祥なれ。

三　適當なる所に住し、過去に善業を積み、己の正しき誓願を持てる、これぞ最

上の吉祥なれ。

四　廣く學び、技藝に長け、能く學ばれし律、能く語られしその言葉、これぞ最上の吉祥なれ。

五　父母に事へ、妻子を養護し、生業に安住する、これぞ最上の吉祥なれ。

六　布施をなし、淨く行ひ親族を慈護し、非難なき生業に從ふ、これぞ最上の吉祥なれ。

七　惡を離れ遠ざけ、飲酒を愼しみ、法に於て放逸ならざる、これぞ最上の吉祥なれ。

八　敬虔にして、自ら遜り滿足し、恩を知り、隨時に法を聞く、これぞ最上の吉祥なれ。

九　忍辱あり、丁寧にして、沙門と會交し、隨時に法談をなす、これぞ最上の吉祥なれ。

一〇　道行を修し、梵行を行ひ、聖諦を見、涅槃を實證する、これぞ最上の吉祥なれ。

一一　[2]世間の法によりても心搖がず、憂なき垢れなき、安穩なる、これぞ最上の吉祥なれ。

一二 此の如きを爲す人は、何處にあるも打勝たるゝなく、何處に行くも幸多し。これ彼等の最上の吉祥なり」と。

註 ❶ Suttanipāta, Mahāmangalasutta に同じ(南傳藏、二四卷參照)。
❷ 得、不得、毀、譽、稱、譏、苦、樂の八法を云ふ。

六 三寶經[1]

一 此處に集へる鬼神等、地上のものも空中のものも、一切の鬼神等は、歡喜してあれ。而して又、熱心に我が說くところを聞け。

二 「我が教を受けに來れるが故に」、それ故に一切の鬼神よ、皆、傾聽せよ。夜に晝に供祭を捧ぐる人衆に慈悲を垂れよ。それ故に注意して彼等を護れ。

4 三 人間の世界に於ける或は他の世界に於ける如何なる財も、はた、天上に於ける勝れたる寶も、如來には比すべくぞなき。これぞ佛に於ける勝れたる寶なり。これ眞理なるが故に、すべてに幸《さき》くあれ。

四　寂靜の釋迦牟尼が到達し給へる、〔煩惱の〕盡きし、貪欲を離れ、不死なる、勝れたる法、この法に比しては、如何なるものも較ぶるぞなき。これぞ亦、法に於ける勝れたる寶なり。これ眞理なるが故に、すべてに幸くあれ。

五　最勝なる佛が稱讃し給へるは、淸淨なる不斷の三昧なりと言ふ。此の三昧に等しきものぞなき。これぞ亦、法に於ける勝れたる寶なり。これ眞理なるが故に、すべてに幸くあれ。

六　諸の善人の中に於て、稱讃されたる[2]八種の人あり、是等は四雙なり。彼等は善逝の弟子にして供養を受くるに價する人なり。此等の人に對する布施は大なる果あり。これぞ亦、僧團に於ける勝れたる寶なり。これ眞理なるが故に、すべてに幸くあれ。

七　堅固なる心をもちて專念して瞿曇の敎を信ずる人は、最高の〔涅槃〕を得、不死に入り、無償にて得、寂靜の樂を享く。これぞ亦、僧團に於ける勝れたる寶なり。これ眞理なるが故に、すべてに幸くあれ。

八　譬へば市門の標柱が大地に打込まれてある時、四風に搖がざるが如く、聖諦を深く觀察する善人はその如しと我は說く。これぞ亦、僧團に於ける勝れたる寶なり。これ眞理なるが故に、すべてに幸くあれ。

九　巧《よ》く說かれたる聖諦を、深甚なる智慧によりて能く理解する人は、假令、大なる放逸の人なりとも、決して[3]第八の生を受くることなし。これぞ亦、僧團に於ける勝れたる寶なり。これ眞理なるが故に、すべてに幸くあれ。

5

一〇　彼は正見を成就すると倶に、三事を捨す。即ち身見・疑・戒禁取見となり。彼は[4]四惡趣を離れ、[5]六逆罪を犯すことなし。これぞ亦、僧團に於ける勝れたる寶なり。これ眞理なるが故に、すべてに幸くあれ。

一一　彼は身・語の、或は又、意の惡業をなすとも、そを隱匿するに堪へず。涅槃を見たる人は隱匿するを得ずと說かれたり。これぞ亦、僧團に於ける勝れたる寶なり。これ眞理なるが故に、すべてに幸くあれ。

一二　恰も夏の初めに、林の樹々の枝に咲く花の如く、その如く、最上の利益を施すために涅槃に至る最勝の法を說き給へり。これぞ亦、佛に於けるすぐれたる寶なり。これ眞理なるが故に、すべてに幸くあれ。

一三　最勝にして、最勝を知り、最勝を與へ、最勝を運ぶ無上士は、最勝の法を說き給へり。これぞ亦、佛に於ける勝れたる寶なり。これ眞理なるが故に、すべてに幸くあれ。

一四　前の生は盡き、新しき生は生ぜず、未來の生に貪求する心なく、〔生の〕種子を斷ち、生長するを望まず、賢人なる彼等は燈の如く涅槃す。これぞ亦僧團に於ける勝れたる寶なり。これ眞理なるが故に、すべてに幸くあれ。

一五　此處に集へる鬼神等、地上のものも、空中のものも一切の鬼神等、是の如く神と人とに尊敬せられたる佛に歸命せん。幸くあれ。

一六　此處に集へる鬼神等、地上のものも、空中のものも一切の鬼神等、是の如く
6
神と人とに尊敬せられたる法に歸命せん。幸くあれ。

一七　此處に集へる鬼神等、地上のものも、空中のものも、一切の鬼神等、是の如く神と人とに尊敬せられたる僧團に歸命せん。幸くあれ。

註 ❶ Suttanipāta, Ratanasutta に同じ(南傳藏二四卷參照)。
❷ 四向四果の八を云ふ。四雙は向果四宛あるを云ふ。

❸見道十五心の間三界の見惑を斷じ、十六心の無間に正見成就して預流果を得たるものは七生欲界の生を盡して、第八の生を受けざるを云ふ。
❹地獄、餓鬼、畜生、修羅を云ふ。
❺北傳の五逆罪に〔從他師〕の一を加ふ。

七　戸❶外經

一　彼等は〔我等の〕住家の外に、又は街の四辻に立ち、或は〔古き〕各自の家に行きて戸口に立つ。

二　過去の業に緣りて、多くの食物・飮物や、硬き食物、軟き食物の供へられたる時、〔此の世の〕誰も此等の有情を記憶するものなし。

三　是の如く、慈悲のある人は、因緣ある者の爲に、淸淨にして、すぐれたる、時に適したる食物・飮物を與ふ。

四　「こは汝ら〔逝きにし〕因緣あるものゝためとなれ。因緣あるものは滿足してあれ」とて、彼等は此處に集まり、集まりし因緣ある餓鬼等は、

五　多くの食物・飮物に非常に悅び、「此等のものを受けたるその人々により

て、我等因縁あるものは長く生きん。

六　我等のために供養はなさる。又施主は果なきことなし」と。實に此の〔死の〕世界には、耕作もなく、牧畜もなく、

七　商業の如きもなく、金を以て賣買することもなし。此の世から受くることによりて、死の世界の餓鬼は生きて行く。

八　高き處の水の低きに流るゝが如く、是の如く此の世からの施物は餓鬼に利益あり。

九　溢るゝ川の流の海を滿たす如く、その如く此の世からの施物は餓鬼に利益あり。

一〇　「我に施したり我に善業をなせり。彼等は我が因縁あるものなり、友なり、仲間なり」。過去の業を憶ひ起して、餓鬼のために布施を與へしめん。

一一　泣くことも悲しむことも、其の他歎くことも、餓鬼等のためには何の益ともならず。是の如く因縁あるものは立ちてあり。

一二　されど、此の施物の僧團に與へられ、使用せられなば、長く死人の利益とな

り、よく彼を利す。

一三 此處に記されたるこれは、因緣あるものに對する義務にして、餓鬼には大なる供養がなされ、比丘には力を與ふ。又汝等には少からざる福が得らる。

註❶ Petavatthu, Tirokuḍḍapetavatthu に同じ(南傳藏二五卷參照)。

7

八 伏藏經

一 人は深き穴に財寶を埋積し、「何か事の起りたる場合に我が爲となることとあらん。

二 或は王樣によりて責められたる時、或は盜賊に奪略されたる時、或は借財から脫がれるため、或は飢饉の場合、不幸の場合にと」。此等の目的の爲に、世間にあつて所謂財寶は蓄積せらる。

三 深き穴の中に如何に多く埋積せられてあるも一切が常に彼のために役立つにはあらず。

四　或は財寶は其の場所より消え、或は所有者の意識が迷ひ、或は龍[1]が持ち去り、或は藥叉がそれを取り去り、

五　或は敵、又は相續者が彼の見ざる時に掘り取る。〔それを生ぜし〕福の盡きたる時、此等一切は消失すべし。

六、七　婦人にても男子にてもあれ、或は支提に、或は僧團に、或は個人に、新參者に、或は亦母に父に、又兄に對して、布施をもつて、戒行をもつて、自制をもつて、從順をもつて、財寶よく積まれなば、

八　此のよく積まれたる財寶は、力によりて奪はるゝことなく、死後伴ひ從ふものなり。此の世の富を捨離して行くも、これは〔他世〕に持ちて行く。

九　他のものに分ち得ざる寶にして、盜人にも盜まれざる財寶なり。賢者は福業を行ぜよかし、そは彼の死後にも伴ひ行く財寶なり。

一〇　これぞ神にも人にも一切の快樂を與ふる財寶なり。彼等が切望するものはすべて、此〔の財寶〕によりて得らる。

一一　美はしさ、美しき聲、美はしき姿、美しき形、權力、侍從者、すべては、此〔の財寶〕に

よりて得らる。

一二　或る地方の王權、主權、轉輪王の悅樂、或は神々に對する天王權、すべては、此〔の財寶〕によりて得らる。

一三　又人間界の幸福、或は神の世界の所有る悅樂、又、涅槃の所有る樂しみも、すべては、此〔の財寶〕によりて得らる。

一四　道行を修する友のために正しく專注する人には、明と解脫と、明と解脫を具ふる境地、すべては、此〔の財寶〕によりて得らる。

一五　無礙解、〔八〕解脫、聲聞波羅蜜、緣覺、佛地、すべては、此〔の財寶〕によりて得らる。

一六　此の福業を成ずるは、是の如く大なる神奇なる果あり。それ故に、賢人賢者は福業を賞讚す。

註❶ nāga の譯、此の場合魔術を使ふ妖精の意に用ひらる。

8

九　慈❶悲經

一　寂靜なる境を完全に了解して、善利に巧なる人のなすべきことは、堪能な

る、率直なる、正直なる、語りて好く感ぜしめ、柔和にして、高慢ならざること
なり。

二　足るを知り、養ひ易く、生活簡素に、根《こん》を鎮め、賢明にして溫謙、〔信者の〕家に
於て貪求することなし。

三　他の智者の非難を受くる如き如何なる卑賤の行もなすこと勿れ。一切
の有情は幸福に、安穩にあれ、安樂にあれ。

四　凡そ生きとし生けるものは、〔欲に〕動けるものも、動かざるものも、殘らず、
或は長きも、或は大なるも、中庸なるも、短きも、細なるも、麁なるも、

五　或は見ゆるも、或は見えざるも、將た遠きに住するも、近きも、或は已に生じ
了りたるも、或は生るゝ〔原因のある〕ものも、一切有情は安樂にあれ。

六　人互に非毀すること勿れ。何處の誰をも輕蔑すること勿れ。怒り腹立
ちて、互に苦を望むこと勿れ。

七　恰も母が己が子、一子を自らの命を賭して護るが如く、一切有情に對して
無邊の〔慈悲〕心を修習せよ。

八　無限の慈悲心を一切世界に對して修習せよ。上に下に、はた横に、怨意なく、敵意なく、無礙に。

九　立ち、歩み、或は坐し、或は臥すとも、彼目覺めてある限りは、此の念を確立すべし。此の敎に於て是を梵住と云ふ。

一〇[9]　〔妄〕見に陷らず、戒德を護り、正見を具へて、欲を貪求することを制すべし。彼決して再び母胎に宿ることなし。

註 ❶ Suttanipāta, Mettasutta に同じ(南傳藏、二四卷參照)。

法句經（ダンマパダ）

かの世尊、應供、正等覺者に歸命し奉る。

一　雙品

一　諸法は意に支配せられ、意を主とし、意より成る。人若し穢れたる意を以て或は語り或は行はば、苦の彼に隨ふこと、車輪が牽獸の足に〔隨ふ〕が如し。

二　諸法は意に支配せられ、意を主とし、意より成る。人若し淨き意を以て、或は語り或は行はば、樂の彼に隨ふこと、影の〔形に隨ひて〕離れざるが如し。

三　「彼、我を罵れり、我を擲てり、我を敗れり、我より奪へり」と、かゝる執念を懷く人には、その忿怨熄むことなし。

四　「彼、我を罵れり、我を擲てり、我を敗れり、我より奪へり」と、かゝる執念を懷かざる人には、その忿怨終熄す。

[2] 五　實に、この世に於て怨は怨によりて終に熄むことなし。怨を棄てゝこそ始めて熄め。これは萬古不易の法なり。

六　他の者(愚者)は、「我等はこの世に於て、自ら制すべきものなり」と悟らず。かく悟る者にのみ、それによりて爭は熄む。

七　享樂を事として住し、諸根を攝せず、飮食度なく、怠惰にして精勤せざるもの、實に魔王がかゝる人を克服すること、風の弱き樹に於けるが如し。

八　享樂を事とせずして住し、よく諸根を攝し、飮食度あり、信念ありて精勤するもの、實に魔王がかゝる人を克服し得ざること、風の巖山に於けるが如し。

九　汚[1]濁を脱せざるもの、袈裟を纏はんとするも、節度なく眞實なければ、彼は袈裟に相應せず。

一〇　汚[1]濁を瀉棄し、よく戒行に住し、節度を守り眞實あれば、彼は實に袈裟に相應す。

一一　非精髓を精髓と思ひ、精髓を非精髓と見る人は、邪思惟に住し、精髓に到達することなし。

一二　精髓に於て精髓を知り、非精髓に於て非精髓を知る人は、正思惟に住し、精髓に到達す。

一三　粗く葺きたる家屋に雨の漏る如く、貪欲は修養なき心を侵す。

一四　善く葺きたる家屋に雨の漏らざる如く、貪欲は修養せる心を侵さず。3

一五　この世に於て悲しみ、死後に於ても悲しみ、悪業を作せる者は兩處に於て悲しむ。自己の業の汚濁を見て、彼は悲しみ、彼は惱む。

一六　この世に於て歡び、死後に於ても歡び、善業を作せる者は兩處に於て歡ぶ。自己の業の清浄を見て、彼は歡び、彼は樂しむ。

一七　この世に於て苦しみ、死後に於ても苦しみ、悪業を作せる者は兩處に於て苦しむ。「我悪業を作せり」とて苦しみ、悪趣に墮ちて更に苦しむ。

一八　この世に於て喜び、死後に於ても喜び、善業を作せる者は兩處に於て喜ぶ。「我善業を作せり」とて喜び、善趣に往きて更に喜ぶ。

一九　たとひ經典を誦すること多くとも、放逸にして之を實行せざる人は、他人の牛を算ふる牧者に均しく、〔眞の〕沙門の列に入らず。

二〇　たとひ經典を誦すること少くとも、法に遵ひて擧止し、貪欲と瞋恚と愚癡とを棄て、正智を得て心よく解脱し、この世に於てもかの世に於ても執著なきものは、〔眞の〕沙門の列に入る。

註❶原文 kasāva-（汚濁）と kāsāva-（袈裟）との音韻類似を弄べり。

4

二　不放逸品

二一　不放逸は不死の道にして、放逸は死の道なり。不放逸の人は死せず、放逸の人は死せるに異らず。

二二　よくこの理を悟り、不放逸に通達せる人は不放逸を歡び、聖者の境を樂しむ。

二三　これ等の賢者は禪定に住し、堅忍に充ち、常に勇猛にして、無上安穩の涅槃を獲得す。

二四　奮勵し、念慮に富み、淨行を作し、熟慮して行ひ、自己を抑制し、正法に從つて生くる不放逸者の聲譽は增大す。

二五　奮勵により、不放逸により、自制により、また調御により賢慮ある者は瀑流（煩惱）の侵すことなき洲（避難所）を造るべし。

二六　痴鈍愚昧の輩は放逸に耽り、賢慮ある者は不放逸を護ること、最上の寶を〔護る〕が如し。

二七　放逸に耽るべからず、欲樂に親しむべからず。不放逸にして禪定に住する者のみ、大安樂に達し得ればなり。

二八　識者が不放逸により放逸を却くる時、かゝる賢者は智慧の高閣に登り、憂を去つて憂ある衆愚を瞰下す、宛も山上に立てる人が地上の人を〔瞰下する〕如く。

二九　放逸なる者の中に在りて不放逸に、睡眠者の中に在りてよく覺醒せる賢者は、駿馬の駑馬を後にして〔進む〕が如くに往く。

三〇　摩伽婆《マガヴン》（帝釋天）は不放逸によりて諸天の最高位に達せり。人は不放逸を稱讃し、放逸は常に非難せらる。

三一　不放逸を樂しみ、また放逸に畏怖を感ずる比丘は、大小の繫縛を火の如くに燒きつゝ往く。

三二　不放逸を樂しみ、また放逸に畏怖を感ずる比丘は、既に涅槃に近づき、決して退轉することなし。

三　心品

三三　賢慮ある者は戰慄し動搖し護り難く制し難き心を直くすること、宛も箭匠の箭に於けるが如し。

三四　水中の棲處より取り出されて陸上に投げ棄てられし魚の如く、この心は魔王の世界より遁れんとして戰慄す。

三五　捉へ難く輕躁にして欲に隨ひて趣く心を、制御するは洵に善し。制御せられたる心は安樂を齎す。

三六　極めて見難く極めて微妙にして欲に隨ひて趣く心を、賢慮ある者は護るべし。護られたる心は安樂を齎す。

三七　遠く行き獨り動き形骸なく胸窟に隱るゝ心、そを制御する者は魔王の繫縛より脱す。

三八　心安定せず、正法を辨へず、信念動搖する人の智慧は成滿することなし。

三九　心に煩惱なく、思慮惑亂せず、善惡を超脱し、覺醒せる人には恐怖なし。

四〇　この身は水甕の如く〔脆し〕と知り、この心を城廓の如く安立せしめ、智慧の武器を以て魔王と戰ふべし。調伏しては之を監視し懈怠すべからず。

四一　實に久しからずしてこの身は地上に横たはるべし、意識なく、無用の木片の如く棄てられて。

四二　仇敵が仇敵に對し、怨敵が怨敵に對し、如何なる〔惡を〕作すにもせよ、邪惡に止住する心は、更に大なる惡を人に作すべし。

四三　父・母、將また他の親族の作す〔善〕にも勝り、正道に止住する心は、更に大なる善を人に作すべし。

四　華品

四四　誰かこの地界と閻魔界と天界とを征服する。誰か妙説の法句を摘み集むること、熟練せる人の華を〔摘む〕如くする。

四五　佛教を修する者は、この地界と閻魔界と天界とを征服せん。佛教を修する者は、妙説の法句を摘み集むること、熟練せる人の華を〔摘む〕如くせん。

四六　この身は泡沫に譬ふべきを知り、幻影に等しきを悟る人は、魔王の華箭(誘惑)を壊り、〔地獄の〕死王(閻魔)に見ゆることなけん。

四七　華(快樂)をのみ摘みて心貪著せる人を、死は捉へ去る宛も眠れる村落を瀑流の〔漂蕩し去る〕如く。

四八　華をのみ摘みて心貪著し、愛欲に飽くことなき人を死は克服す。

四九　蜜蜂の、華と色と香とを害ふことなく、甘味のみを採り去る如く、かく智者は村落に乞食すべし。

五〇　他の非違を〔觀る〕べからず、他の爲せること、爲さざりしことを〔觀る〕べからず。たゞ自己の爲せること(罪過)爲さざりしこと(懈怠)を觀るべし。

8

五一　愛すべく色麗しくとも芳香なき華の如く、實行なき人の語は、善く說かるるとも効果なし。

五二　愛すべく色麗しく芳香ある華の如く、實行する人の語は、善く說かれて而も効果あり。

五三　堆積せる華より、多くの華鬘を造り得る如く、人と生れては多くの善事を作すべし。

五四　華の香は風に逆ひて進まず、栴檀・多《タ》揭《ガ》羅《ラ》叉は末《マツ》利《リ》迦《カー》（香木の名）の〔香〕も〔亦然り〕。されど善人の香は風に逆ひても進み、正しき人は一切方に薫ず。

五五　栴檀又は多揭羅・靑蓮華、將またヴッシキー（香木の名）、之等の諸香の中、戒の香最も勝れたり。

五六　多揭羅・栴檀に屬するその香は輕微なり。されど持戒者の香は最上にして諸天の間に薫ず。

五七　戒行を成就し、不放逸に住し、正智により解脫せる者には、魔王も近づく能はず。

五八　大道に棄てられたる塵埃の堆積中に、芳香馥郁として美しき蓮華の生ずる如く、

[9] 五九　斯の如く、塵埃にも等しき盲昧の凡夫中に、正等覺者の弟子は智慧を以て輝く。

五　愚品

六〇　不眠者には夜長く、疲れたる人には一由旬《ゆじゆん》（距離の單位）も長く、正法を知らざる愚者には流轉長し。

六一　道を歩みて自己に勝る人、自己に等しき人に逢はざれば、敢へて獨り行くべし。愚者は斷じて侶件となすべからず。

六二　「我に子あり我に財あり」とて、愚者は惱む。自己すでに自己のものにあらず。況んやいかで子をや、いかで財をや。

六三　愚者にして〔自ら〕その愚を知るものは、これによりて既に賢なり。されど愚者にして〔自ら〕賢なりと思ふものは、實に〔眞の〕愚者と稱せらる。

六四　たとひ終生賢者に侍すとも、愚者は正法を悟らざること、宛も食匙の羹味に於けるが如し。

六五　たとひ一瞬賢者に侍すとも、智者は直ちに正法を悟ること、宛も舌の羹味に於けるが如し。

六六　無知なる愚者は自己に對し仇敵の如く振舞ふ、苦果を齎す惡業を行ひつつ。

六七　行ひて後悔い、顔に涙し、哭泣してその果報をうく、かゝる業は善く作されたるものにあらず。

六八　されど行ひて後悔いず、歡喜愉悦してその果報をうく、かゝる業は善く作されたるものなり。

六九　惡業の未だ熟せざる間、愚者はそを蜜の如く思惟す。されど惡業の熟するや、愚者はその時に至りて苦惱す。

七〇　愚者は（節食して）月に月に（數ヶ月間毎日）、クサ草の尖端を以て食を取るとも、彼は正法を思量する者の十六分の一にも値せず。

七一　犯したる惡業は、牛乳の如く直ちに凝固せず。灰に覆はれたる火の如く、燃えつゝ愚者に從ふ。

七二　思慮生じて〔却つて〕愚者の災厄となる、そは彼の頭を碎きつゝ、愚者の幸福を滅ぼす。

[11] 七三　〔愚者をして〕虛名を欲せしめよ、比丘衆の間にありては上位を、僧院に於ては主權を、他人（在家衆）の間に於ては供養を〔欲せしめよ〕。

七四　「こは我により爲されたりと、在家も出家も共に考ふべし、彼等は爲すべきこと、爲すべからざること、何事に於てもわが意に從ふべし」とは、愚者の思惟なり。〔この故に〕欲心と慢心とは增長す。

七五　一は利得に導く〔道〕にして、一は涅槃に至る〔道〕なりと、かく佛弟子たる比丘は悟りて、尊敬を喜ぶべからず、遠離に專心すべし。

六　賢品

七六　罪過を指示し呵責する智者を見ば、かゝる賢者と交ること、伏藏を告ぐる人に於けるが如くせよ。かゝる人と交る者には善きことありて、惡しきことなし。

七七 訓誡すべし、敎示すべし。不當の事より〔他人を〕遠ざくべし。かゝる人は實に善人の愛するところ、惡人の憎むところとなる。

七八 惡友と交るべからず、下劣の人を友とすべからず。善友と交るべし、最上の人を友とすべし。

[12] 七九 法〔水〕を飲む者は、清澄なる心を以て快適に臥す。賢者は常に聖者の說ける法を樂しむ。

八〇 治水者は水を導き、箭匠は箭を矯め、木匠は木を矯め、賢者は自己を調御す。

八一 固き巖の風に搖がざる如く、賢者は毀譽の中に於て動かず。

八二 深き池の靜にして澄める如く、賢者は法を聞きて心清澄なり。

八三 善人はあらゆるものに於て離欲し、善人は欲を求めて語らず。樂に觸るるも、また苦に觸るゝも、賢者は動ずる色なし。

八四 自己の爲にも他の爲にも、子と財と國土とを望むべからず。不法によりて自己の繁榮を希ふべからず。これ戒行·智慧·正法を具ふる人なり。

八五　人間の中、彼岸(涅槃)に到達する人は鮮し。此方(生死界)にある他の衆生は、たゞ岸に沿ひて走るのみ。

13 八六　法の正しく說かれたる時、〔その〕法に遵ふ人は彼岸に到らん。死の境域(生死界)は實に越え難し。

八七　賢者は黑法(惡)を棄てゝ、白法(善)を修すべし。家より〔出でて〕、家なき境界に到り、孤獨にして〔欲〕樂なき處に、

八八　〔法〕樂を求むべし。賢者は諸欲を棄て、無一物となり、自己を心垢より淨むべし。

八九　菩提の支分(七菩提分)に於て心を正しく修養し、執著なく、貪著を棄つるを喜び、煩惱を滅盡して輝く人は、現世に於て涅槃に入れるなり。

七　阿羅漢品

九〇　〔有爲の〕路を終へて憂患を離れ、一切に於て解脫し、一切の繫縛を斷ちたる

人には苦悩なし。

九一　正念ある人は出家し、彼等は在家を喜ばず。池を棄て去る鵝鳥の如く、彼等はいづれの家をも棄つ。

14 九二　蓄積することなく、❶正念食をなし、空にして無相の解脱を境とする人の道は、虚空に於ける鳥の〔道〕の如く、追随し難し。

九三　煩悩を滅尽し、飲食に捉はれず、空にして無相の解脱を境とする人の跡は、虚空に於ける鳥の〔跡〕の如く、追随し難し。

九四　諸根寂静に帰して、御者によく調御せられし馬の如く、慢を断ち、煩悩を滅尽せる人天神と雖も斯の如き人を羨む。

九五　敬虔なる聖者は、忍辱なること大地の如く、また門閾に似たり。〔浄きこと〕泥土なき池〔水〕の如し。斯の如き人には輪廻あることなし。

九六　正智によりて解脱し、安穏を得たる聖者の意は寂静なり。語もまた業も寂静なり。

九七　安信なく、無為〔涅槃〕を悟り、〔輪廻の〕繋縛を断ち、〔善悪の〕契機を斥け、欲望を棄てたる人こそ實に最上の人士なれ。

九八　村落に於ても、また森林に於ても、低地に於ても、また丘陵に於ても、阿羅漢
の住する處、その地は樂し。

15
九九　森林は樂しむべし。衆人の樂しまざる處に於て、離欲の人は樂しまん。
彼等は欲樂を求めざればなり。

註❶正念食者（pariññāta-bhojana-）とは食事に當り、食物の何物たるかを知り、その不淨なるを知り、食事に眞の悅樂なきを悟る者を云ふ。

八　千品

一〇〇　たとひ無益の語を聚めて一千言を成すとも、聞きて寂靜を得べき、有益の
一語之に勝る。

一〇一　たとひ無益の句を聚めて一千偈を成すとも、聞きて寂靜を得べき、一偈の
一語之に勝る。

一〇二　無益の句より成る百偈を誦すとも、聞きて寂靜を得べき、一偈の一語之に

勝る。

一〇三　戰場に於て百萬人に勝つとも、一の自己に克つ者こそ實に最上の戰勝者なれ。

一〇四　克服せられたる自己は、實に他の衆人に勝る。自己を制御し、常に節制して行ふ人の〔勝利を〕、

一〇五　天神も、乾闥婆《けんだつば》も、魔王もまた梵天も、かゝる人の勝利を〔轉じて〕敗北となすこと能はず。

16
一〇六　月に月に千金を投じて供犧すること百年、而も一人のよく修養せる人に供養すること瞬時なれば、この供養はかの百年の祭祀に勝る。

一〇七　林中に於て祭火に奉仕すること百年、而も一人のよく修養せる人に供養すること瞬時なれば、この供養はかの百年の祭祀に勝る。

一〇八　この世に於て、福を求めて一年の間、或は供犧し或は祭祀に從事するも、そのすべては、直行の人（阿羅漢）を敬禮する四分の一に値せず。

一〇九　敬禮を守り、常に長上を尊ぶ人には、四種の法增長す、卽ち壽と美と樂と力

と。

一一〇　百歳の壽を完うするも、戒を破り三昧に住せざれば、戒を持し禪定に住する者の一日の生、之に勝る。

一一一　百歳の壽を完うするも、無知にして三昧に住せざれば、智慧を具し禪定に住する者の一日の生、之に勝る。

一一二　百歳の壽を完うするも、怠惰にして精進せざれば、堅固なる精進を行ずる者の一日の生、之に勝る。

一一三　百歳の壽を完うするも、生滅の〔理〕を見ざれば、生滅の〔理〕を見る者の一日の生、之に勝る。

17
一一四　百歳の壽を完うするも、不死の道（涅槃）を見ざれば、不死の道を見る者の一日の生、之に勝る。

一一五　百歳の壽を完うするも、最上の法を見ざれば、最上の法を見る者の一日の生、之に勝る。

九　惡品

一一六　善に急ぐべし、心を惡より遠ざくべし。善を作すに懈怠する者は、その心惡を喜ぶ。

一一七　たとひ人惡を作すも、重ねて之を作すべからず、之を喜ぶべからず。惡の積集は苦なり。

一一八　若し人善を作さば、重ねて之を作すべし、之を喜ぶべし。善の積集は樂なり。

一一九　惡人と雖も、惡の未だ熟せざる間は、福善を見る。然れども惡の熟するや、その時惡人は苦惡を見る。

18 一二〇　善人と雖も、善の未だ熟せざる間は、苦惡を見る。然れども善の熟するや、その時善人は福善を見る。

一二一　「そは我に報い來らざるべし」とて、惡を輕視すべからず。點滴の落下によりて水瓶も盈たさる。微々として積みつゝも愚者は惡に盈たさる。

一二二　「そは我に報い來らざるべし」とて、善を輕視すべからず。點滴の落下によりて水瓶も盈たさる。微々として積みつゝも賢者は善に盈たさる。

一二三　侶伴少く財貨多き商人の危き道を〔避くる〕如く、毒を希ふ者の毒を〔避くる〕如く、悪業を避くべし。

一二四　手に瘡なければ、手にて毒を捉ふも可なり。毒は瘡なき者には入らず。悪を作さざる者に悪はなし。

一二五　邪念なき人を害し、清浄にして罪穢なき人を〔害せば〕悪は反つてその愚者に及ぶ。宛も風に逆つて散らされし微塵の如く。

一二六　或者は〔人〕胎に宿り、悪業を造れる者は地獄に〔堕ち〕、正しき者は天界に昇り、煩悩を滅盡せる者は涅槃に入る。

19 一二七　虚空に於ても、海中に於ても、山間の洞窟に入りても、そこに留りて悪業より免れ得べき處は、世界に無し。

一二八　虚空に於ても、海中に於ても、山間の洞窟に入りても、そこに留りて死の力の及ばざる處は世界に無し。

一〇　刀杖品

一二九　一切の人は刀杖を怖れ、一切の人は死を懼る。自己に思ひ比べて、〔他を〕殺すべからず、殺さしむべからず。

一三〇　一切の人は刀杖を怖れ、一切の人は生を愛す。自己に思ひ比べて、〔他を〕殺すべからず、殺さしむべからず。

一三一　自己の安樂を欲して、安樂を好む有情を、刀杖を以て害する者は、死後安樂を得ず。

20
一三二　自己の安樂を欲して、安樂を好む有情を、刀杖を以て害せざる者は、死後安樂を得。

一三三　粗暴の言を用ふべからず。言はれし者また汝に言を返さん。忿怒の言は實に苦なり。刀杖反つて汝に觸れん。

一三四　汝若し壞れたる銅鑼の如く、默して言はざれば、汝は既に涅槃を得たるなり。汝に忿怒あることなし。

一三五　牧者の杖を以て牛を牧場に驅る如く、老と死とは有情の壽命を驅る。

一三六　愚者は惡業を作して悟らず、闇鈍にして自己の業により苦しむこと、宛も火に燒かるゝが如し。

一三七　罪過なく、邪念なき人を刀杖を以て害する者は、忽ち〔下の如き〕十中の一事に遇ふべし。

一三八　劇しき苦痛、老衰、身體の毀損、或は重き病苦、若しくは心の錯亂に遇ふべし。

一三九　或は國王より蒙る災禍、或は恐るべき讒誣、或は親族の離散、或は財産の破滅に〔遇ひ〕、

一四〇　或はまた淨火彼の家を燒く。愚癡なる者はその身滅びて後地獄に墮つ。

21 一四一　裸[1]行も、螺髻も、汚泥も、斷食も、或は地上の橫臥も、塵垢身も、蹲踞も、疑惑を斷ぜざる人を淨むることなし。

一四二　たとひ〔その身を〕莊嚴するとも、一切の有情に刀杖を加ふることなく、寂靜に住し、〔心を〕調御し、自ら制し、梵行を持し、行ふ所平等なる者、彼は婆羅門なり、彼は沙門なり、彼は比丘なり。

一四三　この世に於て慚愧を以て自己を制する者ありや。良馬の鞭を〔蒙らざる〕

如く、彼は誹謗を蒙らず。

一四四 鞭を加へられし良馬の如く、汝等も努力奮勵せよ、信仰と戒行と精進とにより、禪定と法の識別とにより、知と行とを具足して忘るゝことなく、この大なる苦を滅却せよ。

一四五 治水者は水を導き、箭匠は箭を矯め、木匠は木を矯め有德者は自己を調御す。

註 ❶裸行以下すべて苦行の種類なり。

22

一一 老品

一四六 何の喜[1]びぞ、何の歡びぞ、〔世は〕常に燃えつゝあるを。汝等は暗黑に蔽はる。何ぞ燈明を求めざる。

一四七 見よ粉飾せる形骸を。〔そは〕傷痍の積集にして病患絶えず多欲にして、堅固・常住ならず。

一四八 この形骸は衰退す、病苦の巣窟にして壞れ易し。汚穢の積集は遂に毀る。

生は必ず死に終ればなり。

一四九 秋到りて〔棄てられし〕葫蘆の如く、委棄せられし之等の白骨を見て、何の喜びありや。

一五〇 城廓(形骸)は骨を以て造られ、塗るに肉と血とを以てす。その中には老と死と慢と僞と藏せらる。

一五一 美しく飾られたる王車も必ず朽ち、肉體も亦遂に老ゆ。然れども善人の法は老ゆることなし。實に善人は之を善人と相傳ふ。

一五二 寡聞の人(愚者)は牡牛の如くに老ゆ。彼の肉は増せども、彼の智は増すことなし。

23 一五三 われ屋舍を作るもの(輪廻の原因)を求めて〔之を〕見出さず、多生の流轉を經たり。生を享くること數次〔みな〕苦なり。

一五四 屋舍を作るものよ。汝は見出されたり。再び屋舍を作ることなけん。汝のすべての椽桷は毀たれ、棟梁は摧かれたり。心は萬象を離れて愛欲を滅盡し得たり。

一五五　壯時梵行を修せず、財寶を獲得せざりし者は、魚なき池の老鷺の如くに死滅す。

一五六　壯時梵行を修せず、財寶を獲得せざりし者は、折れたる弓の如く、過去を偲び歎きて横たはる。

註❶ hāsa-=Skt. harṣa-「歡喜」、或は「笑ひ」=Skt. hāsa、但しN. P. Chakravarti: L'Udānavarga sanskrit p. 1-2 參照。

一二　自己品

一五七　若し自己の愛すべきを知らば、よく之を護るべし。賢者は夜の三分（人生の三期）の中、一分は覺醒してあるべし。

一五八　先づ自己を適所に置き、然る後他を誨へよ。〔かゝる〕賢者は惱むことなからん。

24 一五九　若し他を訓ふる如く自ら行はゞ、〔自ら〕よく調御せられて、〔他を〕調御し得べし。實に自己は調御し難ければなり。

一六〇　自己の依所は自己のみなり。他に如何なる依所あらんや。自己のよく調御せられたる時、人は得難き依所を獲得す。

一六一　自己の作せる惡業は、自己より生じ、自己より起れるものにして、愚者を粉碎すること、金剛石の寶石に於けるが如し。

一六二　破戒甚しき人は、宛も蔓草がその覆へる沙羅樹に〔枯死を望む〕が如く自己に破滅を望む仇敵の意に從つて、自ら擧動す（卽ち破滅す）。

一六三　不善にして自己に害あることは行ひ易く、〔自己に〕益ありて且つ善なることは極めて行ひ難し。

一六四　正法に從つて生くる尊き阿羅漢の敎を、邪見に據りて譏る愚者は、自己の破滅の爲に〔業〕果を結ぶこと、宛もカッタカ草（葦蘆の類）の果が〔實〕りて却つて自ら滅ぶが〕如し。

一六五　自ら惡を作して自ら汚れ、自ら惡を作さずして自ら淨し。各〻自ら淨となり不淨となる。人は他を淨むること能はず。

25
一六六　たとひ如何に大〔事〕なりとも、他の爲に盡して自己の義務を忽諸にすべからず。自己の義務を知りて常に自己の義務に專心なるべし。

一三　世品

一六七　下劣の法に從ふべからず、放逸に住すべからず、邪見に從ふべからず、世俗の徒となるべからず。

一六八　奮起すべし、放逸なるべからず。善行の法を行ふべし。法に從つて行ふ人は、この世に於てもかの世に於ても安樂に臥す。

一六九　善行の法を行ふべし。惡行の〔法〕を行ふべからず。法に從つて行ふ人は、この世に於てもかの世に於ても安樂に臥す。

一七〇　泡沫を見る如く、陽炎（蜃氣樓）を見る如く、かく世間を觀ずる者を、死王は見ず。

一七一　來れ、粉飾せられて王車に譬ふべきこの世を見よ。愚者はこの中に沈湎す、智者は〔之に〕執著することなし。

26
一七二　前に放逸なるも、後に放逸ならざる人は、宛も雲間を出でし月の如くに、この世を照す。

一七三　その作したる惡業を、善を以て覆ふ人は、宛も雲間を出でし月の如くに、この世を照す。

一七四　この世は暗黑なり。この中に於てよく洞察する者は稀なり。網を脫れし鳥の如く、天に昇る者は少し。

一七五　鵝鳥は太陽の道を行き、通力を以て虛空を行く。賢者は魔王とその眷屬とを破りて、世間より離脫す。

一七六　唯一法を犯し、妄語を吐き、來世を信ぜざる人は惡として作さざるなし。

一七七　貪欲の人は天界に趣かず。愚者は決して施與を稱揚せず。賢者は施與を隨喜し、之により來世に於て安樂なり。

一七八　地上に於ける王權よりも、或は天界に趣くよりも、一切世界の主權よりも、預流果《よるくわ》(涅槃に至る第一階程)は勝れたり。

一四　佛陀品

一七九　その勝利は決して凌駕せられず、その勝利にはこの世に於て何人も及ぶ能はざる、かの〔智見〕無邊にして〔流轉の〕道跡なき佛陀を、如何なる道によりて導き來らんとするや。

一八〇　羅網を具して纏綿たる愛欲すら、そを何處にも導き得ざる、かの〔智見〕無邊にして〔流轉の〕道跡なき佛陀を、如何なる道によりて導き來らんとするや。

一八一　禪定に專念し、賢明にして出家の寂靜を喜び、正覺を得て憶念に富む賢者は、諸天すら之を羨む。

一八二　人と生るゝは難く、人間の生存は難し。妙法を聞くことは難く、諸佛の出世は難し。

一八三　一切の惡を作さず、善を行ひ、自己の心を淨む。これ諸佛の教なり。

一八四　忍辱・忍受は最上の苦行にして、涅槃は最勝なりと諸佛は說く。實に他を害する出家なく、他を惱す沙門なし。

一八五　誹らず害はず、戒律を嚴守し、食するに量を知り、[1]孤獨に坐臥し、高尚なる思慮に專念す。これ諸佛の教なり。

28
一八六　金貨の雨によりても欲心の滿足あることなし。欲は甘味少く苦なりと
知りて賢者は、
一八七　天上の欲樂に於ても喜悅せず。正等覺者の弟子は愛欲を滅盡するを喜
ぶ。
一八八　恐怖に驅られて人は、山岳に、森林に、園苑に、聖樹に、種々なる依所を求む。
一八九　然れどもこは安全なる依所にあらず。最上の依所にあらず。かゝる依
所に趣くとも、一切の苦より脫することなし。
一九〇　佛と法と僧とに歸依する者は、正智によりて四種の聖諦を見る。
一九一　苦と、苦の因と、苦の滅と、苦の滅盡に至る八支の聖道、〔卽ち之なり〕。
一九二　こは安全なる依所なり。最上の依所なり。かゝる依所に趣きて、一切の
苦より脫す。
一九三　聖者は得難し。彼は隨處に生るゝものにあらず。かゝる賢者の生るゝ
所、その氏族は繁榮す。
一九四　諸佛の現るゝは快く、正法を說くは快し。僧衆の和合するは快く、和合せ

る人々の修行は快し。

一九五 應に供養を享くべき、虚妄を逸脫し憂患を超越せる佛陀、或は佛弟子を供養する者、

29 一九六 斯の如き寂靜にして畏怖なき人を供養する者の、その大功德は、何人によりても計量せられ難し。

註❶ panthañ ca (ed. PTS) は pantañ ca (Fausb., Comm.) と讀むべし。 Dict. PTS: pattha- の項下參照。

一五　安樂品

30 一九七 我等は、怨憎者の中にありて怨憎なく、實に安樂に生きん。 我等は怨憎を懷く人々の中にありて怨憎なく住せん。

一九八 我等は、苦惱者の中にありて苦惱なく、實に安樂に生きん。 我等は苦惱ある人々の中にありて苦惱なく住せん。

一九九 我等は、貪欲者の中にありて貪欲なく、實に安樂に生きん。 我等は貪欲あ

る人々の中にありて貪欲なく住せん。
二〇〇　我等は、何物をも有せずして安樂に生きん。我等は[1]光音天神の如く、歡喜
を以て食となさん。
二〇一　勝利は怨憎を生じ、敗者は苦しみて臥す。寂靜に歸せる人は、勝敗を棄て
て安樂に臥す。
二〇二　貪欲に等しき火なく、憎惡に等しき罪なく、〔五〕蘊（肉體的存在）に比すべき苦
なく、寂靜に勝る安樂なし。
二〇三　飢餓は最大の病にして、萬象は最大の苦なり。如實に之を知れば、最上安
樂の涅槃〔あり〕。
二〇四　無病は最上の利にして、滿足は最上の財なり。信賴は最上の親族にして、
涅槃は最上の安樂なり。
31 二〇五　孤獨の甘味と寂靜の甘味とを飲みたる者は、法悅の甘味を飲みつゝ畏怖
を去り、惡を離る。
二〇六　聖者を見るは善く、〔之と〕共に住するは常に安樂なり。愚者を見ざれば

常に安樂なるべし。

二〇七　愚者と共に道を行く者は、實に長途の間憂愁す。愚者と共に住するは、敵と共に〔住する〕が如く常に苦なり。賢者は共に住して樂しく、宛も親族との會合の如し。

二〇八　實にこの故に、
賢者、智者、博學の人、堅忍なる人、持戒者、聖者、斯の如き善良・賢明なる人に隨ふべし、宛も月の星道に〔從ふ〕如く。

註❶光音天又は極光淨天。色界第二禪天の第三天なり。

一六　愛好品

二〇九　冥想なき〔行作〕に專注して、冥想に專注せず、道義を棄てゝ愛好する所を取る者は、〔却つて〕冥想に專注する者を羨む。

32 二一〇　愛好するものと會する勿れ、愛好せざるものと決して〔會する勿れ〕。愛好するものを見ざるは苦なり。愛好せざるものを見るも亦〔苦なり〕。

二一一　故に愛好するものを造る勿れ。愛好するものを失ふは災なればなり。愛憎なき人には桎梏(煩惱)なし。
二一二　愛好より憂患生じ、愛好より畏怖生ず。愛好を離脱せる人には憂患なし。何處にか畏怖あらん。
二一三　親愛より憂患生じ、親愛より畏怖生ず。親愛を離脱せる人には憂患なし。何處にか畏怖あらん。
二一四　淫欲より憂患生じ、淫欲より畏怖生ず。淫欲を離脱せる人には憂患なし。何處にか畏怖あらん。
二一五　欲樂より憂患生じ、欲樂より畏怖生ず。欲樂を離脱せる人には憂患なし。何處にか畏怖あらん。
二一六　愛欲より憂患生じ、愛欲より畏怖生ず。愛欲を離脱せる人には憂患なし。何處にか畏怖あらん。
二一七　戒行と正見とを具へ、正法に住し、眞實を知り、自ら自己の業務を行ふ者、世人はかゝる人を愛好す。

二二八　不可說法(涅槃)に望を起して思慮に富み、而も諸欲に心を束縛せられざる
者は上流者(涅槃に近づける者)と稱せらる。

二二九　久しく異鄕にあり、遠隔の地より無事に戻れる歸來者を、親族・朋友・知己は
歡び迎ふ。

33 二三〇　之と等しく、福業を作してこの世よりかの世に趣ける人を、福業は迎ふ、宛
も愛好する歸來者を親族の〔迎ふる〕如く。

一七　忿怒品

二三一　忿怒を去るべし、慢心を棄つべし、一切の繫縛を脫すべし。かく名色(精神・
物質)に執著せざる無一物の人には苦の隨ふことなし。

二三二　勃發したる忿怒を、動搖する馬車の如くに抑止する人、我は之を〔眞の〕御者
と呼ぶ。他は唯手綱を執れるのみ。

二三三　忍辱によりて忿怒を克服すべし。善によりて不善を克服すべし。施與
によりて吝嗇者を克服すべし。眞實によりて妄語者を〔克服すべし〕。

二二四　眞實を語るべし。怒るべからず。〔自己の所有〕少しと雖も乞はるれば與ふべし。この三事により諸天の許に到り得べし。

34
二二五　殺生することなく、常に身を制御する賢者は、そこに到りて憂患なき不死の境(涅槃)に達す。

二二六　常に覺醒し、晝夜に勉學し、涅槃に志す者の煩惱は終熄す。

二二七　アトゥラ(優婆塞の名)よ、　こは古來より然り、今始まれるにあらず。〔卽ち〕人は默して坐するを誹り、多言を誹り、寡言をも亦誹る。世に誹られざる者なし。

二二八　たゞ誹らるゝのみの人、又はたゞ褒めらるゝのみの人は、〔過去にも〕なかりき、〔將來にも〕なかるべし、現在にも亦なし。

二二九　智者よく判別して日々に稱讚し、所行失なく、賢明にして、慧戒兼ね具はるとなす者あらば、

二三〇　宛も[1]閻浮檀金《えんぶだんごん》にて造りし貨幣の如く、誰か彼を誹り得んや。諸天も彼を稱讚し、彼は梵天によりても亦稱讚せらる。

二三一　身の忿怒を攝護し、身を制御すべし。身の惡行を棄て、身によりて善行を修すべし。

二三二　語の忿怒を攝護し、語を制御すべし。語の惡行を棄て、語によりて善行を修すべし。

二三三　意の忿怒を攝護し、意を制御すべし。意の惡行を棄て、意によりて善行を修すべし。

二三四　身を制御し、また語を制御し、意を制御する賢者は實によく制御せるものなり。

註❶ nekkho jambonadassa チャンブー河より採れる金にて造りし良質の貨幣。

35

一八　垢穢品

二三五　汝は今や枯葉の如く、閻魔の使者亦汝に近づけり。汝は死出の門に立つ。されど汝に旅路の糧なし。

二三六　汝自ら自己の依所を造れ、速に精勤せよ、賢者たれ。〔心の〕垢穢を拂ひ、罪過なくば、汝は天の聖地に到らん。

二三七　汝は今や齢既に傾き、閻魔の許に近づけり。途上に汝の住所なく、また旅路の糧もなし。

二三八　汝自ら自己の依所を造れ、速に精勤せよ、賢者たれ。〔心の〕垢穢を拂ひ、罪過なくば、汝は再び生と老とに近づかざるべし。

二三九　賢慮ある者は、漸次に、少量づゝ、刹那々々に、自己の垢穢を拂ふべし、宛も鍛工が銀の〔鑛垢を除くが〕如く。

二四〇　鐵より生じたる垢穢（錆）が、鐵より生じて鐵を蝕むが如く、自己の業は惡業者を惡趣に導く。

36 二四一　讀誦せざるは聖典の垢穢、修復せざるは家屋の垢穢、懈怠は美の垢穢、放逸は番士の垢穢なり。

二四二　不義は婦人の垢穢、吝嗇は施與者の垢穢、實に惡法（惡行）はこの世に於てもかの世に於ても垢穢なり。

二四三　之等の諸垢穢より更に甚だしき垢穢は無明にして、〔こは〕最大の垢穢なり。比丘等よ、この垢穢を棄てゝ無垢となれ。

二四四　慚愧心なく、厚顔・暴戻・大膽・傲慢にして、罪に汚れたる人の生活は安易なり。

二四五　慚愧心あり、常に清淨を求め、執著なく、謙遜にして、清淨の生活を營み、識見ある人の生活は困難なり。

二四六　生あるものを殺し、妄語を語り、この世に於て與へられざるを取り、他人の妻を犯し、

二四七　スラー酒・メーラヤ酒に沈湎する人は、この世に於て自己の根底を掘るものなり。

二四八　人よ、是の如く知れ、節制なき者は邪惡なりと。貪欲と非法とをして永く汝を苦に陷らしむること勿れ。

二四九　人は實に信ずる所に從ひ、好む所に從ひて施與す。他人の得たる飲食に對し、不滿を懷く者は、晝も夜も三昧に入るを得ず。

37 二五〇　かゝる〔心を〕斷ち、根元より絶滅する者は、晝も夜も實に三昧に入ることを得。

二五一 貪欲に等しき火なく、瞋恚に等しき捕捉者なく、愚癡に等しき羅網なく、愛欲に等しき河流なし。

二五二 他人の過失は見易く、自己の〔過失〕は見難し。他人の過失は籾殼の如く撒布し、自己の〔過失〕は、之を隱匿すること、狡猾なる賭博者のカリ（最惡の骰子數）に於けるが如し。

二五三 他人の過失を詮索し、常に怒り易き人の煩惱は增長す。彼は煩惱の滅盡を去ること遠し。

二五四 虛空に道なく、外道に沙門なし。衆生は虛妄を喜び、如來には虛妄なし。

二五五 虛空に道なく、外道に沙門なし。萬象は常住ならず、諸佛に擾亂なし。

38

一九　法住品

二五六 躁急に事を處するの故を以て、法住者たるにあらず。正と邪とを兩つながらよく辨別し、學識あり、

二五七 躁急ならず如法・平等に他を導き、正法を護り、賢慮ある者は、法住者と稱せ

らる。
二五八 多言の故を以て賢者たるにあらず。平靜にして怨憎なく、畏怖なき者は、
賢者と稱せらる。
二五九 多言の故を以て持法者たるにあらず。聞くこと少きも身を以て法を見、
法を輕んぜざる者は、實に持法者なり。
二六〇 頭髮白きの故を以て長老たるにあらず。彼の齢は〔徒に〕熟せるのみ。彼
は空しく老いたる者と稱せらる。
二六一 眞實と法と不殺生と節制と調御とを持し、〔心の〕垢穢を瀉棄したる賢者
は、長老と稱せらる。
二六二 嫉妬・慳貪・虚僞ある者は、辯舌の故のみを以て、或は容色の美の故を以て、端
正の人たるにあらず。
二六三 か丶る〔惡德を〕斷ち、根元より絕滅し、罪過を瀉棄し、賢慮ある者は、端正の人
と稱せらる。
二六四 剃髮すと雖も、戒を破り、妄語を語る者は沙門にあらず。欲望と貪欲とを

有する者、いかで沙門たるべき。

39 二六五　大小總べての悪を鎭[1]めたる者は諸悪を鎭[1]めたるの故を以て沙門[1]と稱せらる。

二六六　他人に行乞[2]するの故を以て、比丘[2]たるにあらず。一切の法を服膺せる者のみ比丘なり。〔行乞の故に〕然るにあらず。

二六七　この世に於て善と悪とを棄て、梵行を修し、愼重に世を行く者は、實に比丘と稱せらる。

二六八　愚昧にして無知ならば、〔唯〕寂默[3]の故を以て、牟尼[3]〔寂默者・賢人〕たるを得ず。賢者若し權衡を執るが如くに善を取り、

二六九　悪を斥くれば、彼は牟尼なり。彼は之によりて牟尼なり。この世に於て、〔善悪〕兩つながら知[3]る者は、之によりて牟尼と稱せらる。

二七〇　生類を害[4]するの故を以て、聖者[4]たるにあらず。一切の生類を害[4]せざるの故を以て、聖者と稱せらる。

二七一　戒律・戒行のみによりても、或はまた多聞によりても、或は禪定の達成によ

りても、或は獨臥によりても、

二七二　我は凡夫の享け得ざる出家の樂に觸るゝことなし。比丘よ、煩惱の滅盡に達せざれば、決して意❺を安んずること勿れ。

註 ❶ samaṇa-「沙門」=Skt. śramaṇa- (√śram) が恰も √saṃ=Skt. √śam「鎭靜す」より造られたるが如く、saṃeti「鎭靜せしむ」samitatta-「鎭靜」により説明す。

❷ bhikkhu-「比丘」; bhikkhate「行乞す」。

❸ muni-「牟尼」の本質は mona-「寂默」にあらずして、munāti「知る」にありと云ふ意を語源的假面の下に説明せるもの。

❹ ariya-「聖者」は殺生(hiṃsati, hiṃsā-)を事とする敵(ari-)より來るにあらずして、a-riya-=ahiṃsā「不殺生」と解すべきなりと云ふ説明。この場合恐らく rissati=Skt. riṣyati (Dhātup. IV. 120: riṣa hiṃsāyām 參照)の如き動詞を念頭に置きしならん。

❺ vissāsaṃ āpādi (ed. PTS) は vissāsa māpādi (=vissāsaṃ mā āpādi) と正すべし。

40

二〇　道品

二七三　諸道の中、八支(八支聖道)最も勝れ、諸諦の中、四句(四聖諦)最も勝れ、諸法の中、離欲最も勝れ、二足(人間)の中、具眼者(最も勝る)。

二七四　唯この道あるのみ、知見を淨むるに他の〔道〕あることなし。汝等この〔道〕を行くべし。これ魔王を❶幻惑するものなり。

二七五　汝等この〔道〕を行かば、苦を終熄せしむべし。〔欲〕箭を除去することを悟りて、我實にこの道を說けり。

二七六　汝等當に努力すべし。如來は說者なり。禪定に住して〔この道を〕行く者は、魔王の繫縛を脫すべし。

二七七　一切の事象は無常なりと、智によりて觀る時、苦を厭離す。これ淨に到る道なり。

二七八　一切の事象は苦なりと、智によりて觀る時、苦を厭離す。これ淨に到る道なり。

二七九　一切の法は無我なりと、智によりて觀る時、苦を厭離す。これ淨に到る道なり。

二八〇　起つべき時に起たず、若く強くして怠惰に陷り、意氣銷沈して懦弱・懶惰なる者は、智によりて道を得ることなし。

41
二八一　語を愼み、意をよく制御し、身を以て不善を作すべからず。この三業道を淨むべし。〔然らば〕聖仙所說の道を得ん。

二八二　實に智は瑜《ユ》伽《ガ》(冥想)より生じ、瑜伽を行ぜざれば智は滅ぶ。この得と失との兩道を知り、自ら努めて、以て智を增大せしむべし。

二八三　欲林❷を伐れ、樹木を〔伐るに止る〕勿れ。欲林より畏怖生ず。欲林と欲叢❷とを伐りて、比丘等よ、欲林❷より脫せよ。

二八四　男子の女子に對する欲情、些なりとも斷たれざる間は、彼の心は繫縛せらる、宛も乳を飮む犢牛の母牛に於けるが如く。

二八五　自己に對する愛を斷つこと、秋の蓮を手にて〔折るが〕如くせよ。寂靜の道のみを固守せよ。涅槃は善逝(佛陀)により說かれたり。

二八六　「我雨季には此處に住せん、冬と夏とは此處に〔住せん〕」と、愚者は思惟して、死の〔到る〕を覺らず。

二八七　子と家畜とに惑溺し、その心これに執著せる人を、死は捉へ去る、宛も眠れる村落を、瀑流の〔漂蕩し去る〕が如く。

42 二八八　子も救ふ能はず、父も親戚も亦〔救ふ能はず〕。死に捉へられし者を救ふは、親族もなす能はざる所なり。

二八九　この義を知りて、賢者は戒により制御し、涅槃に到る道を速に淨むべし。

註 ❶ pamocanaṁ (ed. PTS) は pamohanaṁ に改むべし。Dict. PTS: pamocana- 項下參照。
❷ vana- に「林」及び「欲」、vanatha- に「叢」及び「欲」、nibbana- に「林より脫せる」及び「離欲せる」の兩義を兼ねしめたり。又 nibbana- は nibbāna「涅槃」と音韻相似たり。第三四四頌（今卷七〇頁）參照。

二一　雜品

二九〇　若し小樂を棄つるによりて、大樂を見得るとせば、賢者は大樂を見つゝ、小樂を棄つべし。

二九一　他人に苦を與へて自己の樂を望む。かゝる者は怨憎の繫縛に捉はれて、怨憎より脫することなし。

二九二　爲すべきことを等閑にし、爲すべからざることを爲し、傲慢にして放逸なる者には煩惱增長す。

二九三　常に身を念じ、爲すべからざることを爲さず、爲すべきことを爲して撓まず、憶念あり思慮ある人には、煩惱終熄す。

43 二九四　母[1](愛欲)と父(我慢)とを殺し、刹帝利族の二王(斷見・常見)を〔殺し〕、王國(十二處)とその從臣(喜貪)とを殺して、婆羅門は苦患なく行く。

二九五　母[1]と父とを殺し、婆羅門族の二王(同上)を〔殺し〕、虎〔將〕を第五とするもの(五蓋、虎＝疑蓋)を殺して、婆羅門は苦患なく行く。

二九六　瞿曇《くどん》(釋尊)の弟子は常によく覺醒し、晝も夜も常に佛を念ず。

二九七　瞿曇の弟子は常によく覺醒し、晝も夜も常に法を念ず。

二九八　瞿曇の弟子は常によく覺醒し、晝も夜も常に僧を念ず。

二九九　瞿曇の弟子は常によく覺醒し、晝も夜も常に身を念ず。

三〇〇　瞿曇の弟子は常によく覺醒し、晝も夜も不殺生を念ず。

三〇一　瞿曇の弟子は常によく覺醒し、晝も夜も靜慮によりて心樂しむ。

三〇二　出家の生活は難くして樂しみ難し。在家の生活も難くして苦なり。同[2]輩と共に住むは苦なり。〔輪廻の〕遍歴者は苦に陷る。故に遍歴者たるべからず。然らば苦に陷ることなからん。

三〇三　信あり、戒を具し、譽と財とを得たる者は、如何なる處に趣くも、到る處に於て尊敬せらる。

三〇四　遠方にあるとも善人は、輝くことヒマラヤ山の如く、近隣にあるとも不善者は、見えざること夜陰に放たれし箭の如し。

44 三〇五　獨り臥し、獨り行きて倦まず、獨り自己を調御して林中に樂しむものたるべし。

註❶ 註釋に從ひて譬喩的に解せり。十二處とは眼・耳・鼻・舌・身・意及び色・聲・香・味・觸・法を指し、五蓋とは五種の障蓋にして貪欲・瞋恚・睡眠・掉擧惡作・疑を云ふ。

❷ 或は「不同輩と共に住むこと」(a-)samānasaṁvāso (ed. PTS) 但し N. P. Chakravarti: L'Udānav. sanskrit p. 129-130 參照。

二二　地獄品

三〇六　不實を語る者は地獄に墮す。或はまた〔自ら〕爲して、我爲さずと言ふ者も〔地獄に墮す〕。之等兩種の惡業者は、死後他世(地獄)に於て同等なり。

三〇七　袈裟を頸に纏ふも、惡を行ひ節制なき者多し。かゝる惡人はその惡業によりて地獄に墮す。

三〇八　破戒・無節制にして、國民の施食を享くるよりは、寧ろ火焰の如く灼熱せる鐵丸を食ふこそ勝れ。

三〇九　放逸にして他人の妻を犯す人は、〔次の〕四事に達す。罪業を得ること、安臥せざること、第三に誹謗、第四に地獄。

45 三一〇　〔彼は〕罪業を得、また惡趣〔に墮す〕。且つ怯えたる〔男〕と怯えたる〔女〕との淫樂は寡し。王も亦〔之に〕酷しき刀杖を加ふ。されば人は他人の妻を犯すべからず。

三一一　摑みそこねし茅草の手を切る如く、修行を謬れる沙門道は人を地獄に導く。

三一二　懈怠の行爲、汚れたる戒行、逡巡せる梵行、かゝるものに大果なし。

三一三　若し爲すべくんば之を爲し、斷乎として之を遂行すべし。懈怠の遊行者は更に多くの[1]欲塵を散ずるのみ。

三一四　惡業は爲さゞるこそ勝れ、後に至りて惡業は人〔人を苦しむ。善業は爲すこそ勝れ、そを爲して苦しむことなし。

三一五　邊境の城を內外共に護るが如く、自己を護るべし。一刹那も〔忽せに〕過ぎ去らしむること勿れ。刹那を忽せにせる者は、地獄に到りて憂患を享く。

三一六　羞づべからざるを羞ぢ、羞づべきを羞ぢず、邪見を懷ける衆生は惡趣に到る。

三一七　怖るべからざることに恐怖を見、怖るべきことに恐怖を見ず、邪見を懷ける衆生は惡趣に到る。

46
三一八　罪なきことを罪ありと思ひ、罪あることを罪なしと見る、邪見を懷ける衆生は惡趣に到る。

三一九　罪ある所に罪ありと知り、また罪なき所に罪なしと〔知る〕、正見を懷ける衆生は善趣に到る。

註❶ raja- に「塵埃」と「愛欲」との兩義を兼ねしめたり。

二三　象品

三二〇　象が戰場に於て、弓より放たれし箭を〔堪へ忍ぶが〕如く、我は誹謗を堪へ忍ばん。多くの人は破戒者なればなり。

三二一　〔人は〕調御せられたる〔象〕を戰場に導き、王は調御せられたる〔象〕に乘る。誹謗を堪へ忍び調御せられたる人は、人中の最勝者なり。

三二二　騾の調御せられたるは良し、氣高き信度馬（印度河地方產の駿馬）も良し、大象も亦良し。自己を調御せる人は更に良し。

三二三　之等の牽獸によりては未到の境（涅槃）に到ることなからん、調御せられたる人が、よく調御せられたる自己を調御せられたる〔牽獸〕として到るが如くに。

三二四　ダナパーラカと名づくる象は、〔發情して顳顬より〕苦汁を分泌し、抑制し難く、縛せられて一片の〔餌〕をも食はず。〔この〕象は象の林を念ふ。

47 三二五　懶惰にして大食し、惰眠を貪りて輾轉として臥し、穀類に飽滿せる大豕の如くならば、〔かゝる〕愚者は再々胞胎に入る（卽ち輪廻す）。

三二六　この心嘗ては望む所に從ひ、欲に隨ひ樂に隨ひて徘徊せり。今は我全く之を制御せん、宛も鈎を持てる〔象師の、發情して苦汁を〕流せる象を〔制御する〕如くに。

三二七　汝等不放逸を樂しめ、自己の心を護れ。自己を難處（煩惱）より救出せよ、宛も泥中に陷れる象の如くに。

三二八　若し思慮に富み、正しく行ひ、賢明なる同行の侶伴を得ば、一切の危難を征服し、熟慮して欣然彼と共に行くべし。

三二九　若し思慮に富み、正しく行ひ、賢明なる同行の侶伴を得ざれば、獨り行くべし、宛も征服せられたる國土を棄てし王の如く、林中に於ける象の如くに。

三三〇　獨り行くこそ勝れ、愚者は斷じて侶伴となすべからず。獨り行くべし、惡事を爲すべからず、寡欲なること宛も林中に於ける象の如くに。

三三一　事の起りし時に友は樂しく、滿足は如何なる場合にも樂し。生命の盡くる時に善業は樂しく、一切の苦を棄つるは樂し。

48 三三二 世に母を敬ふは樂しく、父を敬ふも亦樂し。世に〔眞の〕沙門たることは樂しく、〔眞の〕婆羅門たることも亦樂し。

三三三 老に至るまで戒を持するは樂しく、安立せる信仰は樂し。智慧を得るは樂しく、惡を作さざるは樂し。

二四　愛欲品

三三四 放逸に行ふ人の愛欲は蔓草の如く增長す。彼は生より生に漂ふ、宛も林中に果實を求むる猿の如くに。

三三五 この世に於て、この猛惡にして纒綿たる愛欲に征服せられたる人には、雨を受けたるビーラナ草の如く、その憂患增長す。

三三六 この世に於て、この猛惡にして克服し難き愛欲を征服したる人には、蓮葉より水滴の〔落つる〕如く、憂患彼より去る。

三三七 我この善事を汝等に告ぐ。こゝに集れる汝等は、ウシーラ香〔ビーラナ草の根〕を求むる者のビーラナ草を〔掘る〕如く、愛欲の根を掘るべし。流水の葦を〔害ふ〕如く、魔王をして再々汝等を壞らしむること勿れ。

[49] 三三八 樹根害はれずして固ければ、樹は伐らるゝとも再び生ずるが如く、愛欲の執著斷たれざれば、この苦〔生死の苦〕は再々生起す。

三三九 その三十六流（内外各十八の愛欲）水勢盛に快樂に向ひて流るゝ邪見者を、この奔流〔卽ち〕貪欲に執著せる意志は漂蕩し去る。

三四〇 〔愛欲の〕流は到る處に流れ、〔その〕蔓は芽を發して茂る。この蔓の生ずるを見ば、智慧を以てその根を斷て。

三四一 人の喜悦は奔放にして、且つ愛著す。歡樂に耽り快樂を求むる人、かゝる人は實に生と老とを享く。

三四二 愛欲に滿たされたる人は、罠に係れる兎の如く馳せ廻る。繫縛と執著とに捉へられ、久しき間再々苦を享く。

三四三 愛欲に滿たされたる人は、罠に係れる兎の如く馳せ廻る。故に比丘は自己の離欲を望みて愛欲を除くべし。

三四四 [1]欲林を出でて欲林に心を傾け、欲林を脫してまた欲林に走る者、實にこの人を見よ。彼は〔繫縛を〕脱してまた繫縛に走るなり。

50 三四五 賢者は、鐵・木または草より成る繩縛を堅牢なりと謂はず。珠・環・妻・子に對する戀著こそ極めて強し。

三四六 賢者は、この牽引力に富み、弛くして而も脱し難き繩縛を堅牢なりと謂ふ。この〔縛〕を斷ちて戀著なき人は、欲樂を棄てゝ出家す。

三四七 貪欲に執著する者は、〔欲の〕流に隨ひて行くこと、蜘蛛の自ら作れる網に〔隨ふが〕如し。之を斷ちて戀著なき賢者は一切の苦を棄てゝ遊行す。

三四八 有《う》の彼岸に達し、前《さき》〔未來の煩惱〕を離れよ、後〔過去の煩惱〕を離れよ、中〔現在の煩惱〕を離れよ。意一切處に於て解脱せば、汝は再び生と老とを享くることなし。

三四九 疑惑に擾亂せられ、貪欲熾烈にして享樂を事とする人の愛欲は、益ゝ增長す。かゝる人は實に〔その〕繫縛を堅くす。

三五〇 疑惑の靜止を喜び、身の不淨を觀じ、常に熟慮する人は、實に魔王の繫縛を除かん、彼は之を斷たん。

51 三五一 圓成の境に達して畏怖なく、愛欲を離れて罪穢なく、有《う》の箭を斷てり。これ(その)最後身なり(卽ち更に輪廻せず)。

三五二　愛欲を離れて執著なく、聖典の語義に通曉し、前後の順序に從ひて排列せられたる文字(聖典の文句)を知る人は、實に最後身を具する者にして、大智者・大丈夫と稱せらる。

三五三　我は一切を征服し、一切を知悉し、一切の法に於て汚さるゝことなし。一切を棄て愛欲を滅して解脫せり。自ら悟りて誰をか(師と)云はん。

三五四　法施は一切の施に勝ち、法味は一切の味に勝ち、法樂は一切の樂に勝ち、愛欲の滅盡は一切の苦に勝つ。

三五五　財は愚者を亡し、決して彼岸を求むる者を(亡さ)ず。愚者は財欲によりて自己を亡すこと、他人を(亡すが)如し。

三五六　田は雜草により損はれ、この世の衆生は貪欲により損はる。されば貪欲を離れし人への施與は大果報あり。

三五七　田は雜草により損はれ、この世の衆生は瞋恚により損はる。されば瞋恚を離れし人への施與は大果報あり。

三五八 田は雑草により損はれ、この世の衆生は愚癡により損はる。されば愚癡を離れし人への施與は大果報あり。

52 三五九 田は雑草により損はれ、この世の衆生は欲望により損はる。されば欲望を離れし人への施與は大果報あり。

註❶ vana- に「林」及び「欲」の二義を兼ねしめたり。第二八三頌（今巻六一頁）參照。

二五 比丘品

三六〇 眼を制するは善し。耳を制するは善し。鼻を制するは善し。舌を制するは善し。

三六一 身を制するは善し。語を制するは善し。意を制するは善し。一切に於て制するは善し。一切に於て制したる比丘は一切の苦より脱す。

三六二 手を愼み、足を愼み、語を愼み、最もよく愼み、内心に喜び、三昧に住し、獨居して滿足する者、之を比丘と稱す。

三六三 口を愼み、語る所賢明に、寂靜にして正理と正法とを明かにする比丘は、その說く所甘美なり。

53 三六四　法を樂園とし、法を樂しみ、法に隨つて思惟し、法を憶念する比丘は、正法より退墮することなし。

三六五　自己の所得を輕んずべからず。他を羨むべからず。他を羨む比丘は三昧に入ることなし。

三六六　たとひ得る所少しと雖も、比丘若し自己の所得を輕んぜざれば、諸天も實に、〔この〕生活清淨にして懈怠なき者を稱讚す。

三六七　名色（精神・物質）に於て全く我執なく、且つ〔その〕非有の故に憂へざる者は、實に比丘と稱せらる。

三六八　慈悲に住し、佛陀の敎を信ずる比丘は、寂靜にして諸行靜止せる安樂境に到るべし。

三六九　比丘よ、この舟〔の水〕（身中の邪念）を汲み出せ、〔水〕汲み出されなば、〔舟は〕汝の爲に疾く進まん。貪欲と瞋恚とを斷たば汝は涅槃に到らん。

三七〇　❶五を斷つべし、五を棄つべし、而してよく五を勤修すべし。五著を超越せる比丘は、瀑流（煩惱）を渡れる者と稱せらる。

三七一 比丘よ、禪定を修せよ。放逸なる勿れ。汝の心を愛欲に迷ひ行かしむること勿れ。放逸にして〔熱〕鐵丸を呑む勿れ。燒かれつゝ「こは苦なり」と叫ぶこと勿れ。

三七二 智慧なき者に禪定なく、禪定なき者に智慧なし。禪定と智慧とを具へたる者は、實に涅槃に近づけるなり。

54 三七三 空屋（閑寂處）に入りて心寂靜に、正しく法を觀ずる比丘は、人界になき樂を享く。

三七四 人若し諸蘊の生滅を思念すれば、忽ち、不死（涅槃）を知得せし人の歡喜と悅樂とを獲得す。

三七五 こは現世に於て、智慧ある比丘の最初に〔爲すべきこと〕なり。〔卽ち〕諸根を攝護し、滿足し、戒律に從ひて制御し、生活淸淨にして倦むことなき良友と交れ。

三七六 好誼を盡すべし、善行を完うすべし。之によりて悅樂多く、苦を滅盡するに至らん。

三七七　ヴッシカー草が萎みし花を振ひ落すが如く、比丘等よ、貪欲と瞋恚とを棄てよ。

三七八　身を靜め、語を靜め、寂靜にしてよく三昧に住し、世俗の快樂を瀉棄せる比丘は、寂靜者と稱せらる。

三七九　自ら自己を勵まし、自ら自己を省察すべし。自ら攝護し、正念を持せば、比丘よ、汝は安樂に住せん。

三八〇　實に自己は自己の主にして、自己は自己の依所なり。故に自己を制御せよ、宛も商賈の良馬を〔調御する〕如く。

三八一　悅樂多く、佛陀の敎を信ずる比丘は、寂靜にして諸行靜止せる安樂境に到るべし。

55 三八二　たとひ年少なりと雖も、佛陀の敎に精勤する比丘は、雲を離れし月の如くこの世を照す。

註　❶註釋に從へば「五」は順次に、五下分結（欲界五種の煩惱）即ち欲界貪・瞋・身見・戒取見・疑、五上分結(色界・無色界の煩惱)卽ち色界貪・無色界貪・掉擧・慢・無明、五根卽ち信・勤・念・定・慧なりと云ふ。又五著とは貪・瞋・癡・慢・見を指す。 然れども恐らく「五」はすべて五著を意味するものなるべく、その場合 uttari-bhāvaye は「勤修すべし」の意にあらずして「克服すべし」の義に解すべし。

二六　婆羅門品

三八三　[1]婆羅門よ、勇敢に(欲の)流を斷て、諸欲を去れ。 萬象の滅盡を知りて汝は無作(涅槃)を知る。

三八四　婆羅門若し二法(止觀)に於て彼岸に達すれば、この智者に一切の繋縛は終熄す。

三八五　彼岸(來世)も此岸(現世)もなく、彼此兩岸もなく、畏怖を去り、繋縛を棄てたる人、我は之を婆羅門と呼ぶ。

三八六　禪定に入り、垢穢なく安住し、爲すべきをなし、煩惱を去り、最上義(阿羅漢果)に達せる人、我は之を婆羅門と呼ぶ。

三八七　日は晝に輝き、月は夜に照らし、刹帝利は武裝して輝き、婆羅門は禪定に入りて輝く。されど佛陀はその光明により、全晝夜に輝く。

56 三八八 婆[2]羅門とは惡業を除ける者の意にして、行ふ所寂靜なるが故に沙[2]門と稱せらる。自己の垢穢を去る者は、之によりて出[2]家と稱せらる。

三八九 婆羅門を打つべからず。〔打たるゝも婆羅門は之に敵對すべからず。婆羅門を打つ者に災あれ。〔打たれて〕之に敵對する者に、更に災あれ。

三九〇 婆羅門若し愛好するものより心を抑制せば、彼に少からざる利益あり。害心の消滅するに隨ひ、苦惱も之に隨ひて靜止す。

三九一 身と語と意とによる惡業なく、この三處に於て抑制せる人、我は之を婆羅門と呼ぶ。

三九二 正等覺者の說示せる法を、如何なる人より學び得たりとも、その人を恭しく敬禮すべし、宛も婆羅門が祭火を〔敬ふ〕が如く。

三九三 螺髻・族・姓によりて婆羅門たるに非ず。眞實と法とを具する者、彼は幸福なり、彼はまた〔眞の〕婆羅門なり。

三九四 愚者よ、螺髻汝に何の用かあらん、皮衣汝に何の用かあらん。汝の內は〔不

三九五 浄の〕叢林なり。汝は外を清掃するのみ。
糞掃衣《ふんざうえ》(弊衣)を著け、痩せて脈管露はれ、獨り林中に於て禪定を修する人、我は之を婆羅門と呼ぶ。

57
三九六 我はまた、胎により母系によりて婆羅門と呼ばず。彼は〔不遜にも世尊を〕「ボー」(「友よ」の義)と呼び、彼は實に[3]富裕なれども執著あり。[3]無一物にして執著なき人、我は之を婆羅門と呼ぶ。

三九七 一切の結縛を斷ち、畏怖なく執著を超越し、繋縛を離れたる人、我は之を婆羅門と呼ぶ。

三九八 [4]紐と緒と綱と之に屬するものとを斷ち、障礙を除きて覺りたる人、我は之を婆羅門と呼ぶ。

三九九 罪なくして罵詈と體刑と繩縛とを忍び、忍辱を力とし、勇力を軍兵として有する人、我は之を婆羅門と呼ぶ。

四〇〇 忿怒なく、戒を持して德行あり、欲を離れ、調御して最後身に達せる人、我は之を婆羅門と呼ぶ。

四〇一　蓮葉に於ける水の如く、錐の尖端に於ける瞿栗粒の如く、諸欲に染著せざる人、我は之を婆羅門と呼ぶ。

四〇二　既にこの世に於て、自己の苦の滅盡を悟り、重擔を下し、繫縛を離れたる人、我は之を婆羅門と呼ぶ。

四〇三　智慧深く、賢慮ありて道・非道を辨へ、最上義に達せる人、我は之を婆羅門と呼ぶ。

58
四〇四　在家とも出家とも、兩つながら交らず、家なく遊行し、寡欲なる人、我は之を婆羅門と呼ぶ。

四〇五　弱きも強きも一切の有情の中にありて刀杖を棄て、殺すことなく、殺さしむることなき人、我は之を婆羅門と呼ぶ。

四〇六　害意ある者の中にありて害意なく、刀杖を手にせる者の中にありて溫順に、執著ある者の中にありて執著なき人、我は之を婆羅門と呼ぶ。

四〇七　その貪欲と瞋恚と慢心と虛僞との脫落せること、宛も錐の尖端より瞿栗粒の〔落つる〕如くなる人、我は之を婆羅門と呼ぶ。

四〇八　粗暴ならず、教訓的なる眞實の語を發し、之によりて何者をも怒らしめざる人、我は之を婆羅門と呼ぶ。

四〇九　この世に於て、長きも短きも、小なるも大なるも、淨きも淨からざるも、與へられざるものを取らざる人、我は之を婆羅門と呼ぶ。

四一〇　この世に對しても、かの世に對しても、欲望なく愛著なく、繋縛を離れたる人、我は之を婆羅門と呼ぶ。

四一一　執著の存するなく、悟り了りて疑惑なく、甘露(涅槃)の奥底に到達せる人、我は之を婆羅門と呼ぶ。

四一二　この世に於て善惡兩種の執著を超脱し、憂患なく垢穢なく清淨なる人、我は之を婆羅門と呼ぶ。

四一三　月の如く無垢・清淨・澄明にして暗翳なく、快樂の生起を滅盡したる人、我は之を婆羅門と呼ぶ。

59 四一四　この泥濘(貪欲等)と越え難き輪廻と愚癡とを越え、渡りて彼岸に達し、禪定に住し、無欲にして疑惑なく、執著を棄てゝ寂靜なる人、我は之を婆羅門と呼ぶ。

四一五　この世に於て欲樂を棄て、家なくして遊行し、欲樂の生起を滅盡したる人、我は之を婆羅門と呼ぶ。

四一六　この世に於て愛欲を棄て、家なくして遊行し、愛欲の生起を滅盡したる人、我は之を婆羅門と呼ぶ。

四一七　人間の束縛を棄て、天上の束縛を脫し、一切の束縛より離れたる人、我は之を婆羅門と呼ぶ。

四一八　樂と不樂とを棄て、清涼にして煩惱なく、一切世界を克服せる勇者、我は之を婆羅門と呼ぶ。

四一九　有情の消滅と生起とを完全に知り、執著なく安泰にして覺りたる人、我は之を婆羅門と呼ぶ。

四二〇　諸天も乾闥婆《けんだつば》も人間も、彼の趣く道を知らず、煩惱を滅盡して阿羅漢となりし人、我は之を婆羅門と呼ぶ。

四二一　前(過去)にも、後(未來)にも、中(現在)にも何物をも有せず、無一物にして執著なき人、我は之を婆羅門と呼ぶ。

60 四二二 牡牛〔の如く強く〕、最も勝れ、勇者にして大仙、勝利に富み、無欲にして〔心垢を〕洗滌し、覺りたる人、我は之を婆羅門と呼ぶ。

四二三 前生を知り、天界と惡趣とを見、更に生の滅盡に達し、❺智に於て完成したる牟尼〔賢人〕、一切圓滿成就の人、我は之を婆羅門と呼ぶ。

註 ❶本品に於ける婆羅門とは煩惱を去り罪業を滅したる人を指す。旣に第一四二頌に於てもこの意味に用ひられたり。

❷ brāhmaṇa-「婆羅門」: bāhita-pāpa-「惡業を除ける者」、samaṇa-「沙門」: sama-cariya-「寂靜行の人」(第二六五頌註❶參照)、pabbajita-「出家」: pabbājayaṁ (attano malaṁ)「(自己の垢穢を)去る」。以上の語源的說明の中最後のものは少くも動詞の語根を共通にす。pabbajita-: pabbajati, pabbājayaṁ (pres. part. nom.): pabbājeti (caus.). Pāli pabbaj-=Skt. pra+vraj-

❸原文は sa-kiñcana- と a-kiñcana- とを對立せしむ。註釋に從へば kiñcana- には「貪欲、執著」等の義ありて、sa-kiñcana- は「富裕なる」「執著ある」の兩義を兼ね、a-kiñcana- は「無一物」、「無執著」の兩義を兼ぬ。第四二一頌をも參照せよ。尙 sa ce hoti (ed. PTS) は sa ve hoti (Fausb.) に改め譯したり。

❹註釋に從へば「紐」は忿怒、「緒」は愛著、「綱と之に屬するもの」は六十二邪見、「障礙」は無明を

指す。恐らく紐・緒・綱皆繫縛纏結を譬へ言ひしものなるべし。
❺譯は abhiññā, vosito (ed. PTS) によらず abhiññā-vosito (Fausb.) に從へり。

自説經（ウダーナ）

かの世尊、應供、正等覺者に歸命す。

第一品　菩提品

一❶

是の如く我聞けり。初めて正覺を成じたまへる世尊は或る時、優樓比螺《ウルヹーラー》の尼《ネー》連禪河《ランヂャラー》の畔りなる菩提樹の下《もと》に住《とど》まりたまへり。その時、世尊は一たび趺坐を組みたるまゝにて、七日の間、解脱の樂を享けつゝ坐(定)したまへり。七日を過ぎて後、世尊はその定より起ち、夜の初分にありて、次の如く順次に、よく縁起の法を觀じたまへり、「此有れば彼有り、此生ずれば彼生ず。即ち無明に縁りて行あり。行に縁りて識あり。識に縁りて名色あり。名色に縁りて六入あり。六入に縁りて觸あり。觸に緣りて受あり。受に緣りて愛あり。愛に緣りて取あり。取に緣りて有あり。有に緣りて生あり。生に緣りて老死・憂・悲・苦・惱・絶望あり。この苦聚の生起はそれ是の如し」と。世尊はこの事由を知りて、その時、この優陀那を唱へたまへり。

「實《げ》にも熱意ありて禪に入れる婆羅門の、諸の法を悟る時、彼《かれ》❷緣起の法を知れるが故に、かの諸の疑惑は消え失せたり」と。

2

二

是の如く我聞けり。初めて正覺を成じたまへる世尊は或る時、優樓比螺の尼連禪河の畔りなる菩提樹の下《もと》に住《とど》まりたまへり。その時、世尊は一たび趺坐を組みたるまゝにて、七日の間、解脱の樂を享けつゝ、坐〔定〕したまへり。七日を過ぎて後、世尊はその定より起ち、夜の中分にありて、次の如く逆次によく緣起の法を觀じたまへり、「此無ければ彼無く、此滅すれば彼滅す。即ち無明の滅に緣りて行滅す。行の滅に緣りて識滅す。識の滅に緣りて名色滅す。名色の滅に緣りて六入滅す。六入の滅に緣りて觸滅す。觸の滅に緣りて受滅す。受の滅に緣りて愛滅す。愛の滅に縁りて取滅す。取の滅に縁りて有滅す。有の滅に縁りて生滅す。生の滅に縁りて老死・憂・悲・苦・惱・絶望滅す。この苦聚の滅はそれ是の如し」と。世尊はこの事由を知りて、その時、この優陀那を唱へたまへり。

「實にも熱意ありて禪に入れる婆羅門の、諸の法を悟る時、彼《かれ》諸縁の滅盡を知れるが故に、かの諸の疑惑は消え失せたり」と。

三

是の如く我聞けり。初めて正覺を成じたまへる世尊は或る時、優樓比螺の尼連禪河の畔りなる菩提樹の下《もと》に住《とど》まりたまへり。その時、世尊は一たび趺坐を組みたるまゝにて、七日の間、解脱の樂を享けつゝ坐(定)したまへり。七日を過ぎて後、世尊はその定より起ち、夜の後分にありて、次の如く順次逆次によく縁起の法を觀じたまへり、「此有れば彼有り、此生ずれば彼生ず。此無ければ彼無く、此滅すれば彼滅す。即ち無明に縁りて……(一の一に同じ)……苦聚の生起はそれ是の如し。餘す所なく無明を盡し滅ぼすに縁りて行滅し……(一の二に同じ)……苦[3]聚の滅はそれ是の如し」と。世尊はこの事由を知りて、その時、この優陀那を唱へたまへり。

「實にも熱意ありて禪に入れる婆羅門の、諸の法を悟る時、恰も日の大空を照すが如く、彼は惡魔の軍を破りて立てり」と。

四[3]

是の如く我聞けり。初めて正覺を成じたまへる世尊は或る時、優樓比螺の尼連禪河の畔りなる羊牧《アヂャパーラ》尼拘律《ニグローダ》林中に住《とど》まりたまへり。その時、世尊は一たび趺坐を組みたるまゝにて、七日の間、解脱の樂を享けつゝ坐〔定〕したまへり。七日を過ぎて後、世尊はその定より起ちたまへり。時に憍[4]慢性の一婆羅門あり、世尊に近づき、近づきて世尊と互に禮[5]を交し悦喜すべき話、記憶すべき話をなして一隅に立てり。一隅に立ちて、その婆羅門は世尊に問うて次の如くいへり、「汝瞿曇よ、如何なるをか婆羅門といひ、如何なるをか婆羅門たるの法といふ」と。世尊はこの事由を知りて、その時、この優陀那を唱へたまへり、

「如何なる婆羅門にてもあれ、邪惡の法を除き、憍慢の心なく、汙垢《まく》もなく、己の心を制し、吠陀に通じ、梵行を修し終れる者、その婆羅門こそは正《まさ》しく婆

羅門と稱し得べけれ。彼が慢心は今や、世の何處にもあることなし」と。

五

是の如く我聞けり。世尊は或る時、舍衞城《サーヷッティー》の祇陀林《ヂェータヷナ》なる給孤獨〔長者の遊〕園に住《とど》まりたまへり。その時、尊者舍利弗《サーリプッタ》・尊者大目犍連《マハーモッガッラーナ》・尊者大迦葉《マハーカッサパ》・尊者大迦旃延《マハーカッチャーヤナ》・尊者大拘致羅《マハーコッティタ》・尊者大劫賓那《マハーカッピナ》・尊者大淳陀《マハーチュンダ》・尊者阿㝹樓駄《アヌルッダ》・尊者離越《レーヷタ》・尊者提婆達多《デーヷダッタ》・尊者[4]阿難《アーナンダ》等世尊に近づけり。世尊はこれ等諸尊者の遙より來れるを見、見るや比丘等に告げて宣はく、「比丘等よ、これ等の婆羅門來る。比丘等よ、これ等の婆羅門來る」と。かく宣ふや、婆羅門族出の一比丘は世尊に問うて次の如くいへり、「大徳よ、如何なるをか婆羅門といひ、如何なるをか婆羅門たるの法といふ」と。世尊はこの事由を知りて、その時、この優陀那を唱へたまへり、

「邪惡の法を除き常に正念にして、往來し繫縛を盡せる覺者、彼等こそは實にこの世に於ける婆羅門なれ」と。

六[6]

是の如く我聞けり。世尊は或る時、王舍城の竹林、迦蘭陀《カランダ》迦園《カニヷーパ》に住《とど》まりたまへ

り。その時、尊者大迦葉は畢鉢羅窟《ピッパリグハー》に住《とど》まりて疾み、苦しみ、病篤かりしが、後その病癒えたり。病癒ゆるや、尊者大迦葉は次の如き思ひをなせり、「我托鉢のため王舍城に入らん」と。時に五百の諸天衆は尊者大迦葉のために力を盡して食を得せしめんとせり。尊者大迦葉は五百の諸天衆を斥《しりぞ》けて、朝時内衣を著け鉢衣を携へて、托鉢のために王舍城の貧民・乞食・機織業者の住める通に入れり。世尊は尊者大迦葉の托鉢のために王舍城の貧民・乞食・機織業者の住める通を往來するを見たまへり。世尊はこの事由を知りて、その時、この優陀那を唱へたまへり、

「他の供養を受けず、他に知られず、自ら制し、精に豎立し、諸惑を盡し、瞋恚を除ける者こそ婆羅門なれと我はいふ」と。

七[7]

是の如く我聞けり。世尊は或る時、波吒《パータ》梨羊群夜叉《リーアヂャカラーパカ》の住居なる羊群祠堂に住《とど》まりたまへり。その時、世尊は暗夜、雨降りしきれる折、屋外に坐したまへり。羊群夜叉は世尊をして恐れさせ硬ばらせ身の毛彌《いや》立たしめんと欲して、世尊に近づき、世尊の近くにて、三たび[8]アックロー、バックローといひて、世尊を嚇《おど》かさんと

し、次の如く叫びぬ、「沙門よ、こは汝の悪鬼なり」と。世尊はこの事由を知りて、その時、この優陀那を唱へたまへり、

「婆羅門己の法に於て、彼岸に到る時、この悪鬼妖魔を超度せん」と。

八[9]

是の如く我聞けり。世尊は或る時、舍衛城の祇陀林なる給孤獨〔長者の遊〕園に住《とど》まりたまへり。その時、尊者戰勝は世尊を拜せんがために、舍衛城に來りてありき。時に尊者戰勝の[10]舊妻は尊戰勝の舍衛城に來れることを聞き、その兒を伴ひて祇陀林に赴けり。その時、尊者戰勝は一樹の下に於て日中休息のために坐しゐたり。尊者戰勝の舊妻は尊者戰勝に近づき、彼に告げていへり、「沙門よ、我が小子を養へ」と。かくいふも、尊者戰勝は默してありき。尊者戰勝の舊妻は再び彼に告げていへり、「沙門よ、我が小子を養へ」と。尊者戰勝は再び默してありき。尊者戰勝の舊妻は三たび彼に告げていへり、「沙門よ、我が小子を養へ」と。尊者戰勝は三たび默してありき。尊者戰勝の舊妻は「沙門よ、こは汝の子なり。これを養へ」と、かくいひて、その兒を尊者戰勝の前に捨てゝ去れり。尊者戰勝は

6 その兒を看ず又呼ばざりき。かの舊妻は稍々行きて顧み、尊者戰勝のその兒を看ず又呼ばざることを見て、思へらく、「この沙門には子の用なし」と。それより還り來りて、兒を携へて去れり。世尊は淸淨にして人〔眼〕に超えたる天眼を以て、尊者戰勝の舊妻の當惑を見たまへり。世尊はこの事由を知りて、その時、この優陀那を唱へたまへり、

「來るを喜ぶことなく、去るを悲しむことなし。愛著より脫したる戰勝、彼こそは婆羅門なれと我はいふ」と。

九[11]

是の如く我聞けり。世尊は或る時、伽耶《ガヤー》の象頭山に住《とど》まりたまへり。その時、衆多の結髮外道等あり、寒き冬の夜、中間[12]の八日、雪降れる時、伽耶河にありて或は浮び或は沈み或は浮び沈み、水灌ぎ又は火神の祭をなし、これにより淸淨なりと思へり。世尊はかの衆多の結髮外道等の寒き冬の夜、中間の八日、雪降れる時、伽耶河にありて或は浮び或は沈み或は浮び沈み、水灌ぎ又は火神の祭をなし、これによりて淸淨なりとなせるを見たまへり。世尊はこの事由を知りて、その時、

この優陀那を唱へたまへり。
[13]「多くの人々、こゝにありて浴すれども水によりては清淨ならず。何人にも眞實と法とだにあらば、彼は清淨なり、彼は婆羅門なり」と。

一〇

是の如く我聞けり。世尊は或る時、舍衞城の祇陀林なる給孤獨〔長者の遊〕園に住《とど》まりたまへり。その時、樹皮衣を著たる婆醯《バーヒヤ》は海岸なる蘇波羅哥《スッパーラカ》に住み、人々に尊ばれ重んぜられ貴ばれ供養せられ敬はれ衣服・飲食物・坐臥具及び病氣の用品たる藥料等の資具を得たり。樹皮衣を著たる婆醯には次の如き心の所念起れり、「何人にもせよ、世に阿羅漢たるもの、阿羅漢道に入れるもの〻中、我はその
7 一人なるか」と。その時、前世に樹皮衣を著たる婆醯の兄弟たりし天人は同情者にして、利益を望めるものなるが、己の心を以て、婆醯の心の所念を知り、彼に近づきて次の如くいへり、「婆醯よ、汝は阿羅漢にもあらず、阿羅漢道に入れるものにもあらず、よつて以て阿羅漢たり、阿羅漢道に入るの道も汝にはこれあらず」と。婆醯の曰く、「然らば何人か人天世界に於て、阿羅漢たるもの、阿羅漢道に入れる

ものぞ」と。答へて曰く、「婆醯よ、北の方に於て舍衛城と名づくる都あり。今その處に世尊・應供・正等覺者は住《とど》まりたまふ。婆醯よ、かの世尊は阿羅漢にして且つ阿羅漢たるの法を説きたまふ」と。樹皮衣を著たる婆醯はこの天人のために動かされて、直ちに蘇波羅哥を去り、各處に唯一夜泊して世尊の住まりたまへる舍衛城の祇陀林なる給孤獨〔長者の遊〕園に近づけり。その時、衆多の比丘等は屋外にありて經行せり。樹皮衣を著たる婆醯はその比丘等に近づき、彼等に告げて次の如くいへり、「諸大德よ、世尊・應供・正等覺者は今何處に住まりたまふや。我等はかの世尊・應供・正等覺者を拜し奉らんと欲す」と。答へて曰く、「婆醯よ、世尊は托鉢のために今城内に入りたまへり」と。樹皮衣を著たる婆醯は怖しく、祇陀林を出でて、舍衛城に入り世尊の托鉢のために舍衛城を經行したまへる、愛すべく、美はしく、諸根を鎭め、意を落つけ、最上の統御安息に達し、自ら制し、自ら護り、諸根を御したる龍象を見るや、世尊に近づきて、頭面を以て世尊のみ足を禮し、世尊に白《まう》して次の如くいへり、「大德よ、世尊、我がために法を説きたまへ。善逝我がために法を説きたまへ。その法は我にとりて長夜の利益安樂のためなるべし」と。かくいふや、世尊は彼[14]に告げて次の如く宣へり、「婆醯よ、今我托鉢に入りたれば時にあらず」と。再び彼は世尊に白《まう》していへり、「大徳よ、この世尊の命の障りもまた我が命の障りも圖ること難し。大徳よ、我に法を……安樂のためな
8 るべし」と。再び世尊は彼に次の如く宣へり、「婆醯よ、今は……時にあらず」と。三たび彼は世尊に白《まう》していへり、「大徳よ、この世尊の命の障りも……圖ること難し。大徳よ、我に法を……安樂のためなるべし」と。世尊の宣はく、「〔いざ〕、さらば婆醯よ、汝は次の如く學ぶべきなり、『見ては唯見たるまゝならん。聞きては唯聞きたるまゝならん。考へては唯考へたるまゝならん。知りては唯知りたるまゝならん』と。婆醯よ、汝は是の如く學ぶべきなり、『婆醯よ、汝は見ては唯見たるまゝならん……知りては唯知りたるまゝなるべきが故に、婆醯よ、汝はその處にあらず、婆醯よ、汝はその處にあらざるが故に、婆醯よ、汝はこの世にもかの世にも、また兩世の中間にもあらず。これこそは苦の終りなれ』」と。世尊のこの略說法によりて、彼の心は直ちに執著なく、煩惱より解脫したり。世尊はこの略說法を以て彼を敎へて去りたまへり。世尊の去りたまひて久しからざるに、若

き犢を伴へる牝牛あり、彼を倒して命を奪へり。世尊は托鉢のために舍衞城を
往來したまひ、食後に托鉢より歸りて衆多の比丘等と倶に城內を去り、彼の死せ
るを見て比丘等に次の如く宣へり、「比丘等よ、彼の體を支へよ。臥榻に乘せ、運
び去つて荼毘に附し、彼のために塔婆をも設けよ。比丘等よ、汝等の同梵行者死
せり」と。「諾、大德よ」とかの比丘等は世尊に應諾して、彼の體を臥榻に乘せ、運び去
つて、荼毘に附し、彼のために塔婆をも設けて、世尊に近づき、世尊を禮敬して一隅
に坐せり。一隅に坐するや、かの比丘等は世尊に白して次の如くいへり、「大德
よ、彼の體を焚きたり。彼のために塔婆をも設けたり。彼の未來は如何。その
來生は如何」と。世尊の宣はく、「比丘等よ、彼は賢者にして、大小の法を行へり。
9 法問のために我を惱ませしことなし。比丘等よ、彼は涅槃に入れり」と。世尊は
この事由を知りて、その時、この優陀那を唱へたまへり、
⑮「水・地・火・風の住著することなき處には、星も光ることなく、日も輝くことな
し。〔そこには〕月も光らず、暗黑もまたこれなし。
自ら〔涅槃を〕知れる時、聖者たる婆羅門は智によりて、色・無色・樂苦より解脫

す」と。

「この優陀那も世尊の說き給ふ所なりと我は聞く」と。

菩提品第一

茲に次の如き攝頌あり、

菩提三と、尼拘律《ニグローダ》、諸長老、〔大〕迦葉《マハーカッサパ》と、波吒梨《パータリー》、戰勝〔尊者〕、結髮外道、婆醯《バーヒヤ》〔尊者〕と

この十なりと。

註❶第一經より第三經まで Mahāvagga I. 1. 1-7. pp. 1-2 參照。五分律十五卷(大正藏、二二卷一〇二—一〇三頁) 四分律三十一卷(大正藏、二二卷七八一頁、七八六頁) 根本說一切有部毘奈耶破僧事五卷(大正藏、二四卷一二六頁) 衆許摩訶帝經七卷(大正藏、三卷九五二頁) 佛本行集經三十一卷(大正藏、三卷七九九頁)等參照。

❷sahetudhamma 有因の法となすも可なり。

❸Compare: Mv. 1. 2. 1-3 pp. 2-3.

❹憍慢性(のもの)の原語は huhunkajātika にして huhunka は他の言動を見聞してフフンと聲をなす如く甚だ憍慢なるをいふ。Seidenstücker は獨譯(Das Buch der feierlichen Worte des Erhabenen)の三頁に是を譯して standesstolz となす。尙註釋 Paramattha-dīpani P. 52 に詳し。

❺「禮を交す」を挨拶を交すと譯するも可なり。

❻前半 Compare: S. N. vol. V P. 79.
❼雜阿含四十九卷(大正藏、二卷三六二頁) 別譯雜阿含十五卷(大正藏、二卷四八〇頁)參照。
❽akkulopakkulo は嚇しの言なり。註釋六六頁を見よ。
❾雜阿含三十八卷(大正藏、二卷二七八頁) 別譯雜阿含一卷(大正藏、二卷三七六頁)參照。
❿「舊妻」の原語は purāṇa-dutiyikā にして出家前の妻をいふ。故二・本二とは卽ち是なり。註釋七二頁を見よ。
⓫Compare: Mv. I. 20, 15 P. 31
⓬「中間の八日」の原語は antaraṭṭhakā にして註釋七四頁によれば磨伽《マーガ》月の終り四日と頗勒《パッ》窶拏《グナ》月の初め四日とを云ふなり。この時期は印度の極寒期にして宗教的祭事を行ふを習ひとしたるなり。
⓭Compare: M. N. 7 Vatthūpama sutta vol. I. p. 39. 雜阿含四十四卷(大正藏、二卷三二一頁)參照。
⓮樹皮衣を著たる婆醯の略。
⓯Compare: D. N. 11 Kevaddha sutta vol. I. P. 223; S. N. I. 3. 7. Sarā vol. I. P. 15. 長阿含十六卷堅固經(大正藏、一卷一〇二頁)一部參照。

第二品　目眞隣陀品

一❶

是の如く我聞けり。初めて正覺を成じたまへる世尊は或る時、優樓比螺の尼連禪河の畔りなる目眞隣陀《ムチャリンダ》樹の下に住《とど》まりたまへり。その時、世尊は一たび趺坐を組みたるまゝにて七日の間、解脱の樂を享けつゝ、坐[定]したまへり。時に大雨非時に起り、七日の間、雨降り續き、寒風吹きて天陰《くも》れり。文眞隣陀龍王は己の棲家より出で來り、蜷局《とぐろ》を以て世尊の體を七重に卷きつゝ、頭上に大なる驤首《かまくび》を立てゝゐたり、「寒氣世尊に觸るゝなかれ、暑氣世尊に觸るゝなかれ、蝱・蚊・風・熱・蛇世尊に觸るゝなかれ」とて。七日を過ぎて後、世尊はその定より起ちたまへり。文眞隣陀龍王は空霽れ雲の去れることを知りて、世尊の體より蜷局を解き、己の姿を變へて儒童の姿をなし、合掌して世尊を禮拜しつゝ、その目前に立てり。世尊はこの事由を知りて、その時、この優陀那を唱へたまへり、

「知足にして聞法、智見ある者の獨居は樂し。世の生命ある者に對して能く自ら制し、瞋恚なきは樂し。世に貪欲を離れ諸欲を脱するは樂し。我慢を調伏することそ、實に最上の安樂なれ」と。

二❷

是の如く我聞けり。世尊は或る時、舍衛城の祇陀林なる給孤獨〔長者の遊〕園に住《とど》まりたまへり。その時、食後に托鉢より歸りて、集會堂に聚《つど》り集へる衆多の比
11 丘等の間に、次の如き話柄起れり、「法友等よ、摩揭陀《マカダ》の洗尼耶《セーニヤ》頻毘沙羅《ビンビサーラ》王と憍薩《コーサ》羅《ラ》の波斯匿《パセーナディ》王とこれ等二王の中、何れが多くの蓄財あり、多くの用財あり、多くの藏あり、大なる國土あり、多くの乘物あり、大なる兵力あり、大なる神通あり、大なる威力ありや」と。その時、かの比丘等の間に起れるこの話柄は未だ終りに達せざりき。世尊は夕刻獨坐より起ちて、集會堂に近づき設けられたる座に著きたまへり。座に著きたまふや、世尊は次の如く比丘等に告げたまへり、「比丘等よ、汝等今如何なる話柄によりて聚り集へるぞ。比丘等よ、汝等の間に起れる如何なる話柄が未だ終りに達せざるぞ」と。答へて曰く、「大德よ、食後……我等の間に次の如き話柄起れり、『法友等よ、摩揭陀の洗尼耶頻毘沙羅王と憍薩羅の波斯匿王と、これ等二王の中、何れが多くの蓄財あり……大なる威力ありや』と。大德よ、我等の間に起れるこの話柄は未だ終りに達せざりき。然るにこの時、世尊は入り來りたまへり」と。世尊の宣はく、「比丘等よ、かゝる談話をなすは汝等善男子

の信仰心よりして家を出でて家なき出家の身となれるものには適切ならず。比丘等よ、汝等聚り集へるものには二つのなすべきことあり。そは卽ち法の談話と尊き沈默とこれなり」と。世尊はこの事由を知りて、その時、この優陀那を唱へたまへり、

「❸この世に於ける諸欲の樂と、この天上の樂とは愛盡の樂の十六分の一にも値せず」と。

三

是の如く我聞けり。世尊は或る時、舍衞城の祇陀林なる給孤獨〔長者の遊〕園に住《とど》まりたまへり。その時、衆多の小兒等舍衞城と祇陀林との間にあり、杖を以て蛇を殺しゐたり。世尊は朝時内衣を著け鉢衣を携へて、托鉢のために舍衞城に入りたまへり。世尊はかの衆多の小兒等舍衞城と祇陀林との間にあり、杖を以
12 て蛇を殺しゐたるを見たまへり。世尊はこの事由を知りて、その時、この優陀那を唱へたまへり、

「❹己の安樂を求めながら、❺安樂を求むる生類を杖もて害ふものは未來に於

て、安樂を得ることなし。

己の安樂を求めつゝ、安樂を求むる生類を杖もて害はざるものは未來に於て安樂を得ん」と。

四

是の如く我聞けり。世尊は或る時、舍衛城の祇陀林なる給孤獨〔長者の遊〕園に住《とど》まりたまへり。その時、世尊は尊ばれ重んぜられ貴ばれ供養せられ敬はれ衣服・飲食物・坐臥具及び病氣の用品たる藥料等の資具を得たまへり、（二の一〇參照）比丘衆も亦尊ばれ重んぜられ…乃至…資具を得たり。然るに外道派に屬する普行沙門等は尊ばれず重んぜられず貴ばれず供養せられず敬はれず衣服・飲食物坐臥具及び病氣の用品たる藥料等の資具を得ざりき。かの外道派に屬する普行沙門等は世尊や比丘衆の尊敬を受くるを忍び得ずして、里巷や森林に於て比丘等を見るや、良からぬ荒き語を以て罵り誹り怒らせ惱ませり。衆多の比丘等は世尊に近づき禮敬して一隅に坐せり。一隅に坐するや、かの比丘等は世尊に白《まう》して次の如くいへり、「大德よ、世尊は今尊ばれ重んぜられ…乃至…資具を得たまふ。比丘衆も亦尊ばれ重んぜられ…乃至…資具を得。然るに外道派に屬する普行沙門等は尊ばれず重んぜられず…乃至…資具を得ず。大徳よ、かの外道派に屬する普行沙門等は世尊や比丘衆の尊敬を受くるを…乃至…惱ませり」と。世尊はこの事由を知りて、その時、この優陀那を唱へたまへり、

「里巷や森林に於て、樂苦に觸れしもの、そを己に又他に歸すること勿れ。觸は❻本質《ほんぜち》あるに依りて觸る。本質なきものには何に依りて觸の觸るゝことあらん」と。

13

五

是の如く我聞けり。世尊は或る時、舍衛城の祇陀林なる給孤獨〔長者の遊〕園に住《とど》まりたまへり。その時、伊車能伽羅《イッチャーナンガラ》村出の一優婆塞〔何か〕所用ありて舍衛城に來れり。かの優婆塞は舍衛城に於てその所用を終りて、世尊に近づき禮敬して一隅に坐せり。一隅に坐するや、世尊はかの優婆塞に告げて次の如く宣へり、「優婆塞よ汝は久しうしてこゝに來るべき道を講じ得たり」と。優婆塞答へて曰く、「大徳よ、我は久しく世尊を拜せんがためにこゝに來らんと欲せり。されど諸の

なすべき務のために阻《はゞ》まれしかば世尊を拜せんがために來ること能はざりき」と。世尊はこの事由を知りて、その時、この優陀那を唱へたまへり、

「法を覺り、多く聞ける人は何物をも持たざれども安樂なり。見よ、人は人に戀著し、一物あるがために惱まされつゝあるを」と。

六

是の如く我聞けり。世尊は或る時、舍衛城の祇陀林なる給孤獨〔長者の遊〕園に住《とゞ》まりたまへり。その時、婆羅門族出なる一普行沙門の若き妻女懷姙して出産に近づけり。❼その妻女は夫に告げて次の如くいへり、「婆羅門よ、汝行きて妾が出産の用に供すべき胡麻油を得來れ」と。かくいふや、かの夫は妻女に告げていへり、「されど我何處よりして汝に胡麻油を得來るべき」と。再びその妻女は夫にいへり、「婆羅門よ、汝行きて妾が出産の用に供すべき胡麻油を得來れ」と。再びその夫は妻女に告げていへり、「されど我何處よりして、汝に胡麻油を得來るべき」と。三たびその妻女は夫にいへり、「婆羅門よ、汝行きて妾が出産の用に供
14 すべき胡麻油を得來れ」と。その時、憍薩羅の波斯匿王の倉に於て沙門婆羅門に

醍醐味胡麻油を飲[8]まんと欲する限り飲むことを許し、但運び去ることを許さざりき。その普行沙門は次の如き思ひをなせり、「憍薩羅の波斯匿王は……運び去ることを許さず。我憍薩羅の波斯匿王の倉に行き胡麻油を飲まんと欲する限り飲みて家に歸り、吐き出して與へては如何、これ彼女の出産の用に供せられん」と。その普行沙門は憍薩羅の波斯匿王の倉に赴き、胡麻油を飲まんと欲する限り飲みて家に歸りしが、起ち上ることも亦坐ることも能くせざりき。彼は苦しく、辛らく、荒く、烈しき痛みを覺えて輾轉反側せり。世尊は朝時内衣を著け鉢衣を携へて托鉢のために舍衛城に入りたまへり。世尊はその普行沙門が苦しく、辛らく、荒く、烈しき痛みを覺えて輾轉反側せるを見たまへり。世尊はこの事由を知りて、その時、この優陀那を唱へたまへり、

「實に何物もなきものは安樂なり。これ吠陀に通ぜる人は無一物なればなり。見よ、人は人に繼著する心ありて、一物のために惱まされつゝあるを」と。

七

是の如く我聞けり。世尊は或る時、舍衞城の祇陀林なる給孤獨〔長者の遊〕園に住《とど》まりたまへり。その時、一優婆塞の一人子にして〔甚だ〕愛すべく喜ぶべきもの死せり。衆多の優婆塞等は濡れたる衣服、濡れたる毛髮のまゝにて、早朝世尊に近づき禮敬して一隅に坐せり。一隅に坐するや、世尊はかの優婆塞等に次の如く宣へり、「優婆塞等よ、汝等何が故に濡れたる衣服、濡れたる毛髮のまゝにて早朝こゝに來れるぞ」と。かく宣ふや、かの優婆塞は世尊に白《まう》して次の如くいへり、「大德よ、我が一人子にして〔甚だ〕愛すべく喜ぶべきもの死せり。我等この故に濡れたる衣服、濡れたる毛髮のまゝにて早朝こゝに來れり」と。世尊はこの事由を知りて、その時、この優陀那を唱へたまへり、

「諸天の群も多くの人々も倶に愛の相《すがた》の甘きに絆《ほだ》さる。苦しみあり捨て[9]
られしものは死王のために擒にせらる。
日夜不放逸にして愛の相を捨つるものは死王の餌たる超え難き苦根を
掘り盡すなり」と。

八

是の如く我聞けり。世尊は或る時、軍持《クンディヤー》なる軍持處林《クンディッターナヴァナ》に住《とど》まりたまへり。その時、スッパヴーサーと名づくる拘利人の女子懷妊七年に及び七日の間出産に難澁せり。彼女は苦しく、辛らく、荒く、烈しき痛みを覺えながら次の如き三意念によりて、これを耐へ忍べり、「我が世尊は實にこのかくの如き苦を捨てんがために法を說きたまへる正等覺者なり。このかくの如き苦を捨てんがために〔道に〕入れる、かの世尊の弟子衆は實によく〔道を〕踐み行けるものなり。このかくの如き苦なき涅槃は實に安樂なり」と。拘利人の女子スッパヴーサーは己の夫を呼びて次の如くいへり、「〔いざ〕我が夫よ、汝世尊のみ許《もと》に赴け。赴きて我が語により頭面を以て世尊のみ足を禮せよ。而して世尊の少病少惱にして起居輕安、氣力あり、安樂に住したまふや否やを問ひ奉りて白《まう》せ、『大德よ、拘利人の女子スッパヴーサーは頭面を以て世尊のみ足を禮す。世尊の少病少惱にして起居輕安、氣力あり、安樂に住したまふや否やを問ひ奉る』と。更に次の如く白せ、『大德よ、拘利人の女子スッパヴーサーは懷妊七年に及び……乃至……出産に難澁す。彼女は苦しく……乃至……痛みを覺えながら、次の如き三意念によりてそれを耐へ忍べり。卽ち我が世尊は實にこのかくの如き…乃至…涅槃は實に安樂なり』と。
「諾」とかの拘利人は拘利人の女子スッパヴーサーに應諾して世尊に近づき禮敬
して一隅に立てり。一隅に立ちて、かの拘利人の子は世尊に白《まう》して次の如くい
へり、「大德よ、拘利人の女子スッパヴーサーは頭面を以て世尊のみ足を禮す。
世尊の少病少惱……安樂に住したまふや否やを問ひ奉る。更に次の如く白す、
『大德よ、拘利人の女子スッパヴーサーは懷姙七年に及び…乃至…難澁す。彼女
16 は苦しく…乃至…痛みを覺えながら次の如き三意念によりてそれを耐へ忍べ
り。卽ち我が世尊は實にこのかくの如き…乃至…涅槃は實に安樂なり』と。世
尊の宣はく、「拘利人の女子スッパヴーサーよ、安樂なれ、無痛にして無病の兒を產
まんことを」と。拘利人の女子スッパヴーサーは世尊の語と共に安樂無痛にし
て無病の兒を產めり。「諾、大德よ」とかの拘利人の子は世尊の所說を歡受し隨喜
して座より起ち、世尊を禮敬し、右繞の禮をなして、己の家に歸れり。拘利人の子
は拘利人の女子スッパヴーサーが安樂無痛にして無病の兒を產めるを見るや、
次の如く思へり、「〔噫〕實に不可思議なり、〔噫〕實に未曾有なり、如來の〔かゝる〕大神力

あり、大威力あることや。實にこの拘利人の女子スッパヷーサーは世尊の語と共に安樂無病にして無病の兒を產めり」と。歡び大いに喜び、快心滿足せり。拘利人の女子スッパヷーサーは己の夫を呼びて次の如くいへり、「〔いざ〕我が夫よ、汝世尊のみ許《もと》に赴け。赴きて我が語により頭面を以て世尊のみ足を禮せよ、而して次の如く白《まう》せ、『大德よ、拘利人の女子スッパヷーサーは頭面を以て世尊のみ足を禮す』と。更に次の如く白せ、『大德よ、拘利人の女子スッパヷーサーは懷姙七年に及び七日の間出產に難澁せり。今や彼女は安樂無病にして無病の兒を產めり。彼女は七日間の食を以て比丘衆を供養せん。大德よ、世尊は拘利人の女子スッパヷーサーのために比丘衆と倶に七回の食〔供養〕を受けたまはんことを』と」。「諾」とかの拘利人の子は拘利人の女子スッパヷーサーに應諾して世尊に近づき禮敬して一隅に坐せり。一隅に坐するや、かの拘利人の子は世尊に白して次の如くいへり、「大德よ、拘利人の女子スッパヷーサーは頭面を以て世尊のみ足を禮す。而して次の如く白す、『拘利人の女子スッパヷーサーは懷姙……乃至……難澁せり。今や彼女は安樂……乃至……比丘衆と倶に受けたまはんことを』と」。

然るにその時、佛陀を首とせる比丘衆は一優婆塞のために明日の食〔供養〕に招
かれてありき。その優婆塞は尊者大目犍連の侍者なりき。世尊は尊者大目犍
連に告げて宣はく、「〔いざ〕目犍連よ、汝はかの優婆塞の處に赴き彼に語りて次の
17 如くいへ、『法友よ、拘利人の女子スッパワーサーは懷姙…乃至…出產に難澁せ
り。今彼女は…乃至…供養せんとす』と。拘利人の女子スッパワーサーは七回
の食供養を行ふべく、その後かの汝の侍者も亦供養を行ふべし」と。「諾、大德よ」と
尊者大目犍連は世尊に應諾して、かの優婆塞に近づき、次の如くいへり、「法友よ、
拘利人の女子スッパワーサーは…乃至…供養せんとす。拘利人の女子スッパ
ワーサーは…乃至…食供養を行ふべく、その後汝亦行ふべし」と。優婆塞の曰く、
「大德よ、尊〔師〕大目犍連若し某がために財・命・信の三つの法の證者となりたまはば、
拘利人の女子スッパワーサーは七回の食供養を行ふべく、その後我亦行はん」と。
尊者大目犍連は次の如くいへり、「法友よ、我それ等の中、財・命の二つの法の證者
とならんも、信の證者は實に汝自身なり」と。優婆塞の曰く、「大德よ、尊〔師〕大目犍
連若し某がために財・命の二つの法の證者となりたまはば、拘利人の女子スッパ

ヴーサーは……行ふべく、その後……また行はん」と。尊者大目犍連はその優婆塞を納得せしめて、世尊に近づき世尊に白《まう》して次の如くいへり、「大德よ、かの優婆塞は拘利人の女子スッパヴーサーが七回の食供養を行ふべく、その後彼もまた行ふべきことを納得したり」と。拘利人の女子スッパヴーサーは佛陀を首とせる比丘衆をば七日の間、優れたる[10]硬き又は軟き食物を以て、己の手にて飽きて謝するに至るまで供養し、その兒をして世尊及び總ての比丘衆を禮拜せしめたり。尊者舍利弗はその兒に告げていへり、「兒よ、汝[11]身體健かなりや、〔得る所の〕飮食命を繫ぐに足れりや、苦なきや」と。その兒の曰く、「大德、我が舍利弗よ、[12]我七年の間、血壺の中に在りき。〔されば〕如何でか身體健かならん。如何でか〔得る所の〕飮食命を繫ぐに足らん」と。拘利人の女子スッパヴーサーは「我が兒は法將と談じつゝあり」とて歡び大いに喜び快心滿足せり。世尊は拘利人の女子スッパヴーサーに告げて宣く、「汝、スッパヴーサーよ、他にかゝる兒を得んことを望むや」と。スッパヴーサー答へて曰く、「我は他にかゝる兒を七人得んことを望む」
18 と。世尊はこの事由を知りて、その時この優陀那を唱へたまへり、

「快からざるものを快き相《すがた》にて、喜ばざるものを喜べる相にて、苦を樂の相にて[打克つが如くに]放逸なるものに打克たん」と。

九

是の如く我聞けり。世尊は或る時、舍衛城の東園《プッバーラーマ》なる鹿母講堂に住《とど》まりたまへり。その時、鹿母毘舍佉《ヰサーカー》に公用ありて憍薩羅の波斯匿王に繋がれり。憍薩羅の波斯匿王のこれを裁く所、鹿母の望みに隨はざりき。鹿母毘舍佉は日中世尊に近づきて、禮敬し一隅に坐せり。一隅に坐するや、世尊は鹿母毘舍佉に告げて次の如く宣へり、「[いざ]毘舍佉よ、汝は何故に日中來れるや」と。毘舍佉答へて曰く、「大德よ、妾こゝに公事ありて……乃至……望みに隨はざりき」と。世尊はこの事由を知りて、その時、この優陀那を唱へたまへり、

「他に從屬することは總て苦なり。あらゆる主權は樂なり。若し人に果すべきことあらば、それに惱まさる。蓋し束縛は超え難きものなればなり」と。

一〇[13]

是の如く我聞けり。世尊は或る時、阿㝹夷《アヌピヤー》の菴摩羅林《アンバヴナ》に住《とど》まりたまへり。その時、カーリゴーダーの子なる尊者跋提梨迦《バッディヤ》は森林に入りても、樹下に坐しても、空屋に入りても、常に優陀那を唱へて次の如くいへり、「實にも樂なる哉、實にも樂なる哉」と。衆多の比丘等はカーリゴーダーの子なる尊者跋提梨迦が森林に入りても、樹下に坐しても、空屋に入りても、「實にも樂なる哉、實にも樂なる哉」といひて、常に優陀那を唱ふるを聞けり。これを聞きて、彼等は思へらく、「法友等よ、カーリゴーダーの子なる跋提梨迦はそのかみ俗人たりし時、王者の樂ありしかば今梵行を修して喜ばざるや必せり。彼はそを憶念して森林に入りても…
19 …常に優陀那を唱へて次の如くいふならん、「實にも樂なる哉、實にも樂なる哉」と」。衆多の比丘等は世尊に近づきて禮敬し一隅に坐せり。一隅に坐するや、かの比丘等は世尊に白《まう》して、次の如くいへり、「大德よ、カーリゴーダーの子なる尊者跋提梨迦は森林に入りても……常に優陀那を唱へて次の如くいふなり、「實にも樂なる哉、實にも樂なる哉」と。カーリゴーダーの子なる尊者跋提梨迦はそのかみ…乃至…喜ばざるや必せり。彼はそを憶念して森林に入りても……常に優陀那を唱へて次の如くいふならん、『實にも樂なる哉、實にも樂なる哉』と。

世尊は一比丘に告げて宣はく、「〔いざ〕比丘よ、汝は我が語を以て比丘跋提梨迦を呼び次の如くいへ、『法友跋提梨迦よ、師は汝を呼びたまふ』と」。「諾、大德よ」と、その比丘は世尊に應諾して、カーリゴーダーの子なる尊者跋提梨迦に近づき次の如くいへり、「法友跋提梨迦よ、師は汝を呼びたまふ」と。「諾、大德よ」とカーリゴーダーの子なる尊者跋提梨迦はその比丘に應諾して、世尊に近づき禮敬して一隅に坐せり。一隅に坐するや、世尊はカーリゴーダーの子なる尊者跋提梨迦に次の如く宣へり、「跋提梨迦よ、汝は森林に入りても……常に優陀那を唱へて『實に樂なる哉、實に樂なる哉』といへりと聞く。それは眞實なりや」と。「然り、大德よ」と答へたり。世尊の宣はく「〔然らば〕跋提梨迦よ、汝は如何なる理を見て、森林に入りても……常に優陀那を唱へて次の如くいふや、『實に樂なる哉、實に樂なる哉』と」。答へて曰く、「大德よ、我そのかみ俗人として王者の樂を求めたる時、宮殿內の守備よく設けられ、宮殿外の守備またよく設けられたりき。城內の守備よく設けられ、城外の守備またよく設けられたりき。國內の守備よく設けられ、國外の守備またよく設けられたりき。大徳よ、かく守備警護されてありながら、この我は恐れ案じ疑ひ慄へて日を送れり。然るに大徳よ、今我森林に入りても、樹下に坐しても、空屋に入りても、唯獨りありても恐れなく案ぜず疑はず慄へず、樂少きも從順に活潑に鹿の如き心を以て日を送るなり。大徳よ、我はこの理を見て、森林
20
に入りても……常に優陀那を唱へて次の如くいふなり、『實に……乃至……樂なる哉』と。世尊はこの事由を知りて、その時、この優陀那を唱へたまへり、

「内に怒りなく、この生かの生を超え怖畏を離れ安樂にして憂なきものを
諸天なほ見ることを能くせず」と。

目眞隣陀品第二

その攝頌に曰く、

目眞隣陀《ムチャリンダ》、王、杖と、尊敬、優婆塞と、孕婦、一人子と、スッパヴーサー、毘《ギ》舍佉《サーカー》と、カーリゴーダーの跋提梨迦《バッディヤ》なりと。

註 ❶ Compare: Mv. I. 3, 1-4 P. 3 五分律十五卷（大正藏、二二卷一〇三頁）四分律三十二卷（大正藏、二二卷七八六頁） 四分律十二卷（大正藏、二二卷六四七頁）（優陀那のみ） 根本說一切有部

毘奈耶破僧事五卷(大正藏、二四卷一二五－一二六頁) 佛本行集經三十一卷(大正藏、三卷八〇〇頁)衆許摩訶帝經七卷(大正藏、三卷九五二頁) 方廣大莊嚴經十卷(大正藏、三卷六〇一頁) 修行本起經下(大正藏、三卷四七一頁) 過去現在因果經三卷(大正藏、三卷六四四頁)太子瑞應本起經下(大正藏、三卷四七九頁)等參照。

❷雜阿含十六卷(大正藏、二卷一一〇頁)一部參照。

❸佛本行集經三十一卷(大正藏、三卷八〇〇頁)衆許摩訶帝經七卷(大正藏、三卷九五一頁)參照。

❹Compare: Dhammapada 131, 132 pp. 19-20. 法句經刀杖品(大正藏、四卷五六五頁)參照。

❺「安樂を求むる生類を」の原語 sukhakāmām' bhūtāni は底本になきも暹羅本に依りて是を附加せり。

❻「本質」の原語 upadhi はチルダースに依れば五蘊・欲・煩惱・業の意味を有す。元來この語は煩惱若しくは取の意なり。後には涅槃に關係しこの語を依と譯し遂に身體又は身體の本質を指すに到れり。かくの如くこの語の解釋には明かに變遷の跡を見出し得るなり。

❼妻女とは女人の普行沙門の略。夫とは普行沙門の略。

❽「飲まんと欲する限り」を飽くまでと譯するも可なり。

❾註釋一、二一頁には parijiṇṇā (老ひ朽ちし)とあり。獨譯一、一四頁參照。

❿硬き又は軟き食物を嚼食噉食と譯するも可なり。

⓫「身體健かなりや、「得る所の」飲食命を繋ぐに足れりや」を機嫌よきや、身體安泰なりやと

譯するも可なり。

⓬「我七年の間、血壺の中に在りき」は原文にては後にあるも意味を明かにする爲に先に譯せり。

⓭ Compare: Cullavagga VII, 1, 5 pp. 183-184; Jātaka 10 vol. I. p. 140. 佛本行集經五十九卷(大正藏、三卷九二四頁) 撰集百緣經九卷、八九(大正藏、四卷二四九頁)等參照。

第三品 難陀品

一

是の如く我聞けり。世尊は或る時、舍衞城の祇陀林なる給孤獨〔長者の遊〕園に住《とど》まりたまへり。その時、一比丘、世尊の近くにありて、趺坐を組み、身を直く保ち、前世の業果より生じたる苦しく鋭く荒く烈しき痛みを耐へ忍びつゝ、正念正智にして惱まさるゝことなく坐したりき。世尊はその比丘の〔己の〕近くにありて、趺坐を組み…乃至…痛みを耐へ忍びつゝ、正念正智にして惱まさるゝことなく坐せるを見たまへり。世尊はこの事由を知りて、その時、この優陀那を唱へたまへり、

「諸業を捨て、前世になせる塵勞を振ひ落し、且我所見なく心豎立したる〔かかる〕比丘は人と倶に語るの要もなし」と。

二[1]

是の如く我聞けり。世尊は或る時、舍衛城の祇陀林なる給孤獨〔長者の遊〕園に住《とど》まりたまへり。その時、世尊の弟にして叔母の子なる尊者難陀《ナンダ》は衆多の比丘等に告げて次の如くいへり、「法友等よ、我梵行を行うて喜ばず。梵行を保つこと能はず。〔されば〕我戒を捨てゝ俗に還らん」と。一比丘は世尊に近づきて禮敬し一隅に坐せり。一隅に坐するや、かの比丘は世尊に白《まう》して次の如くいへり、「大德よ、世尊の弟にして叔母の子なる尊者難陀は衆多の比丘等に告げて次の如く
22 いへり、『法友等よ、我梵行を行うて喜ばず……乃至……俗に還らん』と」。世尊は一比丘を呼びて宣はく、「〔いざ〕比丘よ、汝は我が語を以て、比丘難陀を呼び次の如くいへ、『法友難陀よ、師は汝を呼びたまふ』と」。「諾、大德よ」とかの比丘は世尊に應諾し、尊者難陀に近づき、次の如くいへり、「法友難陀よ、師は汝を呼びたまふ」と。「諾、法友よ」と尊者難陀はかの比丘に應諾して、世尊に近づき、禮敬して一隅に坐せり。

一隅に坐するや、世尊は尊者難陀に告げて次の如く宣へり、「難陀よ、汝は衆多の比丘等に『法友等よ、我梵行を行うて喜ばず……乃至……我戒を捨てゝ俗に還らん』といへりと聞く。そは眞實なりや」と。「然り、大德よ」と答へたり。世尊の宣はく、「然らば難陀よ、汝は『梵行を行うて喜ばず。梵行を保つこと能はず。〔されば〕戒を捨てゝ俗に還らん』といふは何故なりや」と。答へて曰く、「大德よ、我家を出で來る時、半ば髪を梳《くしけづ》りたる釋迦族の國美は我を見て次の如くいへり、『貴子よ、速かに歸り來れ』と。大德よ、この我彼女を思ひ出し、梵行を行うて喜ばず。梵行を保つこと能はず……俗に還らん」と。世尊は尊者難陀の腕を捉へて、恰も力士が曲げたる腕を伸ばし、伸ばしたる腕を曲ぐるが如く、〔速かに〕祇陀林に消え失せ、三十三天に現れたまへり。その時、鳩足天の五百の天女等釋提桓因の機嫌奉伺のために來れり。世尊は尊者難陀を呼びて次の如く宣へり、「難陀よ、汝はこれ等鳩足天の五百の天女を見ざるや」と。答へて曰く、「❷否、大德よ、〔我これ等を見る〕と」。世尊の宣はく、「難陀よ、釋迦族の國美とこれ等鳩足天の五百の天女と何れが〔より〕麗しく、美しく、愛すべきか、汝如何にか思ふ」と。答へて曰く、「大德よ、恰も手足の燒かれて、耳鼻の切れたる牝猿の如く、大德よ、釋迦族の國美はこれ等五百の天女に比しては物の數ならず、少分にも値せず、較ぶべくもあらず。これ等五百の天女は實に〔より〕麗しく、美しく、愛すべし」と。世尊は宣へり、「難陀よ、喜べ、難陀よ、喜べ。我これ等鳩足天の五百の天女を得んために、汝の保證とならん」と。難陀答へて曰く、「大德よ、世尊若しこれ等鳩足天の五百の天女を得んために、我が保證となりたまはば、大德世尊よ、我は梵行を樂しまん」と。世尊は尊者難陀の腕を捉へて恰も……乃至……の如く〔速かに〕三十三天に消え失せて、祇陀林に現れたまへり。比丘衆は「世尊の弟にして叔母の子なる尊者難陀が天女のための故に梵行を行ひ、世尊はこれ等鳩足天の五百の天女を得るために彼の保證となりたまへり」といふを聞けり。尊者難陀の友なる比丘等は尊者難陀を傭人といふ語にて、又小商といふ語にて呼び次の如くいへり、「尊者難陀は傭人といふにあらずや。尊者難陀は小商といふにあらずや。尊者難陀は天女のための故に梵行を行ふといふにあらずや。世尊は鳩足天の五百の天女を得るために、彼の保證となりたまふといふにあらずや」と。尊者難陀は友等の傭人といふ語にて、又小商といふ語にて惱み憤り嫌ひて獨り遠ざかり不放逸にして熱烈に專心にして自信あり久しからずして、目的ありて善男子がよく家を出でて、家なき出家の身となり、その〔目的の〕無上梵行の窮極をば現法に於て、自ら證知し實現し逮達して住せり。卽ち生已に盡き、梵行已に立ち、所作已に辦じ、更に後有を受けずと知れり。尊者難陀も阿羅漢の一人となれり。他の天女等は夜の更けたる時、いとも麗しく祇陀林全體を照らし、世尊に近づき、禮敬して一隅に立てり。一隅に立ちて、かの天女等は世尊に白《まう》して次の如くいへり、「大德よ、世尊の弟にして叔母の子なる尊者難陀は諸漏の滅盡よりして漏なく心解脫・慧解脫を現法に於て、自ら證知し實現[24]し逮達して住す」と。世尊にも次の如き智生じたり、「難陀は諸漏の滅盡よりして漏なく……住す」と。尊者難陀はその夜更けて後、世尊に近づき、禮敬して一隅に坐せり。一隅に坐するや、尊者難陀は世尊に白して次の如くいへり、「大德よ、世尊は鳩足天の五百の天女を得んために、我が保證となりたまへり。されど大德よ、我は〔世尊に〕その約束を解かんと欲す」と。世尊の宣はく、「難陀よ、我既に我が心を以て汝の心を捉へて知れり、『難陀は諸漏の滅盡よりして……住す』と。

天人等も亦この事由を我に告げて次の如くいへり、「大德よ、世尊の弟にして叔母の子なる尊者難陀は諸漏の滅盡よりして……住す」と。難陀よ、汝執著なくして、心諸漏より解脫したり。されば我その約束を解かん」と。世尊はこの事由を知りて、その時、この優陀那を唱へたまへり、

「泥土の沼を越え欲の荊を破り、愚癡の滅に達し樂苦に慄へることなき彼こそは〔眞の〕比丘なれ」と。

三

是の如く我聞けり。世尊は或る時、舍衞城の祇陀林なる給孤獨〔長者の遊〕園に住《とど》まりたまへり。その時、野輸那《ヤソーヂャ》を首《はじめ》として五百の比丘等世尊を拜せんがために舍衞城に著したり。この外來の比丘等は住院の比丘等と互に禮を交し、坐臥の具を設け鉢衣を整ふるに高く大なる音をたてたり。世尊は尊者阿難を呼びて宣はく、「阿難よ、さながら漁師の魚を引上ぐる時の如く、高く大なる音をたつ。〔抑々〕かれ等は何者なりや」と。答へて曰く、「大德よ、野輸那を首《はじめ》としてこの五百の比丘等世尊を拜せんがために舍衞城に著したり。かの外來の比丘等は…乃

至……鉢衣を整ふるに高く大なる音をたつ」と。世尊は次の如く宣へり、「阿難よ、
然らば我が語を以て、かの比丘等を呼び次の如くいへ、『師は尊者等を呼びたま
ふ』と」。「諾、大德よ」と尊者阿難は世尊に應諾して、かの比丘等に近づき、次の如くい
25 へり、「師は尊者等を呼びたまふ」と。「諾、法友よ」とかの比丘等は尊者阿難に應諾
して世尊に近づき一隅に坐せり。一隅に坐するや、世尊はかの比丘等に次の如
く宣へり、「比丘等よ、汝等はさながら漁師の魚を引上ぐる時の如く、何故に〔かく〕
高く大なる音を立つるや」と。かく宣ふや、尊者野輸那は世尊に白《まう》して次の如く
いへり、「大德よ、この五百の比丘等世尊を拜せんがために舍衞城に著したり。
この外來の比丘等……乃至……整ふるに〔かく〕高く大なる音を立つ」と。世尊の宣は
く、「比丘等よ、去れ。我汝等を斥く。汝等我が傍に住むこと勿れ」と。「諾、大德よ」
とかの比丘等は世尊に應諾して、座より起ち禮敬して右繞の禮をなし、坐臥の具
を整へて、鉢衣を携へ、跋闍《ヷッヂ》國の方へ遊行のために出で立ちたり。跋闍國の內を
次第遊行して婆求末《ヷッグムダー》河に近づき、河の畔りに草屋をしつらひて雨安居に入れり。
雨安居に入るや、尊者野輸那は比丘等に告げて次の如くいへり、「法友等よ、我等

の利益を望み、利便を圖り、我等に同情したまへる世尊は仁慈のあまり我等を追放したまひしなり。いざ法友等よ、我等の居住を世尊の喜びたまふやうに、我等はそれを營むべきなり」と。「諾、法友よ」とかの比丘等は尊者に應諾したり。かの比丘等は〔他より〕遠ざかり不放逸にして熱烈に專心にして住し、その雨安居の間に皆悉く三明を逮得したり。世尊は隨意の間、舍衞城に住みて後、吠舍離《ヹーサーリー》の方へ遊行のために出で立ち、次第遊行して吠舍離に著したまへり。こゝに世尊は吠舍離の大林なる重閣講堂に住《とど》まりたまへり。世尊は己が心を以て、婆求末河の畔りなる比丘等の心を忖度し思惟して、尊者阿難を呼びて宣はく、「阿難よ、我にとりてはかの方向明るくなれるが如く見ゆ。阿難よ、我にはかの方向光れるが如く感ぜらる。かの方向とは婆求末河の畔りに比丘等居住する處これなり。
26 我かしこに赴かんと思ふこと厭しからず。阿難よ、汝は婆求末河の畔りなる比丘等の許《もと》に使を送りて次の如くいへ、『師は尊者等を呼びたまふ。師は尊者等を見んと欲せらる』と」。「諾、大德よ」と尊者阿難は世尊に應諾して、一比丘に近づき、次の如くいへり、「〔いざ〕法友よ、婆求末河の畔りなる比丘等の許に行きて次の如くいへ、『師は尊者等を呼びたまふ。師は尊者等を見んと欲せらる』と」。「諾、法友よ」とその比丘は尊者阿難に應諾して、恰も力士が曲げたる腕を伸ばし、伸ばしたる腕を曲ぐるが如く、〔速かに〕大林なる重閣講堂に消え失せ、婆求末河の畔りなるかの比丘等の前に現れたり。その比丘は婆求末河の畔りなる比丘等に告げて次の如くいへり、「師は尊者等を呼びたまふ。師は尊者等を見んと欲せらる」と。「諾、法友よ」とかの比丘等はその比丘に應諾して坐臥の具を整へ、鉢衣を携へて、恰も……の如く〔速かに〕婆求末河の畔りに消え失せ、大林なる重閣講堂に在《いま》せる世尊の面前に現れたり。その時、世尊は不動三昧に入りて坐したまへり。かの比丘等は思へらく、「世尊は今如何なる住方にて住したまふや」と。かの比丘等は又思へらく、「世尊は今不動三昧に入りたまふ」と。〔されば〕彼等も亦不動三昧に入りて坐せり。尊者阿難は夜は更け初分已に過ぎたる時、座より起ち〔袈裟〕衣を一肩にして合掌を世尊に向け、次の如く世尊に白《まう》せり、「大德よ、今や夜は更け、初分已に過ぎたり。外來の比丘等は久しく坐せり。大德よ、世尊の外來の比丘等と互に禮を交したまはんことを」と。かくいふも、世尊は〔唯〕默したまへり。再び尊者阿難は夜は更け中分巳に過ぎたる時、座より起ち〔袈裟〕衣を一肩にして合掌[27]を世尊に向け、次の如く世尊に白《まう》せり、「大德よ、今や夜は更け、中分巳に過ぎたり。外來の比丘等は久しく坐せり。大德よ、世尊の外來の比丘等と互に禮を交したまはんことを」と。再び世尊は〔唯〕默したまへり。三たび尊者阿難は夜は更け後分巳に過ぎて日昇り夜明けたる時、座を起ちて〔袈裟〕衣を一肩にし、合掌を世尊に向けて次の如く世尊に白《まう》せり、「大德よ、今や夜は更け、後分巳に過ぎ、日昇り夜明けたり。外來の比丘等は久しく坐せり。大德よ、世尊の外來の比丘等と互に禮を交したまはんことを」と。時に世尊はその三昧より起ちて、尊者阿難に次の如く宣へり、「阿難よ、汝若し知る所あらば、これほどだにも汝に答ふることあらじ。〔曰く〕阿難よ、我は今この五百の比丘等と倶に總て不動三昧に入りて坐せり」と。世尊はこの事由を知りて、その時、この優陀那を唱へたまへり、

「欲の荆をば克服し、惡口・殺生・束縛をも亦克服したる人は樂苦に於て山の如く竪立して動かず又搖ぐことなし。彼こそは〔眞の〕比丘なれ」と。

是の如く我聞けり。世尊は或る時、舍衛城の祇陀林なる給孤獨〔長者の遊〕園に住《とど》まりたまへり。その時、尊者舍利弗は世尊の近くにありて、趺坐を組み、身を直く保ち、念を正面に据ゑて坐せり。世尊は尊者舍利弗の〔己の〕近くにありて、趺坐を組み、身を直く保ち、念を正面に据ゑて坐せるを見たまへり。世尊はこの事由を知りて、その時、この優陀那を唱へたまへり、

「猶ほ磐石の山の搖ぎなく、よく豎立せるが如く、愚癡なき比丘は山にも似て搖ぐことなし」と。

五

是の如く我聞けり。世尊は或る時、舍衛城の祇陀林なる給孤獨〔長者の遊〕園に
28 住《とど》まりたまへり。その時、尊者大目揵連は世尊の近くにありて、趺坐を組み、身を直く保ち、身に向けたる念を内に〔よく〕豎立して坐せり。世尊は尊者大目揵連の〔己の〕近くに…乃至…〔よく〕豎立して坐せるを見たまへり。世尊はこの事由を知りて、その時、この優陀那を唱へたまへり、

「身に向けたる念は〔よく〕豎立し、六觸處に於て〔よく〕自ら制したり。常に定

に入れる比丘は已の涅槃を知らん」と。

六[3]

是の如く我聞けり。世尊は或る時、王舍城の竹林、迦蘭陀迦園に住《とど》まりたまへり。その時、尊者畢陵迦婆蹉《ビリンダヴッチャ》は鄙人といふ語を以て比丘等を呼びたり。時に衆多の比丘等は世尊に近づき禮敬して一隅に坐せり。一隅に坐するや、かの比丘等は世尊に白《まう》して次の如くいへり、「大德よ、尊者畢陵迦婆蹉は鄙人といふ語を以て比丘等を呼ぶなり」と。世尊は一比丘に告げて宣はく、「〔いざ〕比丘よ、汝は我が語を以て畢陵迦婆蹉を呼び次の如くいへ、『法友畢陵迦婆蹉よ、師は汝を呼びたまふ』と」。「諾、大德よ」と、かの比丘は世尊に應諾して、尊者畢陵迦婆蹉に近づき彼に告げて次の如くいへり、「法友よ、師は汝を呼びたまふ」と。「諾、法友よ」と尊者畢陵迦婆蹉はその比丘に應諾して、世尊に近づき一隅に坐せり。一隅に坐するや、世尊は尊者畢陵迦婆蹉に次の如く宣へり、「婆蹉よ、汝は鄙人といふ語を以て比丘等を呼べりと聞く、そは眞實なりや」と。「然り、大德よ」と答へたり。世尊は畢陵迦婆蹉の前生を思惟して、比丘等に告げて次の如く宣へり、「比丘等よ、汝等は比丘婆蹉に對して憤ること勿れ。比丘等よ、婆蹉は瞋恚を內にして、比丘等を呼ぶに鄙人といふ語を以てするにあらず。比丘等よ、比丘婆蹉は五百生の間、續けて
29 婆羅門の家に生れたり。この鄙人といふ語は彼永き間、習慣的に用ひたるなり。そのためにこの婆蹉は鄙人といふ語を以て比丘等を呼ぶなり」と。世尊はこの事由を知りて、その時、この優陀那を唱へたまへり、

「諂なく慢なく貪盡き、我所見なく欲なく、忿は捨てられ、心鎭まれる人こそ婆羅門なれ、彼こそ沙門なれ、彼こそ比丘なれ」と。

七

是の如く我聞けり。世尊は或る時、王舍城の竹林、迦蘭陀迦園に住《とど》まりたまへり。その時、尊者大迦葉は畢鉢羅窟《ピッパリグハー》に住まり、一たび趺坐を組みたるまゝにて、七日の間、或る定に入りて坐せり。尊者大迦葉は七日を過ぎて後、その定より起てり。尊者大迦葉はその定より起ちて自ら思へらく、「我托鉢のために王舍城に入らん」と。時に五百の諸天衆は尊者大迦葉のために力を盡して食を得せしめんとせり。尊者大迦葉はその五百の諸天衆を斥けて、朝時に內衣を著け鉢衣を

携へて、托鉢のために王舍城に入れり。その時、釋提桓因は尊者大迦葉に食物を施さんと欲して、機織人の相を化作して機を織りたり。阿修羅の女善生《スヂャーター》[4]は梭を通せり。尊者大迦葉は王舍城に於て次第乞食し、釋提桓因の住居に近づけり。釋提桓因は尊者大迦葉の遙より來れるを見、家より出でて迎へ、手より鉢を取りて家に入り、饋より食物を取り、鉢に滿して尊者大迦葉に與へたり。その施食中には種々の羹・種々の副菜・種々の羹味副菜等ありき。尊者大迦葉は思へらく、「〔こ
30 の〕かくの如き神力あるこの者は抑々何人ぞ」と。尊者大迦葉は又思へらく、「こは釋提桓因なり」と。〔かく〕知りて尊者大迦葉は釋提桓因に次の如くいへり、「拘翼《コーシャ》よ、こは汝の爲せし所なり。再びかくの如きことを爲す勿れ」と。釋提桓因の曰く、「大德、迦葉よ、我等にも功德〔を積む〕の要あり。我等も功德を爲すべきなり」と。釋提桓因は尊者大迦葉を禮敬し、右繞の禮をなして空中に飛上り、空中にて三たび次の如き優陀那を唱へたり、

「實に施し、最上の施を迦葉によく行へり。實に施し……よく行へり」と。

世尊は淸淨にして人〔耳〕に超えたる天耳を以て、釋提桓因の空中に飛上り……

次の如き優陀那を唱ふるを聞きたまへり、「實に施し……よく行へり」と。世尊はこの事由を知りて、その時、この優陀那を唱へたまへり、

「托鉢によりて生き、自ら養ひて、他の供養を受くることなく、寂靜にして常に〔正〕念に住する比丘は諸天なほかゝる人を羨む」と。

八

是の如く我聞けり。世尊は或る時、舍衞城の祇陀林なる給孤獨〔長者の遊〕園に住《とゞ》まりたまへり。その時、食後に托鉢より歸り、迦里梨《カレーリ》樹の〔傍なる〕圓形尖頭の屋舍に聚《つど》り集へる衆多の比丘等の間に次の如き話柄起れり、「法友等よ、托鉢に出でたる比丘は托鉢のために往來して屢々眼にて快き色を見ることを得、屢々耳にて快き聲を聞くことを得、屢々鼻にて快き香を嗅ぐことを得、屢々舌にて快き味を味ふことを得、屢々身にて快き觸處に觸るゝことを得るなり。法友等よ、托鉢に出でたる比丘は尊ばれ重んぜられ貴ばれ供養せられ敬はれて托鉢のために往來するなり。法友等よ、いざ我等も亦托鉢者とならん。〔然らば〕屢々眼にて

快き色を見ることを得ん、屢々耳にて快き聲を聞くことを得ん、屢々鼻にて快き香を嗅ぐことを得ん、屢々舌にて快き味を味ふことを得ん、屢々身にて快き觸處31に觸るゝことを得ん。我等も亦尊ばれ重んぜられ貴ばれ供養せられ敬はれて托鉢のために往來せん」と。その時、かの比丘等の間に起れるこの話柄は未だ終りに達せざりき。世尊は夕刻獨坐より起ちて、迦里梨樹の〔傍なる〕圓形尖頭の屋舍に近づき設けられたる座に著きたまへり。座に著きたまふや、世尊は比丘等に次の如く宣へり、「比丘等よ、汝等今如何なる話柄によりて聚り集《つど》へるぞ。比丘等よ、汝等の間に起れる如何なる話柄が未だ終りに達せざるぞ」と。答へて曰く、「大德よ、〔こゝに〕食後托鉢より歸り、迦里梨樹の〔傍なる〕圓形尖頭の屋舍に聚り集へる我等の間に次の如き話柄起れり、「托鉢に出でたる…乃至…托鉢のために往來せん」と。大德よ、我等の間に起れるこの話柄は未だ終りに達せざりき。〔然るに〕その時、世尊は入り來りたまへり」と。世尊は次の如く宣へり、「比丘等よ、かゝる談話をなすは汝等善男子の信仰心よりして家を出でて家なき出家の身となれるものには適切ならず。比丘等よ、汝等聚り集へるものには二つのなす

べきことあり、そは即ち法の談話と尊き沈默とこれなり」と。世尊はこの事由を知りて、その時、この優陀那を唱へたまへり、

「托鉢によりて生き、自ら養ひて他の供養を受くることなき比丘は、諸天なほかゝる人を羨む。彼若し聲のみの讚辭を恃むことなくば」と。

九

是の如く我聞けり。世尊は或る時、舍衛城の祇陀林なる給孤獨〔長者の遊〕園に住《とゞ》まりたまへり。その時、食後に托鉢より……〔前經參照〕……衆多の比丘等の間に次の如き話柄起れり、「法友等よ、誰か技藝を知れるや。誰か如何なる技藝を學べるや。如何なるものが技藝中第一のものなりや」と。こゝに於て或[5]るものは次の如くいへり、「象を御するの術は技藝中第一のものなり」と。或るものは次の如くいへり、「馬を御するの術は技藝中第一のものなり」と。或るものは次の如くいへり、「車を御するの術は技藝中第一のものなり」と。或るものは次の如くいへり、「弓術は技藝中第一のものなり」と。或るものは次の如くいへり、「劍術は技藝中第一のものなり」と。或るものは次の如くいへり、「印契の術は技藝中第

一のものなり」と。或るものは次の如くいへり　「算術は技藝中第一のものなり」
32 と。或るものは次の如くいへり、「數術は技藝中第一のものなり」と。或るもの
は次の如くいへり、「書術は技藝中第一のものなり」と。或るものは次の如くい
へり、「詩術は技藝中第一のものなり」と。或るものは次の如くいへり、「順世術
は技藝中第一のものなり」と。或るものは次の如くいへり、「田相術は技藝中第
一のものなり」と。その時、かの比丘等の間に起れるこの話柄は未だ終りに達せ
ざりき。世尊は夕刻…乃至…(三の八參照)比丘等に次の如く宣へり、「比丘等よ、…
…未だ終りに達せざるぞ」と。答へて曰く、「大德よ、(こゝに食後…乃至…(前經
の如し)次の如き話柄起れり、『法友等よ、誰か技藝を知れるや……技藝中第一のも
のなりや』と。或るものはいへり、『象を御するの術は技藝中第一のものなり…
乃至…田相術は技藝中第一のものなり』と。大德よ、我等の間に起れるこの話柄
は未だ終りに達せざりき。(然るに)その時、世尊は入り來りたまへり」と。世尊は
次の如く宣へり、「比丘等よ…乃至…(三の八參照)法の談話と尊き沈默とこれなり」
と。世尊はこの事由を知りて、その時、この優陀那を唱へたまへり、

「技藝によりて生きず、利を欲すること輕く、諸根を制し、諸事に於て解脱を得、家なくして往來し、我所見なく欲なく惡魔を殺して獨り行くものこそ〔眞の〕比丘なれ」と。

一〇

是の如く我聞けり。初めて正覺を成じたまへる世尊は或る時、優樓比螺の尼連禪河の畔りなる菩提樹の下に住《とど》まりたまへり。その時、世尊は一たび趺坐を組みたるまゝにて、七日の間、解脱の樂を享けつゝ坐〔定〕したまへり。七日を過ぎて後、世尊はその定より起ち佛眼を以て世間を見渡し貪・瞋・癡によりて生ぜる諸の責苦のために惱まされ、諸の熱惱のために燒かれつゝある有情を見たまへり。世尊はこの事由を知りて、その時、この優陀那を唱へたまへり、

「この世は熱苦の性にして、觸に累せられ、病を自己として談ず。これ蓋しこれなりと思へることとの、それとは異ることとあればなり。變化の質なる世間は生有に達して、生有のために累せられ〔ながら〕その生有をこそ喜ぶなれ。

33

人喜ぶ時、そは怖畏なり。人若し怖畏あらば、そは苦なり。生有を捨離せんがためにこそこの梵行を行ふ。

沙門にもあれ婆羅門にもあれ、生有によりて、生有の離脱を語るあらば、これ等は總て生有より離脱せざるものなりと我はいふ。

然るに又沙門にもあれ、婆羅門にもあれ、非有によりて生有の出離を語るあらば、これ等は總て生有より出離せざるものなりと我はいふ。

蓋しこの苦は總[8]て本質《ほんぜち》によりて生ずるなり、總て取の滅盡よりして苦の生なければなり。

廣くこの世間を見よ。生類は無明によりて累せられ、生を喜び、解脱を得ざるものなり。

蓋し如何なるものにもせよ、隨方隨處にて、これ等の生有は總て無常苦・轉變の法なればなり」と。

「是の如く正智によりてこれを如實に見るものには、生有の渇愛は滅し、[9]非有の渇愛は喜なり。
總て渇愛の滅よりして、貪欲を殘りなく滅することは涅槃なり。
その涅槃に入れる比丘には、取なきことよりして再生はあらず。悪魔は
打克たれ戰に敗《やぶ》らる。か丶るものは總ての生有に打克てるなり」と。

難陀品第三

次の如き攝頌あり、

業、難陀《ナンダ》、野輸那《ヤソーヂャ》と、舍利弗《サーリプッタ》、拘律陀《コーリタ》と、畢陵迦《ピリンダ》、迦葉《カッサパ》、托鉢、技藝、世間とこの十なり

と。

註❶增一阿含九卷慚愧品（大正藏、二卷五九一頁） 出曜經二十四卷（大正藏、二卷七三九―七四〇頁） 佛本行集經五十七卷（大正藏、三卷九一五―九一六頁）參照。

❷「否、大德よ」の本文は evaṁ bhante なれど否定の問に對する和文の例に從つて譯したり。

❸增一阿含三卷弟子品（大正藏、二卷五五八頁）一部參照。

❹梭の原語協會本には vāsala とあれど暹羅本の tasala を可とす。

❺「或るものは次の如く」を或るもの等は是の如くとなすも可なり。今は解し易からしむる爲にかく譯したり。

❻瑜伽師地論十九卷偈(大正藏、三十卷三八五頁)參照。
❼佛本行集經三十二卷(大正藏、三卷八〇五頁)參照。
❽協會本にては意通じ難し。仍て暹羅本に從へり。
❾暹羅本脚註、本經註釋二一五頁には非有を喜ばず」とあり。

第四品 彌醯品

一❶

是の如く我聞けり。世尊は或る時チャーリカーなるチャーリカー山に住《とど》まりたまへり。その時、尊者彌醯《メーギヤ》は世尊の侍者なりき。尊者彌醯は世尊に近づきて禮敬し一隅に立てり。一隅に立ちて、尊者彌醯は世尊に白《まう》して次の如くいへり、「大德よ、我托鉢のために闍鬪村《ヂャントゥ》に入らんと欲す」と。世尊の宣はく、「彌醯よ、汝今❷正に時よしと思はばそをなせ」と。尊者彌醯は朝時鉢衣を攜へて、托鉢のために闍鬪村に入れり。托鉢のため闍鬪村を往來し、食後に托鉢より歸り、金鞞河《キミカーラー》の畔りに近づきて金鞞河の畔りを散策・逍遙・往來しつゝ、愛すべく樂しむべき菴摩羅林を見て次の如く思へり、「この菴摩羅林は實に愛すべく、樂しむべきなり。

實にこは精勤の要ある善男子が精勤を行ずるには好適の地なり。世尊若し我を聽《ゆる》したまはば、我精勤のためにこの菴摩羅林に入らん」と。尊者彌醯は世尊に近づきて、禮敬し一隅に坐せり。一隅に坐するや尊者彌醯は世尊に白《まう》して次の如くいへり、「大徳よ、こゝに我朝時內衣を著け鉢衣を携へて、托鉢のために闍鬪村に入れり。托鉢のために闍鬪村を往來して、食後に托鉢より歸り、金鞞河の畔りに近づきて、金鞞河の畔りを散策·逍遙·往來しつゝ愛すべく樂しむべき菴摩羅林を見て次の如く思へり、『實にこの菴摩羅林は愛すべく樂しむべきなり。實にこは精勤の要ある善男子が精勤を行ずるには好適の地なり。世尊若し我を聽したまはば我精勤のために菴摩羅林に入らん』と。大徳よ、世尊若し我を聽し
35 たまはば我精勤のために菴摩羅林に入らん」と。かくいふや、世尊は尊者彌醯に次の如く宣へり、「彌醯よ、今は我一人なり。何人か他の比丘の來るまで「暫く待て」と。再び尊者彌醯は世尊に白して次の如くいへり、「大徳よ、世尊には更に何ものも爲すべきことなく、爲してこれを積むの要あるなし。然るに大徳よ、我には更に爲すべきことあり、爲してこれを積むの要あり。大徳よ、若し我を聽した

まはば我精勤のために、かの菴摩羅林に入らん」と。再び世尊は尊者彌醯に次の如く宣へり、「彌醯よ、今は我一人なり。……他の比丘の來るまで暫く待て」と。三たび尊者彌醯は世尊に白して次の如くいへり、「大德よ、世尊には……我精勤のために菴摩羅林に入らん」と。世尊は宣はく、「彌醯よ、精勤といへるものに對して我等は何といふべきぞ。彌醯よ、汝今正に時よしと思はば、そをなせ」と。尊者彌醯は座より起ちて、世尊を禮敬し右繞の禮をなして、かの菴摩羅林に近づき林中に入りて、日中休息のため一樹の下《もと》に坐したりき。かの菴摩羅林に住《とど》まれる尊者彌醯には(3)三惡不善の覺卽ち欲覺・恚覺・害覺益々起り來れり。尊者彌醯には次の如き思ひ起れり、「〔噫〕實に不可思議なり。〔噫〕實に未曾有なり。我信仰心よりして家を出でて家なき出家の身となれり。然るに三惡不善の覺卽ち欲覺・恚覺・害覺に襲はるゝことや」と。尊者彌醯は夕刻獨坐より起ちて、世尊に近づき禮敬して一隅に坐せり。一隅に坐するや、尊者彌醯は世尊に白して次の如くいへり、「大德よ、かの菴摩羅林に住まれる我に三惡不善の覺卽ち欲覺……乃至……益
36 々起り來れり。大德よ、我には次の如き思ひ起れり、『〔噫〕實に不可思議なり……乃

至…襲はるゝことや」と。世尊は彼に告げて次の如く宣へり、「彌醯よ、未熟の心解脫を圓熟せしむるために五法あり。何をか五法となす。㈠こゝに彌醯よ、比丘には善き朋友あり、善き伴侶あり。彌醯よ、未熟の心解脫を圓熟せしむるためにこの第一の法あり。㈡復次に彌醯よ、比丘は持戒者にして波羅提木叉の攝護によりて己を節して住し、〔正しき〕行處親近處を有し、小罪にも怖畏を見、學處を受持し學習するものなり。彌醯よ、未熟の心解脫を圓熟せしむるためにこの第二の法あり。㈢復次に彌醯よ、比丘は煩惱を排除し、心を開くに適し且つ十全なる厭嫌・離欲・滅盡・安靜・正智・等覺・涅槃に導く話卽ち少欲の話・知足の話・遠離の話・他と雜處せざる話・精進の話・戒法の話・禪定の話・智慧の話・解脫の話・解脫智見の話等かくの如き話を望み通りに得るもの煩ひもなく得るもの、苦もなく得るものなり。彌醯よ、未熟の心解脫を圓熟せしむるためにこの第三の法あり。㈣復次に彌醯よ、比丘は努力精進して住し、不善法を捨て善法を行ぜんがために決斷あり勇健にして、善法に於て重擔を捨てざらんとするものなり。彌醯よ、未熟なる心解脫を圓熟せしむるためにこの第四の法あり。㈤復次に彌醯よ、比丘は智者にして〔物の〕起滅を〔如實に〕知る智慧・聖なる洞察の智慧・正しく苦の滅盡に導く智慧を具足するものなり。彌醯よ、未熟なる心解脱を圓熟せしむるためにこの第五の法あり。彌醯よ、未熟なる心解脱を圓熟せしむるためにこれ等の五法あり。

彌醯よ、善き朋友、善き伴侶、善き友人ある比丘には次のことが期待せらるゝなり。卽ち彼は持戒者にして、波羅提木叉の攝護によりて己を節して住し、〔正しき〕行處親近處を有し小罪にも怖畏を見、學處を受持し學習するものたるべきこ
37 と是なり。彌醯よ、善き朋友……比丘には次のことが期待せらるゝなり。卽ち彼は煩惱を排除し、心を開くに適し且つ十全なる厭嫌・離欲・滅盡・安靜・正智・等覺・涅槃に導く話卽ち少欲の話・知足[4]の話・遠離の話・他と雜處せざる話・精進の話・戒法の話・禪定の話・智慧の話・解脱の話・解脱智見の話等かくの如き話を望み通りに得るもの、煩ひもなく得るもの、苦もなく得るものたるべきこと是なり。彌醯よ、善き朋友……比丘には次のことが期待せらるゝなり。卽ち彼は精進努力して住し、不善法を捨て善法を行ぜんがために決斷あり勇健にして、善法に於て重擔を捨てざらんとするものたるべきこと是なり。彌醯よ、善き朋友……比丘には次の

ことが期待せらるゝなり。卽ち彼は智者にして、〔物の〕起滅を〔如實に〕知る智慧・聖なる洞察の智慧・正《まさ》しく苦の滅盡に導く智慧を具足するものたるべきこと是なり。然るに彌醯よ、比丘はこれ等の五法に豎立して更に次の四法を修すべきなり。卽ち貪を捨てんがためには不淨觀を修すべく、恚を捨てんがためには慈悲觀を修すべく、覺を滅せんがためには數[5]息觀を修すべく我慢を根絶せんがためには無常觀を修すべきなり。彌醯よ、蓋し無常想ある者には無我想豎立し、無我想ある者は現法に於て我慢の根絶卽ち涅槃に達すればなり」と。世尊はこの事由を知りてその時、この優陀那を唱へたまへり、

「覺は卑小のもの、覺は微細のもの、心の喜悅これに從ひ行くなり。これ等心の覺を知らざるものは搖れたる心にて生より生へと走馳するなり。これ等心の覺を知り〔正〕念ある人は熱烈にして自ら制す。佛はこれ等從ひゆく心の喜悅を殘りなく捨てたまへり」と。

二

是の如く我聞けり。世尊は或る時、拘尸那羅《クシナーラー》なる末羅《マッラ》族の沙羅林、惒跋單《ウパヴッタナ》に住《とど》

まりたまへり。その時、衆多の比丘等は世尊の近くなる森林洞窟內に住まり、自ら高しとし、憍慢・浮薄にして、饒舌・多辯忘念にして、正智を缺き、心鎭まらず心迷ひ
38 て、諸根を制せざりき。世尊はかの衆多の比丘等の近くなる森林洞窟に住まり、自ら高しとし、憍慢・浮薄にして、饒舌・多辯忘念にして、正智を缺き、心鎭まらず、心迷ひて、諸根を制せざるを見たまへり。世尊はこの事由を知りて、その時、この優陀那を唱へたまへり、

「身を護らず邪見に陥り昏沈睡眠のために打克たるゝことによりて人は
惡魔に征服せらる。
されば正思惟を親近處となし、心を護るものにてあれ。正見を先とせる
ものとして、生起滅盡を知りて昏沈睡眠に打克てる比丘は總ての惡趣を
捨てん」と。

三

是の如く我聞けり。世尊は或る時、大比丘衆と倶に憍薩羅國を往來したまへり。世尊は道より下りて、一樹の下《もと》に近づき設けられたる座に著きたまへり。

時に一牧牛士あり、世尊に近づきて禮敬し一隅に坐せり。一隅に坐するや、世尊はかの牧牛士を法話によりて敎示し激勵し鼓舞し悅喜せしめたまへり。かの牧牛士は世尊の法話によりて敎示せられ激勵せられ鼓舞せられ悅喜せしめらるゝや、世尊に白《まう》して次の如くいへり、「大德よ、世尊は比丘衆と倶に我が明日の食供養を受けたまはんことを」と。世尊は默してこれを諾したまへり。かの牧牛士は世尊の諾したまひしことを知りて、座より起ち、世尊を禮敬し右繞の禮をなして去れり。かの牧牛士はその夜更けて後、己が家にて多くの水少き粥や新しき醍醐味を用意せしめ、次の如くいひて世尊に時を告げたり、「大德よ、今正に食事調へり」と。世尊は朝時內衣を著け鉢衣を携へて、比丘衆と倶にかの牧牛士の家に近づき設けられたる座に著きたまへり。かの牧牛士は水少き粥や新しき醍醐味を以て、佛陀を首とせる比丘衆をば己の手にて飽きて謝するに至るまで供養したり。かの牧牛士は世尊の食し終りて鉢より手を下したまふや、一つ[39]の低き座を取りて一隅に坐せり。一隅に坐するや、世尊はかの牧牛士を法話によりて敎示し激勵し鼓舞し悅喜せしめて座より起ち去りたまへり。世尊の去りたまひて久しからざるに、一人の男子あり、かの牧牛士を國境内に於て殺害したり。衆多の比丘等は世尊に近づきて禮敬し一隅に坐せり。一隅に坐するや、かの比丘等は世尊に白して次の如くいへり、「大德よ、今日佛陀を首とせる比丘衆は牧牛士によりて水少き粥や新しき醍醐味を以て己の手にて飽きて謝するに至るまで供養せられたり。大德よ、かの牧牛士は一人の男子のために國境内に於て殺害せられたりと聞く」と。世尊はこの事由を知りて、その時、この優陀那を唱へたまへり、

⑥「惡《にく》める者は惡める者にこれをなし、かれをなさん。恨ある者は恨ある者にこれをなし、かれをなさん。惡しく導かれたる心はそれよりも更に惡しきことを彼になさん」と。

四⑦

是の如く我聞けり。世尊は或る時、王舍城の竹林、迦蘭陀迦園に住《とど》まりたまへり。その時、尊者舍利弗・尊者大目犍連は迦布德迦《カポータカンダラー》に住《とど》まれり。その時、尊者舍利弗は明月の夜、頭髮を剃りたるまゝにて、或る定に入り屋外に坐せり。その時、友

なる二夜叉〔何か〕所用ありて、北方より南方に赴けり。かの夜叉等は尊者舎利弗が明月の夜、頭髪を剃りたるまゝにて、或る定に入り屋外に坐せるを見たり。見て、一夜叉は他の夜叉に次の如くいへり、「友よ、我はこの沙門の頭に一撃を加へんと思ふ」と。かくいふや、かの夜叉はこの夜叉に次の如くいへり、「友よ、止《や》めよ。沙門を撃⑧つこと勿れ。友よかの沙門は偉大にして大神力あり、大威力あり」と。

40 再び一夜叉は他の夜叉に次の如くいへり、「友よ、我はこの沙門の頭に一撃を加へんと思ふ」と。再びかの夜叉はこの夜叉に次の如くいへり、「友よ、止めよ……大神力あり、大威力あり」と。三たび一夜叉は他の夜叉に次の如くいへり、「友よ、我は……一撃を加へんと思ふ」と。三たびかの夜叉はこの夜叉にいへり、「友よ、止めよ……大神力あり、大威力あり」と。一夜叉は他の夜叉に従はずして尊者舎利弗長老の頭に一撃を加へたり。その一撃は七ラタナ又は七ラタナ半の象を〔地に〕沈め或は大山の頂を打壊す程の力なりき。〔然るに〕その夜叉は「暑し暑し」といひて、卽處にかの大地獄に陷れり。尊者大目揵連は淸淨にして人〔眼〕を超えたる天眼を以てその夜叉が尊者舎利弗の頭に一撃を加ふるを見たり。見て尊者舍利弗に近づきて次の如くいへり、「法友よ、身體健かなりや、〔得る所の〕飮食命を繫ぐに足れりや、苦なきや」と。答へて曰く、「法友目犍連よ、我身體健かなり。法友目犍連よ、我〔得る所の〕飮食命を繫ぐに足るなり。但し我が頭に微痛あり」と。尊者目犍連は次の如くいへり、「法友舍利弗よ、不可思議なり。法友舍利弗よ、未曾有なり。汝舍利弗の〔かゝる〕大神力あり、大威力あることや。法友舍利弗よ、ここに一夜叉ありて汝の頭に一擊を加へたり。そは實に大擊なりき。その一擊は七ラタナ……大山の頂を打壞す程の力なりき。然るに尊者舍利弗の次の如くいへることや、『法友目犍連よ、我は身體健かなり。法友目犍連よ、我は〔得る所の〕飮食命を繫ぐに足るなり。但し我が頭に微痛あり』と」。尊者舍利弗は次の如くいへり、「法友目犍連よ、不可思議なり。法友目犍連よ、未曾有なり。尊者大目犍連の大神力あり、大威力あることや。汝は實に夜叉をも見得ればなり。然るに我等は今泥鬼すら見ること能はず」と。世尊は清淨にして人〔耳〕に超えたる天耳を以てこれ等二大龍象のかゝる對談を聞きたまへり。世尊はこの事由を知りて、その時、この優陀那を唱へたまへり、

「[9]磐石にも譬ふべき彼の心は豎立して搖ぐことなし。染著すべきものに對して染著なく、怒るべきものに對して怒りなし。かくの如く修練せられたる彼の心には何處よりしてその苦來らんや」と。

五[10]

是の如く我聞けり。世尊は或る時、憍賞彌《コーサンビー》の瞿私多林《ゴーシターラーマ》に住《とど》まりたまへり。然るにその時、世尊は煩[11]はされて住まりたまへり。卽ち比丘・比丘尼・優婆塞・優婆夷・王者・王大臣・外道・外道の弟子等のために煩はされたまひ、居住苦にして安樂ならざりき。世尊は次の如き思ひをなしたまへり、「我今煩はされて住まるなり。卽ち比丘・比丘尼……外道の弟子等のために煩はされ、居住苦にして安樂ならざるなり。我獨り群より離れて住まらん」と。世尊は朝時內衣を著け鉢衣を携へて、托鉢のため憍賞彌に入りたまへり。托鉢のため憍賞彌を往來して食後に托鉢より歸りて、自ら坐臥の具を摺《たた》み鉢衣を携へて、侍者にも別れを告げず、比丘衆にも暇を告げずして、獨り第二者なく波陀林《パーリレーヤカ》の方へ遊行に赴き、次第に遊行して波陀林に達したまへり。こゝに於て、世尊は波陀林なる所護林の跋陀沙羅《バッタサーラ》樹の下に住《とど》まりたまへり。時に或る[12]貴き象あり、牡象・牝象・若き象・幼き象等のために煩はされて住まりき。彼は尖《さき》の切れたる草を食《くら》ひ、彼等は彼の撓め折りたる枝を食ひ、彼は濁れる水を飲み、彼河より上るや、牝象等はその體に摩觸して行けり。かくしてかの貴き象は煩はされ、居住苦にして安樂ならざりき。かの貴き象は次の如き思ひをなせり、「我今牡象・牝象・若き象・幼き象等のために煩はされて住まるなり。我は尖の切れたる草を食ひ、彼等は我が撓め折りたる枝を食ひ、我は濁れる水を飲み、我河より上るや、牝象等は我が體に摩觸して行くなり。かくして我は煩はされ、居住苦にして安樂ならざるなり。我獨り群より離れて住まらん」と。[42]かの貴き象は群より離れて波陀林なる所護林の跋提沙羅樹の下《もと》に住まりたまへる世尊のみ許《もと》に赴けり。赴きて、かの貴き象は世尊の住まりたまへるその土地にて、草を拔き鼻を以て世尊のために飲み水や使ひ水を調へり。獨坐思惟したまへる世尊には次の如き心の所念起れり、「我先に煩はされて住まりき。即ち比丘・比丘尼……外道の弟子等のために煩はされ、居住苦にして安樂ならざりき。この我今煩はされずして住まるなり。即ち比丘・比丘尼……外道の弟子等のために煩はされず、居住幸にして安樂なり」と。かの貴き象にも次の如き心の所念起れり、「我先に牡象・牝象・若き象・幼き象等のために煩はされて住まれり。我は尖の切れたる草を食ひ、彼等は我が撓め折りたる枝を食ひ、我は濁れる水を飲み、我河より上るや、牝象等は我が體に摩觸して行けり。かくして我は煩はされ、居住苦にして安樂ならざりき。この我今牡象・牝象・若き象・幼き象等に煩はされずして住まるなり。我は尖の切れざる草を食ひ、彼等は我が撓め折りたる枝を食ふことなく、我は濁らざる水を飲み、我河より上るや、牝象等は我が體に摩觸して行くことなし。かくして我は煩はされず、居住幸にして安樂なり」と。世尊は己の遠離を知り又〔その〕心を以てかの貴き象の心の所念を識りて、その時、この優陀那を唱へたまへり、

「轅《ながえ》の如き牙ある象のすぐれたるこの心は、林間にありて獨り樂しめる⑬優
者の心に一如す」と。

六

是の如く我聞けり。世尊は或る時、舍衛城の祇陀林なる給孤獨〔長者の遊〕園に

住《とど》まりたまへり。その時、尊者賓頭盧《ピンドーラ》頗羅《バーラ》墮誓《ドヷージャ》は世尊の近くにありて、趺坐を組み身を直く保ちて坐せり。彼は森林住者・托鉢者・糞掃衣者・但三衣者・少欲者・知足者・遠離者・他と雑處せざる者・努力精進者・頭陀説者・増上心定に専念する人なりき。

43 世尊は尊者賓頭盧頗羅墮誓の〔己の〕近くにありて、趺坐を組み身を直く保ちて坐せる、かの森林住者・托鉢者・糞掃衣者・但三衣者・少欲者・知足者・遠離者・他と雑處せざる者・努力精進者・頭陀説者・増上心定に専念せる人を見たまへり。世尊はこの事由を知りて、その時、この優陀那を唱へたまへり、

⑭「誹ることなく害ふことなく、波羅提木叉に於て自制あり、食に於て節度を知り、閑處に坐臥し増上心に専念す。是諸佛の教なり」と。

七

是の如く我聞けり。世尊は或る時、舍衛城の祇陀林なる給孤獨〔長者の遊〕園に住《とど》まりたまへり。その時、尊者舍利弗は世尊の近くにありて、趺坐を組み身を直く保ちて坐し、少欲にして知足、遠離にして他と雑處せず、努力精進して増上心定に専念せり。世尊は尊者舍利弗の近くにありて、趺坐を組み身を直く保ちて坐

し、少欲にして知足、遠離にして他と雜處せず、努力精進して增上心定に專念せるを見たまへり。世尊はこの事由を知りて、その時、この優陀那を唱へたまへり、

「增上心あり、不放逸なる牟尼の⑮寂默の道に於て學ぶ。かく心靜止し、常に〔正〕念ある人には憂あることなし」と。

八⑯

是の如く我聞けり。世尊は或る時、舍衛城の祇陀林なる給孤獨〔長者の遊〕園に住《とど》まりたまへり。その時、世尊は尊ばれ重んぜられ貴ばれ供養せられ敬はれ衣服・飲食物・坐臥具及び病氣の用品たる藥料等の資具を得たまひき。比丘衆も亦尊ばれ……等の資具を得たり。然るに外道派に屬する普行沙門等は尊ばれず〔二の四參照〕…乃至…等の資具を得ざりき。かの外道派に屬する普行沙門等は世尊や比丘衆の尊敬を受くるを忍び得ずして、女人の普行沙門孫陀利《スンダリー》に近づき次
44 の如く彼女にいへり、「妹よ、親族のために圖るの心ありや」と。答へて曰く、「尊〔師〕等よ、妾は何をかなさん、妾は何をかなし得るや。妾は親族のためには命をも捨てん」と。外道派に屬する普行沙門等は次の如くいへり、「妹よ、然らば常に祇

陀林に赴け」と。「諾、尊〔師〕等よ」と女人の普行沙門孫陀利はかの外道派に屬する普行沙門等に應諾して常に祇陀林に赴けり。かの外道派に屬する普行沙門等は女人の普行沙門孫陀利の常に祇陀林に來れること、多くの人々によりて見られしを知るや、彼女の命を奪ひて祇陀林の溝坑に埋め、憍薩羅の波斯匿王に近づきて、次の如く王にいへり、「大王よ、我等かの女人の普行沙門孫陀利を見ず」と。王は曰く、「然らば汝等は〔彼女が〕何處にありと思ふや」と。外道派に屬する普行沙門等は答へて曰く、「大王よ、祇陀林に〔あらん〕」と。王は曰く、「然らば汝等祇陀林を捜すべし」と。かの外道派に屬する普行沙門等は祇陀林を捜して、投げ捨て置きたる如き死體を、溝坑より引上げて臥榻に乘せ舍衞城に持ち運び街路より街路に、巷より巷に赴き人々の中に於て次の如く呟かしめたり、「尊〔師〕等よ、釋子所屬のもの等の所作を見よ、恥づることなきこの沙門釋子所屬のもの等は汚戒者・惡行者・妄語者・非梵行者なり。然るにこれ等の者は實に法行者・平和住者・梵行者・實語者・持戒者・善行者なりと自稱すべし。これ等の者には沙門道なし。これ等の者には婆羅門道なし。これ等の者の沙門道滅びたり。これ等の者の婆羅門道滅びたり。如何でかこれ等の者の沙門道あらんや。如何でか、これ等の者の婆羅門道あらんや。これ等の者は沙門道より離れたり。これ等の者は婆羅門道より離れたり。何すれぞ[17]男子のなすことをして女人の命を奪ふや」と。その時、舍衞城に於て人々比丘等を見、次の如くいひて良からぬ荒き語を以て罵り誹り怒らせ惱ませり、「耻づることなきかの沙門釋子所屬のもの等…乃至…女人の命を奪ふや」と。時に衆多の比丘等朝時內衣を著け鉢衣を携へて、托鉢のために舍衞城に入れり。托鉢のために舍衞城を往來し、食後に托鉢より歸りて世尊に近づき世尊を禮敬して一隅に坐せり。一隅に坐するや、かの比丘等は世尊に白《まう》していへり、「今舍衞城に於ける人々は比丘等を見て次の如くいひて良からぬ荒き語を以て罵り誹り怒らせ惱ませり、『耻づることなきかの沙門釋子所屬のもの等…乃至…命を奪ふや』と」。世尊は次の如く宣へり、「比丘等よ、この聲は永からざるべし。恐らく七日の間ならん。七日を過ぎて後、消え失せん。かの人々比丘等を見て、良からぬ荒き語を以て罵り誹り怒らせ惱ませば、汝等は次の偈を以て彼等を非難せよ、曰く、

「[18]虚言を語るものは惡趣に赴かん。爲して我爲さずといへるものも亦同じ。この兩者は來世に行きては同じ。卑行の人々は他處にても〔亦同じ〕と。

かの比丘等は世尊のみ許《もと》に於てこの偈を學び比丘を見て良からぬ……惱ませる人々を次の偈を以て非難せり、「虚言を語るものは…乃至…他處にても〔亦同じ〕」と。人々は次の如き思ひをなせり、「この沙門釋子所屬のもの等はそを爲せしにあらず。この沙門釋子所屬のもの等のそを爲せしにあらざることを彼等自ら誓ふ」と。その聲は永からざりき。七日を過ぎて後消え失せり。衆多の比丘等は世尊に近づき禮敬して一隅に坐せり。一隅に坐するや、かの比丘等は世尊に白《まう》して次の如くいへり、「大德よ、實に不可思議なり。大德よ、實に未曾有なり。大德よ、世尊の是の如くよく說きたまひしことや、「比丘等よ、この聲は永からざるべし。七日を過ぎて後、消え失せん」と。大德よ、その聲今や消え失せたり」と。世尊はこの事由を知りて、その時、この優陀那を唱へたまへり、

「[19]自ら制せざる人々は語を以て傷ふこと、恰も戰場に來れる象[20]を矢を以て

傷《そこな》ふが如し。比丘は粗く述べられたる語を聞きて、穢れざる心を以て忍ぶべし」と。

九

是の如く我聞けり。世尊は或る時、王舍城の竹林、迦蘭陀迦園に住《とど》まりたまへり。[46]獨坐思惟せる尊者優波先那婆檀提子《ウパセーナヴンガンタプッタ》に次の如き心の所念起れり、「實に我は得たり。實に我はよく得たり。我が師は世尊・應供・正等覺者なり。我はよく說かれし法・律[21]に於て家を出でて家なき出家の身となれり。我が同梵行者は持戒善法の人なり。我は戒に於ける充足者なり。我は心鎭まれり。我は心一境にして、漏盡阿羅漢なり。我に大神力あり。我に大威力あり。我が生やよし。我が死やよし」と。世尊は〔その〕心を以て尊者優波先那婆檀提子の心の所念を知りて、その時、この優陀那を唱へたまへり、

[22]「生命若し苦しまざれば、死の終りに於て悲しむことなし。賢者若し道を見ば、悲しみの中にありて悲しむことなし。有愛を斷ちて、心鎭まれる比丘には生々の輪廻盡きて、再び生を受くることなし」と。

一〇

是の如く我聞けり。世尊は或る時舍衞城の祇陀林なる給孤獨〔長者の遊〕園に住《とど》まりたまへり。その時、尊者舍利弗は世尊の近くにありて、趺坐を組み、身を直く保ちて、己〔心〕の安靜を觀察しつゝ坐せり。世尊は尊者舍利弗の〔己の〕近くにありて、趺坐を組み身を直く保ちて己〔心〕の安靜を觀察しつゝ坐せるを見たまへり。世尊はこの事由を知りて、その時、この優陀那を唱へたまへり、

「心の安靜を得、㉓支柱を折れるかの比丘は生々の輪廻を盡し惡魔の縛より脫れたり」と。

彌醯品第四

次の如き攝頌あり、

彌醯《メーギヤ》、憍慢、牧牛士、月夜、第五には象、賓頭盧《ピンドーラ》、舍利弗、孫陀利《スンダリー》は第八にして、檀提《ヴンガンタ》の子なる優波《ウパ》先那《セーナ》、舍利弗と、この十なりと。

註 ❶中阿含十卷彌醯經大正藏、一卷四九一頁) Compare: A. N. IX, 3, vol. IV pp. 354-359.

❷「今正に時よしと思はば」を今正に時に適へりと思はばと譯するも可なり。

❸三惡不善の覺卽ち欲覺・恚覺・害覺を漢譯の如く三惡不善の念卽ち欲念・恚念與害念とするも可なり。

❹「知足の話」「遠離の話」の原語 santuṭṭhikathā, pavivekakathā 底本になけれども暹羅本に依りて補足せり。

❺「數息觀」の原語 ānāpānasati を文字通りに譯せば出息入息念なり。

❻Compare: Dhammapada 42 p. 6.

❼雜阿含五十卷（大正藏、二卷三六七頁） 別譯雜阿含十五卷（大正藏、二卷四八五頁） 增一阿含四十五卷不善品（大正藏、二卷七九三頁）參照。

❽「擊つ」の原語 āsādeti には辱かしむるの意も存す。

❾Compare: Theragāthā V, 191, p. 25 前記雜阿含・別譯雜阿含參照。

❿Mv. X, 4. 6-7 pp. 352-353. 五分律二十四卷（大正藏、二二卷一六〇頁）參照。

⓫「煩はさる」の原語 akiṇṇa を此處にては圍繞せらると譯するも可なり。

⓬「貴き象」の原語 hatthināga を大象と譯するも可なり。

⓭「優者」nāga は佛を指す。

⓮Compare: Dhammapada V, 185, p. 27; D. N. XIV Mahāpadāna sutta vol. II. pp. 49-50. 法句經述佛品（大正藏、四卷五六七頁）參照。

⓯「寂默」の原語 mona を智と譯するも可なり。

⓰義足經須陀利經三卷（大正藏、四卷一七六頁） 六度集經五卷（大正藏、三卷三〇頁）參照。

⑰「男子のなすこと」の原語 purisakicca は註釋二六〇頁に釋して methuna paṭisevana とあり。是即ち婬行なり。
⑱ Compare: Suttanipāta 661, P. 127; Dhammapada 306, P. 44; Itivuttaka 48, P. 42. 法句經地獄品(大正藏、四卷五七〇頁)參照。
⑲前記義足經參照。
⑳「矢を以て」の原語 sarehi は底本にあらざるも註釋二六三頁のを採れり。前記義足經は箭となす。
㉑「法律」dhammavinaya は教の意なり。以下同斷。
㉒「生命若し苦しまざれば」は生きて若し苦しまざればの意なり。
㉓「支柱」とは渴愛の意なり。

47

第五品　蘇那長老品

一[1]

是の如く我聞けり。世尊は或る時、舍衛城の祇陀林なる給孤獨(長者の遊園)に住《とど》まりたまへり。その時、憍薩羅の波斯匿王は[2]勝鬘《マッリカー》妃と倶に最も優れたる宮殿の上層に昇りてありしが、憍薩羅の波斯匿王は勝鬘妃に告げて次の如くいへり、

「勝鬘よ、汝には己にも増して愛らしきもの誰か他にこれありや」と。答へて曰く、「大王よ、我には己に増して愛らしきもの他にこれあるなし。されど大王よ、大王には己にも増して愛らしきもの誰か他にこれありや」と。答へて曰く、「勝鬘よ、我も亦己に増して愛らしきもの他にこれあるなし」と。それより憍薩羅の波斯匿王は宮殿より降りて、世尊に近づき禮敬して一隅に坐せり。一隅に坐するや、憍薩羅の波斯匿王は世尊に白《まう》して次の如くいへり、「大徳よ、我今勝鬘妃と倶に最も優れたる宮殿の上層に昇り、勝鬘妃に告げていへり、『勝鬘よ、汝には己にも増して……乃至……他にこれありや』と。かくいふや、勝鬘妃は我に答へていへり、『大王よ、我には己にも増して……乃至……他にこれありや』と。大徳よ、かくいふや、我は勝鬘妃に答へていへり、『勝鬘よ、我も亦己に増して……乃至……他にこれあるなし』と」。世尊はこの事由を知りて、その時、この優陀那を唱へたまへり、

「心して諸方を經めぐりたれども、何處にも己より愛らしきものには出會はざりき。この己はそれぞれ他人にも亦かくの如くなり。されば己を愛するものは他を害ふべからず」と。

二

是の如く我聞けり。世尊は或る時、舍衞城の祇陀林なる給孤獨〔長者の遊〕園に48住《とど》まりたまへり。尊者阿難は夕刻獨坐より起ちて、世尊に近づき禮敬して一隅に坐せり。一隅に坐するや、尊者阿難は世尊に白《まう》して次の如くいへり、「大德よ、不可思議なり。大德よ、未曾有なり。大德よ、世尊の御母はかくの如く短命なりしことや。[3]世尊の御母は世尊の生れたまひて後、七日にして命終し、兜率天衆の中に生れたまひしことや」と。世尊の宣はく、「然り、阿難よ、蓋し菩薩の母は短命にして、菩薩生れて七日の後、命終し兜率天衆の中に生れ出づればなり」と。世尊はこの事由を知りて、その時、この優陀那を唱へたまへり、

「如何なる生類たりとも、凡そ〔世に〕あらんもの、總て體を捨てゝ〔未來世に〕行かん。これ等總ての失はるゝことを知りて、熱意ある善巧の士は梵行を修すべきなり」と。

三[4]

是の如く我聞けり。世尊は或る時、王舍城の竹林、迦蘭陀迦園に住《とど》まりたまへ

り。その時、王舍城に善覺と稱する癩患者・貧人・乞食・不運者ありき。その時、世尊は大群集に圍繞せられ、坐して法を説きたまへり。癩患者善覺はその多くの人々の群り集れるを遙かに見て、次の如く思へり、「必らずや、かしこに於て硬き又は軟き食物の配分せらるゝあらん。我も亦かの多くの人々の間に交らん。思ふにかしこに於て硬き又は軟き食物を得ん」と。癩患者善覺はその多くの人々の群に近づき、世尊の大群集に圍繞せられ、坐して法を説きたまへるを見て、自ら次の如く思へり、「かしこに於て硬き又は軟き食物の配分せらるゝにあらず。この沙門瞿曇は群集のために法を説けるなり。我亦法を聽かん」と。「我亦法を
49 聽かん」といひてその一隅に坐せり。世尊は〔その〕心を以てあらゆる〔四衆〕のものを含める群集の心を捉へて、「誰かこゝに法を知り得るものありや」と思惟したまへり。世尊は癩患者善覺がその群集の中に坐せるを見て、次の如く思ひたまへり、「こゝにこは法を知り得るものなり」と。而して癩患者善覺のために次の如き次第説法をなしたまへり、曰く、「布施の話・持戒の話・生天の話・欲望の過多く、卑しく穢れたること、出離の利益あること」等是なり。世尊は癩患者善覺の心整

ひ、心和ぎ、心覆蓋なく心上り、心澄みたるを知りたまふや、諸佛説法の中にて極めて樞要なるもの、卽ち苦・集・滅・道を説きたまへり。恰も清淨無垢なる布の十分によく染色を受くるが如く、癩患者善覺にはその座に於て[5]「凡そ如何なる集の法も、そは總てこれ滅の法なり」との塵垢を離れたる法眼生じたり。癩患者善覺は法を見、法に達し、法を知り、法に通じ、疑を超え、惑を離れ、絶對信に達し、師の敎に依りて他に依らざるものとして、座より起ち世尊に近づき禮敬して一隅に坐せり。一隅に坐するや、癩患者善覺は世尊に白《まう》して次の如くいへり、「大德よ、不可思議なり。大德よ、未曾有なり。大德よ、恰も倒れたるを起し、掩はれたるを開き、迷へるものに道を示し、眼あるものは色《かたち》を見んとて、闇中に燈火を運ぶが如く、世尊は諸の方便によりて法を説きたまへることや。大德よ、この我は世尊に歸命す。法に歸命す。比丘衆に歸命す。世尊よ、我を優婆塞となし、今よりして後、生を終るに至るまで歸命せりと見たまはんことを」と。癩患者善覺は世尊の所説を歡受し隨て敎示せられ激勵せられ鼓舞せられ悅喜せしめられて、世尊の法話により喜して、座より起ち世尊を禮敬し、右繞の禮をなして去れり。時に若き犢を伴へ

50 る牝牛が癩患者善覺を倒して命を奪へり。衆多の比丘等は世尊に近づき、禮敬して一隅に坐せり。一隅に坐するや、かの比丘等は世尊に白《まう》して次の如くいへり、「大徳よ、かの善覺と名づくる癩患者は世尊の法話によりて教示せられ激勵せられ鼓舞せられ悅喜せしめられしが既に命終せり。彼の未來は如何。その來生は如何」と。世尊答へて宣はく、「比丘等よ、癩患者善覺は賢者にして大小の法を行へり。法問のために我を惱ませしことなし。比丘等よ、癩患者善覺は三結を滅盡して預流に入り不退轉の法を得て定んで正覺に達せんものなり」と。かく宣ふや、一比丘は世尊に白《まう》して次の如くいへり、「大徳よ、癩患者善覺が貧人・乞食・不運者となれる因縁は如何」と。世尊答へて宣はく、「比丘等よ、癩患者善覺は前生、實にこの王舍城に於ける長者の子なりき。彼は樂園に遊び、多迦羅支棄《タガラシキン》辟支佛の托鉢のために城内に入りたまへるを見て、自ら思へらく、『この癩患者は何處を往來するぞ』とて唾を吐き辱かしめて去れり。彼はその業果のために幾年も幾百年も幾千年も、幾百千年も地獄にて苦しめり。實にその業の餘果のために、この王舍城に於て貧人・乞食・不運者となりしなり。彼は如來の教へたる法・律によりて信を得、戒を得、聞を得、捨離を得、慧を得たり。彼は如來の敎へたる法・律によりて信を得、戒を得、聞を得、捨離を得、慧を得て身壊命終の後、善趣・天界に生じ三十三天の仲間となれり。彼はそこに於て顏色や稱譽により他の天に優れて輝けり」と。世尊はこの事由を知りて、その時、この優陀那を唱へたまへり、

「眼あるものは不平等を知りて打克つ如く、賢者は生くる世に於て全く惡を避くべきなり」と。

四

是の如く我聞けり。世尊は或る時、舍衞城の祇陀林なる給孤獨〔長者の遊〕園に住《とど》まりたまへり。その時、衆多の童兒等舍衞城と祇陀林との間に於て、魚を傷《そこな》へり。世尊は朝時内衣を著け鉢衣を携へて、托鉢のために舍衞城に入りたまへり。世尊はかの衆多の童兒等の舍衞城と祇陀林との間に於て魚を傷へるを見たまひ、彼等に近づきて次の如く宣へり、「汝童兒等よ、汝等は苦を恐るゝや。苦は汝等に不快なりや」と。答へて曰く、「然り大德よ、我等は苦を恐る。苦は我等には不快なり」と。世尊はこの事由を知りて、その時、この優陀那を唱へたまへり、

「苦若し汝等に快からずば、公にも私にも悪事をなすこと勿れ。
若し悪事をなさんとし又已にこれをなさば逃避によるとも、汝等苦より
脱ることなかるべし」と。

五⑥

是の如く我聞けり。世尊は或る時、舎衛城の東園なる鹿母講堂に住《とど》まりたまへり。その時、世尊は布薩の日、比丘衆に囲繞せられて坐したまへり。時に尊者阿難は夜は更け、初分を過ぎたる時、座より起ち〔袈裟〕衣を一肩にして合掌を世尊に向け、次の如く世尊に白《まう》せり、「大徳よ、今や夜は更け、初分已に過ぎたり。比丘衆は久しく坐せり。大徳よ、世尊は比丘等のために波羅提木叉を説きたまはんことを」と。かくいふも世尊は〔唯〕黙したまへり。再び尊者阿難は夜は更け、中分を過ぎたる時、座より起ち〔袈裟〕衣を一肩にして合掌を世尊に向け、次の如く世尊に白《まう》せり、「大徳よ、今や夜は更け、中分已に過ぎたり。比丘衆は久しく坐せり。大徳よ、世尊は比丘衆のために波羅提木叉を説きたまはんことを」と。かくいふ
52 も、世尊は〔唯〕黙したまへり。三たび尊者阿難は夜は更け後分已に過ぎて日昇り

夜明けたる時、座を起ちて〔袈裟〕衣を一肩にし、合掌を世尊に向け次の如く世尊に白《まう》せり、「大徳よ、今や夜は更け後分已に過ぎ、日昇り夜明けたり。比丘衆は久しく坐せり。大徳よ、世尊は比丘衆のために波羅提木叉を說きたまはんことを」と。世尊は次の如く宣へり、「阿難よ、この衆は不淨なり」と。尊者大目犍連は自ら思へらく、「世尊は、『阿難よ、この衆は不淨なり』と宣へるが、世尊は何人のためにかくはいひたまへるぞ」と。尊者大目犍連は己の心を以て總てを含める比丘衆の心を能く思惟したり。尊者大目犍連は汚戒にして惡法、不淨邪惡の行業あり、己の行爲を隱蔽し、沙門にあらずして沙門なりと自稱し、梵行者にあらずして梵行者なりと自稱し、內心腐り、漏に滿ち、不淨の性を持てるもの、この比丘衆中に坐せるを見たり。見るや、座を起ちてその者に近づき告げて次の如くいへり、「起て法友よ、汝世尊のために看破せらる。汝比丘等と倶に住むこと勿れ」と。彼は〔唯〕默してありき。再び尊者大目犍連は彼に告げて次の如くいへり、「起て法友よ、汝世尊のために看破せらる。汝比丘等と倶に住むこと勿れ」と。再び彼は〔唯〕默してありき。三たび尊者大目犍連は彼に告げて次の如くいへり、「起て法友よ、……乃至……倶に住むこと勿れ」と。三たび彼は(唯)默してありき。尊者大目犍連は彼の腕を捉へ、門外に追ひ出し門を下して、世尊に近づき次の如く世尊に白《まう》せり、「大德よ、彼我がために追ひ出されたり。衆は全く清淨となれり。大德よ、世尊は比丘等のために波羅提木叉を說きたまはんことを」と。世尊の宣はく、「目犍連よ、不可思議なり。目犍連よ、未曾有なり。手を取らるゝまで愚者の座に留
53 まらんことや」と。更に世尊は比丘等に告げて次の如く宣へり、「比丘等よ、今よりして後、我は布薩を行はざるべく、波羅提木叉を說かざるべし。今よりして後、汝等自ら布薩を行ふべく、波羅提木叉を說くべし。如來が不淨なる衆の中にありて布薩を行ひ波羅提木叉を說くはこれ正理にあらず、可能にあらざるなり。比丘等よ、大海にはこれ等八種の不可思議未曾有法あり。そを見(且つ見)て阿修羅は大海を樂しむなり。何をか八となす。

㈠比丘等よ、大海は次第に凹み、次第に傾き、次第に低くなりて、斷崖の如く忽ちにしては深からず。比丘等よ。大海は次第に凹み……斷崖の如く、忽ちにしては深からず、比丘等よ、こは大海に於ける第一の不可思議未曾有法なり。そを見

て阿修羅は大海を樂しむなり。

㈡復次に比丘等よ、大海には一定の法ありて(水)岸を越ゆることなし。比丘等よ、大海には一定の法ありて(水)岸を越ゆることなし、比丘等よ、こは大海に於ける第二の不可思議未曾有法なり。そを見て阿修羅は大海を樂しむなり。

㈢復次に比丘等よ、大海は死者の屍と倶に住むことなし。若し大海に死者の屍あらば、速かに岸に運び陸に上らしむ。比丘等よ、大海は死者の屍と倶に住む……陸に上らしむ、比丘等よ、こは大海に於ける第三の不可思議未曾有法なり。そを見て阿修羅は大海を樂しむなり。

㈣復次に比丘等よ、如何なる大河にてもあれ、例へば恆伽《ガンガー》・搖尤那《ヤムナー》・阿夷那和提《アチラヴティー》・薩《サ》羅《ラ》遊《ブー》・摩《マ》企《ヒー》、それ等が大海に達すれば、原《もと》の名[7]と族とを捨てゝ唯大海とのみ稱せらる。比丘等よ、如何なる大河にてもあれ、例へば恆伽……乃至……原《もと》の名と族とを捨てゝ、唯大海とのみ稱せらる、比丘等よ、こは大海に於ける第四の不可思議未曾有法なり。そを見て阿修羅は大海を樂しむなり。

㈤復次に比丘等よ、世界に於ける諸の流は大海に入り、雨は空中より降り來る。

54

而もこれによりて、大海には減少も増加も見ゆることなし。比丘等よ、世界に於ける諸の流は…乃至…減少も増加も見ゆることなし、比丘等よ、こは大海に於ける第五の不可思議…乃至…阿修羅は大海を樂しむなり。

(六)復次に比丘等よ、大海は一味卽ち鹹味なり。比丘等よ、大海は一味卽ち鹹味なり、比丘等よ、こは大海に於ける第六の不可思議…乃至…阿修羅は大海を樂しむなり。

(七)復次に比丘等よ、大海には多數の寶・無數の寶あり。そこにこれ等の寶例へば眞珠・摩尼・琉璃・硨磲・璧石・珊瑚・銀・金・紅玉・瑪瑙の如きものあり。比丘等よ、大海には多數の寶…乃至…瑪瑙の如きものあり、比丘等よ、こは大海に於ける第七の不可思議…乃至…大海を樂しむなり。

(八)復次に比丘等よ、大海は多數生類の住處なり。そこにこれ等の生類卽ち帝《ティ》鼉《ミ》帝鼉伽羅《ティミンガラ》・帝鼉羅《ティミラ》頻伽羅《ピンガラ》・阿修羅《アスラ》・龍《ナーガ》・乾闥婆《ガンダッベ》あり。更に大海には百由旬の相《すがた》のもの、二百由旬の相のもの、三百由旬の相のもの、四百由旬の相のもの、五百由旬の相のものあり。比丘等よ、大海は多數生類卽ち…乃至…相のものあり、比丘等よ、こは大海に於ける第八の不可思議…乃至…大海を樂しむなり。

比丘等よ、これ等は大海に於ける八種の不可思議…乃至…大海を樂しむなり。

比丘等よ、これと同じく、この法・律にも八種の不可思議未曾有法あり。これを見て、比丘等はこの法・律を樂しむなり。何をか八となす。

㈠比丘等よ、恰も大海は次第に凹み、次第に傾き、次第に低くなりて、斷崖の如く忽ちにしては深からざるが如く、比丘等よ、この法・律に於ても次第學・次第行・次第道ありて忽ちにしては證智に達することなし。比丘等よ、この法律に於ても…乃至…證智に達することなし、比丘等よ、こはこの法・律に於ける第一の不可思議未曾有法なり。そを見て比丘等はこの法・律を樂しむなり。

55 ㈡復次に比丘等よ、恰も大海には一定の法ありて〔水〕岸を越ゆることなきが如く、比丘等よ、我弟子等のために學處を定めたり、我が弟子等は假令命を取らるゝとも、そを犯すことなし。比丘等よ、我弟子等のために…乃至…そを犯すことなし、比丘等よ、こはこの法・律に於ける第二の不可思議…乃至…この法・律を樂しむなり。

㈢比丘等よ、恰も大海は死者の屍と倶に住むことなく、若し大海に死者の屍あらば速かに岸に運び陸に上らしむるが如く、比丘等よ、汚戒にして悪法、不淨邪悪の行業あり、己の行爲を隱蔽し沙門にあらずして沙門なりと自稱し、梵行者にあらずして梵行者なりと自稱し、內心腐り、漏に滿ち、不淨の性を持てる、その者と〔大〕衆は倶に住むことなく、集《つど》ひて速かに彼を斥くるなり。彼比丘衆の中間に坐すと雖も、彼は〔大〕衆より遠ざかり、〔大〕衆も亦彼より遠ざかるなり。比丘等よ、汚戒にして…乃至…遠ざかるなり、比丘等よ、こはこの法・律に於ける第三の不可思議…乃至…この法・律を樂しむなり。

㈣比丘等よ、恰も如何なる大河にてもあれ、例へば恆伽・搖尤那・阿夷那和提・薩羅遊・擵企それ等が大海に達すれば、原《もと》の名と族とを捨てゝ唯大海とのみ稱せらるるが如く、比丘等よ、四姓卽ち刹帝利・婆羅門・吠舍・首陀羅の彼等が如來の敎へたまへる法・律に於て、家を出でて家なき出家の身となれば、原《もと》の名と族とを捨てゝ唯沙門釋子所屬のものとのみ稱せらるゝなり。比丘等よ、四姓…乃至…稱せらるるなり、比丘等よ、こはこの法・律に於ける第四の不可思議…乃至…この法・律を樂しむなり。

㈤比丘等よ、恰も世界に於ける諸の流は大海に入り、雨は空中より降り來るも、これによりて大海には減少も増加も見ゆることなきが如く、比丘等よ、多くの比丘等が無餘涅槃界に入るも、これによりて涅槃界には減少も増加も見ゆることなし。比丘等よ、多くの比丘等…乃至…見ゆることなし、比丘等よ、こはこの法・律に於ける第五の不可思議…乃至…この法・律を樂しむなり。

56

㈥比丘等よ、恰も大海は一味卽ち鹹味なるが如く、比丘等よ、この法[8](律)は一味卽ち解脫味なり。比丘等よ、この法[9](律)は一味卽ち解脫味なり、比丘等よ、こはこの法・律に於ける第六の不可思議…乃至…この法・律を樂しむなり。

㈦比丘等よ、恰も大海には多數の寶・無數の寶あり。そこにこれ等の寶例へば眞珠・摩尼・琉璃・硨磲・璧石・珊瑚・銀・金・紅玉・瑪瑙の如きもののあるが如く、比丘等よ、この法[10](律)には多數の寶・無數の寶例へば四念處・四正勤・四神足・五根・五力・七覺支・八正道の如きものあり。比丘等よ、この法[11](律)には…乃至…八正道の如きものあり、比丘等よ、こはこの法・律に於ける第七の不可思議…乃至…この法・律を樂しむなり。

(八)比丘等よ、恰も大海は多數生類の住處にして、そこにこれ等の生類卽ち帝覽・帝覽伽羅・帝覽羅頻伽羅・阿修羅・龍・乾闥婆あり、更に大海には百由旬の相のもの、二百由旬の相のもの、三百由旬の相のもの、四百由旬の相のもの、五百由旬の相のもの存するが如く、比丘等よ、この法・律は多くの善きものゝ住處にして、そこにこれ等の善きもの卽ち預流向のもの、預流果實現のために修行しつゝあるもの、一來向のもの、一來果實現のために修行しつゝあるもの、不還向のもの、不還果實現のために修行しつゝあるもの、阿羅漢向のもの、阿羅漢果實現のために修行しつゝあるものあり。比丘等よ、この法・律は多くの……乃至……修行しつゝあるものあり、比丘等よ、こはこの法・律に於ける第八の不可思議……乃至……この法・律を樂しむなり。

比丘等よ、これ等はこの法・律に於ける八種の不可思議未曾有法なり。そを見て比丘等はこの法・律を樂しむなり」と。世尊はこの事由を知りて、その時、この優陀那を唱へたまへり、

[12]蔽はれたるものには雨漏り、蔽はれざるものには雨漏らじ。されば蔽は

57
れたるものはこれを開け、かくせばそれに雨漏ることとあらじ」と。

六⑬

是の如く我聞けり。世尊は或る時、舍衛城の祇陀林なる給孤獨〔長者の遊〕園に住《とど》まりたまへり。その時、尊者大迦旃延は阿槃提《アヴンティ》なる拘羅羅伽羅《クララガラ》の波樓多《パヴッタ》山に住《とど》まれり。優婆塞蘇那《ソーナ》倶胝耳《コーティカンナ》は時に尊者大迦旃延の侍者なりき。獨坐思惟せる優婆塞蘇那倶胝耳には次の如き心の所念起れり、「尊〔師〕大迦旃延の法を說きたまへる如くんば、俗家に住める者には極めて完全に極めて清淨にして、恰も硨磲貝を削れる如き純潔なる梵行を行ずること難し。我〔寧ろ〕鬚髮を剃除し袈裟衣を著け、家を出でて家なき出家の身とならん」と。優婆塞蘇那倶胝耳は尊者大迦旃延に近づき、禮敬して一隅に坐せり。一隅に坐するや、優婆塞蘇那倶胝耳は尊者大迦旃延に次の如くいへり、「大德よ、こゝに獨坐思惟せる我に是の如き心の所念起れり、「尊〔師〕大迦旃延の法を說きたまへる如くんば…乃至…出家の身とならん」と。大德よ、尊〔師〕大迦旃延の我を出家せしめたまへ」と。かくいふや、尊者大迦旃延は優婆塞蘇那倶胝耳に告げて次の如くいへり、「蘇那よ、生涯一食一

臥の梵行は行じ易からず。望むらくは蘇那よ、汝は〔そこに〕在家人なるまゝにて、
時に應じ諸佛の敎なる一食一臥の梵行を行ぜよ」と。出家の希望を懷きし優婆
塞蘇那倶胝耳にはその〔出家の〕念止みたり。再び獨坐思惟せる優婆塞蘇那倶胝
耳には次の如き心の所念起れり、「尊〔師〕大迦旃延の法を說きたまへる如くんば
…乃至…出家の身とならん」と。再び優婆塞蘇那倶胝耳は尊者大迦旃延に近づ
き……次の如くいへり、「大德よ、こゝに獨坐思惟せる我に…乃至…大德よ、尊〔師〕
大迦旃延は我を出家せしめたまへ」と。かくいふや、尊者大迦旃延は優婆塞蘇那
倶胝耳に告げて次の如くいへり、「蘇那よ、生涯…乃至…梵行を行ぜよ」と。再び
出家の希望を懷きし優婆塞蘇那倶胝耳にはその〔出家の〕念止みたり。三たび獨
坐思惟せる優婆塞蘇那倶胝耳には次の如き心の所念起れり、「尊〔師〕大迦旃延の
法を說きたまへる如くんば…乃至…出家の身とならん」と。三び優婆塞蘇那倶
58 胝耳は尊者大迦旃延に近づき……次の如くいへり、「大德よ、こゝに獨坐思惟せ
る我に…乃至…大德よ、尊〔師〕大迦旃延は我を出家せしめたまへ」と。尊者大迦旃
延は優婆塞蘇那倶胝耳を出家せしめぬ。その時、阿槃提《アワンティ》南路《スダッキナーパタ》には比丘少な

かりしかば、尊者大迦旃延は三ヶ年を過ぎ辛酸苦難の後、こゝかしこより十群の比丘衆を集めて尊者蘇那に具足戒を授けたり。雨安居を終りて獨坐思惟せる尊者蘇那に次の如き心の所念起れり、「我未だ眼《ま》のあたりかの世尊を見奉りしことなく、唯かの世尊は斯く斯くなりと聞きしのみ。和尚若し我を聽《ゆる》したまはば、我は世尊・應供・正等覺者を拜せんがために赴かん」と。尊者蘇那は夕刻獨坐より起ちて、尊者大迦旃延に近づき禮敬して一隅に坐せり。一隅に坐するや、尊者蘇那は尊者大迦旃延に告げていへり、「大德よ、こゝに獨坐思惟せる我に次の如き心の所念起れり、『我未だ眼《ま》のあたり……乃至……和尚若し我を聽《ゆる》したまはば、我は世尊・應供・正等覺者を拜せんがために赴かん』と」。尊者大迦旃延は曰く、「善き哉、善き哉。蘇那よ、汝はかの世尊・應供・正等覺者を拜せんがために行け。蘇那よ、汝は愛すべく信ずべく諸根を鎭め意を落つけ最上の安息統御に達し、自ら制し自ら護り諸根を御したる龍象にてあるかの世尊を拜せん。さらば我が語により頭面を以て世尊のみ足を禮せよ。而して世尊の少病少惱にして起居輕安、氣力あり安樂に住したまふや否やを問ひ奉りて白《まう》せ、『大德よ、我が和尚たる尊者大迦旃延は頭面を以て世尊のみ足を禮す。世尊の少病少惱にして…乃至…安樂に住したまふや否やを問ひ奉る」と。「諸、大德よ」と尊者蘇那は尊者大迦旃延の言を歡受し隨喜して、座より起ち、尊者大迦旃延を禮敬して、右繞の禮をなし坐臥の具を摺みて、鉢衣を携へ、舍衞城の方へ遊行に赴けり。次第に遊行して舍衞城59の祇陀林なる給孤獨（長者の遊）園に達し、世尊に近づき禮敬して一隅に坐せり。一隅に坐するや、尊者蘇那は世尊に白《まう》して次の如くいへり、「大德よ、我が和尚たる尊者大迦旃延は頭面を以て世尊のみ足…乃至…住したまふや否やを問ひ奉る」と。世尊の宣はく、「比丘よ、身體健かなりや。（得る所の）飲食命を繫ぐに足れりや。旅をなして疲れ少なかりしや。托鉢のために疲るゝ所なかりしや」と。答へて曰く、「世尊よ、身體健かに、（得る所の）飲食命を繫ぐに足り、旅をなして疲れ少く、托鉢のために疲るゝ所なし」と。世尊は尊者阿難を呼びて次の如く宣へり、「阿難よ、この外來の比丘のために坐臥處を調へよ」と。尊者阿難は自ら思へらく、「世尊の人のために我に命じて、『阿難よ、この外來の比丘のために坐臥處を調へよ』と宣ふ時、世尊は自らその比丘と倶に同室せんことを望みたまふ。卽ち世尊は尊者蘇那と同室せんことを望みたまふなり」と。ために世尊の住したまへる室に、尊者蘇那の坐臥處を調へたり。世尊は夜遲くまで屋外に坐して時を過し、足を洗ひて家に入りたまへり。尊者蘇那も夜遲くまで…乃至…家に入れり。世尊は夜の明け方起き出で、尊者蘇那を呼びて次の如く宣へり、「汝は比丘等のために法を説くの心なきや」と。「諾、大德よ」と尊者蘇那は世尊に應諾して⑭八八品中の十六偈を殘りなく詠唱したり。尊者蘇那の詠唱終るや、世尊は甚だこれを隨喜し、次の如く宣へり、「善き哉、善き哉。比丘よ、比丘は八八品中の十六偈をよく學得し、よく記憶し、よく理解し得たり。明白にして誤りなく意義明かなる麗しき聲を有す。比丘よ、汝は法臘幾歳なりや」と。答へて曰く、「世尊よ、我は法臘一歳なり」と。世尊の宣はく、「比丘よ、汝何故にかくも遲れたるや」と。答へて曰く、「大德よ、我久しく諸欲に患難あることを見たり。されど在家の生活は邪魔多く、爲すること多く爲すべきこと多し」と。世尊はこの事由を知りて、その時、この優陀那を唱へたまへり、

「本質《ほんぜち》なき者は世の患難を見、法を知り、聖者は惡に於て樂しまず、清淨なる

人は惡に於て樂しまざるなり」と。

七

是の如く我聞けり。世尊は或る時、舍衞城の祇陀林なる給孤獨〔長者の遊〕園に住《とど》まりたまへり。その時、尊者疑惑離日《カンカーレーヷタ》は世尊の近くにありて、趺坐を組み身を直く保ちて、己の超越疑惑の淸淨を觀察しつゝ坐せり。世尊は尊者疑惑離日の〔我が〕近くにありて、趺坐を組み身を直く保ちて、己の超越疑惑の淸淨を觀察しつつ坐せるを見たまへり。世尊はこの事由を知りて、その時、この優陀那を唱へたまへり、

「この世或はかの世、自ら抱ける又他の抱ける如何なる疑をも、禪思者にして熱烈に梵行を行ずるものは總てこれを捨つ」と。

八[15]

是の如く我聞けり。世尊は或る時、王舍城の竹林、迦蘭陀迦園に住《とど》まりたまへり。その時、尊者阿難はその布薩日の朝時内衣を著け鉢衣を携へて、托鉢のために王舍城に入れり。提婆達多は尊者阿難の托鉢のために王舍城を往來するを

見て、尊者阿難に近づき次の如くいへり、「法友阿難よ、今日よりして後、我は世尊の外に、比丘の外に布薩を行はん、僧伽の行事をも亦行はん」と。尊者阿難は托鉢のために王舍城を往來し、食後に托鉢より歸りて、世尊に近づき、禮敬して一隅に坐せり。一隅に坐するや、尊者阿難は世尊に白《まう》して次の如くいへり、「大德よ、我朝時内衣を著け鉢衣を携へて托鉢のために王舍城に入れり。大德よ、提婆達多は我が托鉢のために王舍城を往來するを見て、我に近づき、次の如くいへり、「法友阿難よ、今日よりして後……行はん」と。大德よ、今日提婆達多は僧伽を破らん。布薩と僧伽の行事とを行はん」と。世尊はこの事由を知りて、その時、この優陀那を唱へたまへり、

61 「善⓰人には善はなし易く、惡人には善はなし難し。惡人には惡はなし易く、
聖者には惡はなし難し」と。

九

是の如く我聞けり。世尊は或る時、大比丘衆と倶に憍薩羅國を遊行したまへり。その時、衆多の若年婆羅門等激しき音をたてつゝ、世尊の近くを過ぎ行けり。

世尊は衆多の若年婆羅門等の激しき音をたてつゝ、その近くを過ぎ行けるを見たまへり。世尊はその事由を知りて、その時、この優陀那を唱へたまへり、

[17]「辭の道を説く人の賢き語は多辯を望む限りは、〔人に〕忘れられ、〔自ら〕誰によりて導かれたりやを知ることとなし」と。

蘇那長老品第五

一〇

是の如く我聞けり。世尊は或る時、舍衛城の祇陀林なる給孤獨〔長者の遊〕園に住《とど》まりたまへり。その時、尊者周利槃特《チューラパンタカ》は世尊の近くにありて、趺坐を組み身を直く保ち、〔正〕念を面前にかけて坐せり。世尊は尊者周利槃特の〔己の〕近くにありて、趺坐を組み身を直く保ち、〔正〕念を面前にかけて坐せるを見たまへり。世尊はこの事由を知りて、その時、この優陀那を唱へたまへり、

「豎立せる身、安住せる心を以て、立ち坐し、又は臥しつゝ、比丘はこの念を決定しながら過未の利益を得。過未の利益を得たる比丘は死王の見ざる處に往かん」と。

茲に次の如き攝頌あり、

王、短命、癩患者、童兒等と、布薩、蘇那《ソーナ》、離日《レーヴタ》、難陀、騷音を揚ぐる〔青年等〕、槃特《パンタカ》と

共に〔十〕なりと。

註 ❶ Compare: S. N. III, 18　Mallikā vol. I. p. 75.

❷「勝鬘」の原名 Mallikā を音譯して末利となすも可なり。

❸ 佛本行集經十一卷（大正藏、三卷七〇一頁）　衆許摩訶帝經三卷（大正藏、三卷九四〇頁）　過去現在因果經一卷（大正藏、三卷六二七頁）等參照。

❹ Compare: S. N. XI, 2, 4. Daliddo vol. I. pp. 231-232.　雜阿含四十六卷（大正藏、二卷三三三頁）　別譯雜阿含三卷（大正藏、二卷三九〇頁）一部參照。

❺ Compare: S. N. LVI, II, I Tathāgatena vutta 1. vol. p. 423; Mv. I, 6, 29 p. 11.

❻ Compare: Cv. IX, 1-2 pp. 238-240; A. N. XIX vol. IV pp. 197-204; A. N. XX vol. IV pp. 204-208.　增一阿含三十七卷八難品(四)（大正藏、二卷七五二—七五三頁）　增一阿含四十四卷十不善品(二)（大正藏、二卷七八六頁）　中阿含八卷阿修羅經（大正藏、一卷四七五－四七七頁）　中阿含九卷瞻波經（大正藏、一卷四七八－四七九頁）　中阿含二十九卷瞻波經（大正藏、一卷六一一頁）　恆水經（大正藏、一卷八一七頁）　法海經（大正藏、一卷八一八頁）　海八德經（大正藏、一卷八一九頁）　五分律二十八卷（大正藏、二二卷一八〇－一八一頁）　四分律三十六卷（大正藏、二二卷八二四－八二五頁）　十誦律三十三卷（大正藏、二三卷二三九－二四〇頁）

摩訶僧祇律二十七卷(大正藏、二二卷四四七頁)等參照。

❼「名と族」との原語nāmagottaを姓名と譯するも可ならん。

❽❾❿⓫底本には單にdhammoとのみあれど暹羅本にはdhammavinayoとあり。

⓬摩訶僧祇律五卷(大正藏、二二卷二六三頁)にもあり。

⓭Compare: Mv. v, 13, 1-10 pp. 194-197. 五分律二十一卷(大正藏、二二卷一四四頁) 四分律三十九卷(大正藏、二二卷八四五頁) 十誦律二十五卷(大正藏、二三卷一八一頁) 摩訶僧祇律二十三卷(大正藏、二三卷四一五－四一六頁)等參照。

⓮Suttanipātaにあり。

⓯Compare: Cv. VII, 3, 17 p. 198. 四分律四十六卷(大正藏、二二卷九〇九頁) 類似の文、佛傳律本に多し。

⓰五分律二十五卷(大正藏、二二卷一六四頁)にもあり。

⓱Compare: Mv. X, 3 p. 349; Jātaka IX, 2 vol. III. p. 488.

第六品　生盲品

一❶

是の如く我聞けり。世尊は或る時、吠舍離城の大林なる重閣講堂に住《とど》まりたまへり。世尊は朝時内衣を著け鉢衣を携へて、托鉢のために吠舍離城に入りたまへり。托鉢のために吠舍離城を往來し、食後に托鉢より歸りて、尊者阿難に告げて次の如く宣へり、「阿難よ、坐具を取れ、我日中休息のため遮頗羅《チャーパーラ》祠堂に赴かんと欲す」と。「諾、大德よ」と尊者阿難は世尊に應諾して坐具を携へて、世尊の後より從ひ行けり。世尊は遮頗羅祠堂に近づき、設けられたる座に著きたまへり。座に著きたまふや、世尊は尊者阿難に次の如く宣へり、「阿難よ、快きかな吠舍離城。快きかな優陀延《ウデーナ》祠堂。快きかな瞿曇祠堂。快きかなサッタンバ祠堂。快きかな多子祠堂。快きかなサーランダダ祠堂。快きかな遮頗羅祠堂。阿難よ、何人にもせよ、四神足を增修し實行し達成し完成し力行し積聚し實修したるものは若し望めば、彼一劫の間、若しは一劫以上の間生き伸び得べし。阿難よ、如來は四神足……を實修したり。阿難よ、若し望めば、如來は一劫の間、若しくは一劫以上の間生き伸び得べし」と。かくの如く、尊者阿難は世尊の明かなる徵を示したまひても、明かなる光を點じたまひても解了し得ざりき。而して世尊に白《まう》して次の如く望む所なかりき、「大德よ、多くの人々の利益のため、多くの人々の安樂のため、世間の慈愍のため、人天の便利・利益・安樂のために、世尊は一劫の間住《とど》ま

63

りたまへ、善逝は一劫の間住《とど》まりたまへ」と。かの心は恰も惡魔のために憑《つ》かれたるが如くなりき。再び世尊は尊者阿難に告げて次の如く宣へり、「阿難よ、快きかな…乃至…如來は一劫の間、若しくは一劫以上の間生き伸び得べし」と。かくの如く、尊者阿難は世尊の…乃至…かの心は恰も惡魔のために憑《つ》かれたるが如くなりき。三たび世尊は尊者阿難に告げて次の如く宣へり、「阿難よ、快きかな…乃至…如來は一劫の間、若しくは一劫以上の間生き伸び得べし」と。かくの如く、尊者阿難は世尊の…乃至…かの心は恰も惡魔のために憑《つ》かれたるが如くなりき。世尊は尊者阿難に告げて次の如く宣へり、「阿難よ、汝行け。今正に時よしと思はばそをなせ」と。「諾、大德よ」と尊者阿難は世尊に應諾して、座を起ち禮敬し、右繞の禮をなして、近くなる一樹の下《もと》に坐せり。

尊者阿難の去りて久しからざるに、惡魔波旬は世尊に近づきて、一隅に立てり。一隅に立ちて、惡魔波旬は世尊に白《まう》して次の如くいへり、「大德よ、世尊は今、般涅槃したまふべし、善逝は今、般涅槃したまふべし。大德よ、今は世尊の般涅槃したまふべき時なり。世尊は曾て宣へり、『波旬よ、我が比丘なる弟子等にして知能

を得、よく自ら修練し、信解を得、〔最上の〕安穏を得、多聞にして持法者たり、大小の
法を行ひ、行跡方正にして隨法行者たり、己の師のものを學びて〔他に〕語り說き示
し公宣し開示し分別し明白にせざる間は、我般涅槃せざるべし。又起れる他人
の非難を法を以てよく制御し、神通を伴へる法を說かざる間は、我般涅槃せざる
べし』と。然るに大德よ、今世尊の比丘なる弟子等は知能を得……己の師のもの
を學びて〔他に〕語り說き示し公宣し開示し分別し明白にす。又起れる他人の非
難を法を以てよく制御し神通を伴へる法を說く。大德よ、世尊は今、般涅槃した
まふべし、善逝は今、般涅槃したまふべし。大德よ、今は世尊の般涅槃したまふべ
き時なり。世尊は曾て語りたまへり、『波旬よ、我が比丘尼なる弟子等にして知
能を得…乃至…隨法行者たり…乃至…神通を伴へる法を說かざる間は、我般涅
64 槃せざるべし』と。然るに大德よ、今世尊の比丘尼なる弟子等は…乃至…神通を
伴へる法を說く。大德よ、世尊は今、般涅槃したまふべし、善逝は今、般涅槃したま
ふべし。大德よ、今は世尊の般涅槃したまふべき時なり。世尊は曾て語りたま
へり、『波旬よ、我が優婆塞なる弟子等にして知能を得…乃至…神通を伴へる法

を說かざる間は我般涅槃せざるべし』と。然るに大德よ、今世尊の優婆塞なる弟子等は知能を得…乃至…神通を伴へる法を說く。大德よ、世尊は今、般涅槃したまふべし、善逝は今、般涅槃したまふべし。大德よ、今は世尊の般涅槃したまふべき時なり。世尊は曾て語りたまへり、『波旬よ、我が優婆夷なる弟子等にして知能を得…乃至…神通を伴へる法を說かざる間は、我般涅槃せざるべし』と。然るに大德よ、今世尊の優婆夷なる弟子等は知能を得…乃至…神通を伴へる法を說く。大德よ、世尊は今、般涅槃したまふべし、善逝は今、般涅槃したまふべし。大德よ、今は世尊の般涅槃したまふべき時なり。世尊は曾て宣へり、『波旬よ、我が梵行の滿ち榮えて、委《くわ》しく說かれ、廣く知られ、衆人のものとなり、人天によりてよく說き明かされざる間は、我般涅槃せざるべし』と。然るに大德よ、今世尊の梵行は滿ち榮えて、委しく說かれ、廣く知られ、衆人のものとなり、人天によりてよく說き明かさるゝに至れり。大德よ、世尊は今、般涅槃したまふべし、善逝は今、般涅槃したまふべし。大德よ、今は世尊の般涅槃したまふべき時なり」と。かくいふや、世尊は惡魔波旬に告げて次の如く宣へり、『波旬よ、憂ふること勿れ。如來の般涅槃は久しからざるべし。今より三ヶ月の後如來は般涅槃すべし」と。世尊は遮頗羅祠堂に於て正念正智にして[2]生命の素因を捨てたまへり。世尊の生命の素因を捨てたまふや、恐ろしく身の毛彌立つべき大地震あり、天鼓自ら鳴り響きぬ。世尊はこの事由を知りて、その時、この優陀那を唱へたまへり、

「[3]生には[4]平等あり、不平等あり。牟尼は生有の素因を捨てたまへり。内心
喜び安靜を得たるものは鎧を破るが如くに己の生を破るなり」と。

二[5]

是の如く我聞けり。世尊は或る時、舍衞城の東園なる鹿母講堂に住《とど》まりたま
65 へり。その時、世尊は夕刻獨坐より起ちて、門屋外に坐したまへり。時に憍薩羅の波斯匿王は世尊に近づき、禮敬して一隅に坐せり。その時、七人の結髮外道・七人の尼乾子の徒・七人の無衣外道・七人の一衣外道・七人の普行沙門の腋毛・爪・體毛を長く伸ばせるもの等、種々の荷を天秤棒に負ひて、世尊の近くを過ぎ行けり。憍薩羅の波斯匿王は彼等七人の結髮外道・七人の尼乾子の徒・七人の無衣外道・七人の一衣外道・七人の普行沙門の腋毛・爪・體毛を長く伸ばせるもの等の種々の荷

を天秤棒に負ひて、世尊の近くを過ぎ行くを見て、座より起ち上衣を一肩にし、右膝を地に附けて彼等七人の結髪外道・七人の尼乾子の徒・七人の無衣外道・七人の一衣外道・七人の普行沙門等の方に合掌を向けて、次の如く三たび己の名を白《まう》せり、「大徳等よ、我は憍薩羅の波斯匿王なり。大徳等よ、我は憍薩羅の波斯匿王なり。大徳等よ、我は憍薩羅の波斯匿王なり」と。憍薩羅の波斯匿王は彼等七人の結髪外道・七人の尼乾子の徒・七人の無衣外道・七人の一衣外道・七人の普行沙門等の去りて久しからざるに、世尊に近づきて、禮敬し一隅に坐せり。一隅に坐するや、憍薩羅の波斯匿王は世尊に問ひて次の如くいへり、「大徳よ、何人にもせよ、世に阿羅漢たるもの、阿羅漢道に入れるもの、中に彼等は數へらるゝや」と。世尊答へて宣はく、「大王よ、汝在俗者、諸欲を享樂し、兒女に累せられて生活を營み、迦《カー》尸《シ》國產の栴檀香を受用し、華鬘・香・塗香を所持し金銀を受納する者にして『これ等は阿羅漢たり、これ等は阿羅漢道に入れるものなり』と〔かく〕知ること易からず。大王よ、倶に住むことによりて〔初めて〕、戒は知らるべきなり。それも長き間〔倶に住むことによる〕。又少しく思惟することによるにあらず。如何に況んや思惟せざることに於てをや。それは又智慧ある者によりて〔知るべく〕智慧なき者によりてにあらず。大王よ、倶に交ることによりて〔初めて〕、清淨なることは知らるべきなり。それも長き間…乃至…智慧なき者によりてにあらず。大王よ、不幸なる場合に於て〔初めて〕、力は知らるべきなり。それも長き間…乃至…智慧なき者によりてにあらず。大王よ、會話によりて〔初めて〕、智慧は知らるべ
66
きなり。それも長き間…乃至…智慧なき者によりてにあらず」と。波斯匿王は世尊に白して次の如くいへり、「大德よ、實に不可思議なり。大德よ、實に未曾有なり。世尊のよく宣ひしことや。卽ち汝在俗者、諸欲を享樂し…乃至…金銀を受納する者にして、『これ等は阿羅漢…乃至…阿羅漢道に入れるものなり』と〔かく〕知ること易からず。倶に住むことによりて…乃至…智慧は知らるべきなり。それも長き間…乃至…智慧なき者によりてにあらず。大德よ、これ等は[6]我が臣下にして盗人たり、[7]徘徊者たり、國中を廻りて還り來るなり。彼等先づ廻り、我は後より廻り行かん。大德よ、今や彼等はその塵埃を洗ひ淸めて、よく沐浴し、よく油を塗り、鬚髮を調へ、白衣を著け、五欲の樂を所持し具足して耽るならん」と。世

尊はこの事由を知りて、その時、この優陀那を唱へたまへり、

「總ての場合には努力すること勿れ。他の者の用人となる勿れ。他によりて生くる勿れ、法によりて生きよ、商估として行くこと勿れ」と。

三

是の如く我聞けり。世尊は或る時、舍衞城の祇陀林なる給孤獨〔長者の遊〕園に住《とど》まりたまへり。その時、世尊は自ら捨離したまひし諸の惡不善の法と、修練によりて成滿したまひし諸の善法とを觀察しつゝ坐したまへり。世尊は自ら捨離したまひし諸の惡不善の法と、修練によりて成滿したまひし諸の善法とを知りて、その時、この優陀那を唱へたまへり、
[8]「前にはありき、その時はあらざりき。前にはなかりき、その時はありき。
前にはなかりき、後にもなかるべし、今もなし」と。

四

是の如く我聞けり。世尊は或る時、舍衞城の祇陀林なる給孤獨〔長者の遊〕園に住《とど》まりたまへり。その時、種々の外道派に屬する多くの沙門婆羅門、普行出家の

67 徒等は托鉢のために舍衛城に入れり、彼等は諸種の意見あるもの、諸種の信仰あるもの、諸種の好みあるもの、諸種の見處に依れるものなりき。或る沙門婆羅門等は次の如く語り、次の如く見るものなりき、[9]「世界は常住なり。こは眞實にして他は虚妄なり」と。又或る沙門婆羅門等は次の如く語り、次の如く見るものなりき、「世界は無常なり。こは眞實にして他は虚妄なり」と。又或る沙門婆羅門等は次の如く語り、次の如く見るものなりき、「世界は有邊なり。こは眞實にして他は虚妄なり」と。又或る沙門婆羅門等は次の如く語り、次の如く見るものなりき、「世界は無邊なり。こは眞實にして他は虚妄なり」と。又或る沙門婆羅門等は次の如く語り、次の如く見るものなりき、「命と體とは同一なり。こは眞實にして他は虚妄なり」と。又或る沙門婆羅門等は次の如く語り、次の如く見るものなりき、「命と體とは同一ならず。こは眞實にして他は虚妄なり」と。又或る沙門婆羅門等は次の如く語り、次の如く見るものなりき、[10]「如來は死後あり。こは眞實にして他は虚妄なり」と。又或る沙門婆羅門等は次の如く語り、次の如く見るものなりき、「如來は死後なし。こは眞實にして他は虚妄なり」と。又或る沙門婆羅門等は次の如く語り、次の如く見るものなりき、「如來は死後あり而も死後なし。こは眞實にして他は虚妄なり」と。又或る沙門婆羅門等は次の如く語り次の如く見るものなりき、「如來は死後あるにあらず亦死後なきにあらず。こは眞實にして他は虚妄なり」と。彼等は次の如くいひて口論し、議論し、論難し、各々鋭き舌鋒を以て突き合ひつゝ日を送れり、「此の如きは法なり、彼の如きは法にあらず。此の如きは法にあらず、彼の如きは法なり」と。

その時、衆多の比丘等は朝時内衣を著け鉢衣を携へて、托鉢のために舍衞城に入れり。托鉢のために舍衞城を往來して、食後に托鉢より歸り、世尊に近づきて禮敬し一隅に坐せり。一隅に坐するや、かの比丘等は世尊に白して次の如くいへり、「大德よ、こゝに種々の外道派に屬する多くの沙門婆羅門、普行出家の徒等は托鉢のために舍衞城に入れり、彼等は諸種の意見あるもの…乃至…諸種の見處に依れるものなり。或る沙門婆羅門等は次の如く語り、次の如く見るものなり、『世界は…乃至…こは眞實にして他は虚妄なり』と。彼等は次の如くいひて、口論し…乃至…鋭き舌鋒を以て突き合ひつゝ日を送るなり、『此の如きは法な

り…乃至…彼の如きは法なり」と」。世尊は次の如く宣へり、「比丘等よ、外道派に
屬する普行出家の徒等は盲目にして眼目なし、理を知らず、非理を知らず、法を知
68 らず、非法を知らざるなり。彼等は理を知らざる者、非理を知らざる者、法を知ら
ざる者、非法を知らざる者にして、次の如くいひて口論し…乃至…鋭き舌鋒を以
て突き合ひつゝ日を送るなり、『此の如きは法なり…乃至…彼の如きは法なり』
と。比丘等よ、[11]今は昔、この舍衛城に一王ありき。比丘等よ、その王は或る家臣を
呼びて次の如くいへり、「〔いざ〕家臣よ、汝は舍衛城に居る限りの生盲、それ等總て
を一處に集めよ」と。比丘等よ、かの家臣は『諾、王よ』とその王に應諾して舍衛城に
居る限りの生盲、それ等總てを引連れて王に近づきていへり、『王よ、舍衛城に居
る限りの生盲等は集れり』と。その王は彼に告げて次の如くいへり、『然らば正
に生盲等をして象を見せしめよ』と。かの家臣は『諾、王よ』とその王に應諾して生
盲等をして象を見せしめていへり、『生盲等よ、象は是の如くなり』と。或る生盲
等には象の頭を見せしめていへり、『生盲等よ、象は是の如くなり』と。又或る生
盲等には象の耳を見せしめていへり、『生盲等よ、象は是の如くなり』と。又或る生

盲等には象の牙を見せしめていへり、『生盲等よ、象は是の如くなり』と。又或る生盲等には象の鼻を見せしめていへり、『生盲等よ、象は是の如くなり』と。又或る生盲等には象の體を見せしめていへり、『生盲等よ、象は是の如くなり』と。又或る生盲等には象の脚を見せしめていへり、『生盲等よ、……』と。又或る生盲等には象の背を見せしめていへり、『生盲等よ、……』と。又或る生盲等には象の尾を見せしめていへり、『生盲等よ、……』と。又或る生盲等には象の尾尖を見せしめていへり、『生盲等よ、……』と。比丘等よ、その時、かの家臣は生盲等に象を見せしめて、王に近づき次の如くいへり、『王よ、かの生盲等は象を見たり。今正に時よしと思惟したまはば、そをなしたまへ』と。比丘等よ、その王はかの生盲等に近づきていへり『生盲等よ、汝等は象を見たるや』と。生盲等は答へていへり、『然り、王よ、我等は象を見たり』と。その王の曰く、『生盲等よ、象は如何なるものなりや語れ』と。比丘等よ、象の頭を見たる生盲等はいへり、『王よ、象は恰も甕《かめ》の如し』と。比丘等よ、象の耳を見たる生盲等はいへり、『王よ、象は恰も箕《み》の如し』と。比丘等よ、象の牙を見たる生
69
盲等はいへり、『……恰も犂先《すきさき》の如し』と。比丘等よ、象の鼻を見たる生盲等はいへ

り、「……恰も犂の轅《ながえ》の如し」と。……體を……「……穀倉……」と。……脚を……「……柱……」と。……背……「……臼……」と。……尾……「……杵……」と。……尾尖……「……箒……」と。彼等は次の如くいひて互に拳を以て爭へり「此の如きは象なり、彼の如きは象にあらず。此の如きは象にあらず、彼の如きは象なり」と。

然るに比丘等よ、その王は大いに喜べり。比丘等よ、是の如く外道派に屬する普行出家の徒等は盲目にして眼目なし……乃至……次の如くいひて口論し……鋭き舌鋒を以て突き合ひつゝ日を送るなり、「此の如きは法なり……乃至……彼の如きは法なり」と。世尊はこの事由を知りて、その時、この優陀那を唱へたまへり、

「實にも或る沙門婆羅門等はこれ等〔の見〕に執著す。唯一部分のみを見る
人々はこれを論じて爭ふなり」と。

五

是の如く我聞けり。世尊は或る時、舍衞城の祇陀林なる給孤獨〔長者の遊〕園に住《とゞ》まりたまへり。その時、種々の外道派に屬する多くの沙門婆羅門、普行出家の徒等は托鉢のために舍衞城に入れり、彼等は諸種の意見あるもの、諸種の信仰あ

るもの、諸種の好みあるもの、諸種の見處に依れるものなりき。或る沙門婆羅門等は次の如く語り、次の如く見るものなりき「我も世界も倶に常住なり。こは眞實にして他は虚妄なり」と。(六の四參照)或る沙門婆羅門等は……「我も世界も倶に無常なり……」と。又或る沙門婆羅門等は……「我も世界も倶に常住にして而も無常なり……」と。又或る沙門婆羅門等は……「我も世界も倶に常住にもあらず無常にもあらず……」と。又或る沙門婆羅門等は……「我も世界も倶に自ら作りしものなり……」と。又或る沙門婆羅門等は……「我も世界も倶に他に作られしものなり……」と。又或る沙門婆羅門等は……「我も世界も倶に自ら作りしもの而も他に作られしものなり……」と。又或る沙門婆羅門等は……「我も世界も倶に自ら作らず亦他に作られず、無因にして生ぜしものなり……」と。又或る沙門婆羅門等は……「苦樂は常住なり。我も世界も倶に常住なり……」と。又或る沙門婆羅門等は……「苦樂は無常なり。我も世界も倶に無常なり……」と。又或る沙門婆羅門等は……「苦樂は常住にして而も無常なり。我も世界も倶に常住に70して而も無常なり……」と。又或る沙門婆羅門等は……「苦樂は常住にもあらず亦無常にもあらず。我も世界も俱に常住にもあらず亦無常にもあらず……」と。又或る沙門婆羅門等は……「苦樂は自ら作りしものなり。我も世界も俱に自ら作りしものなり……」と。又或る沙門婆羅門等は……「苦樂は他に作られしものなり。我も世界も俱に他に作られしものなり……」と。又或る沙門婆羅門等は……「苦樂は自ら作りしもの而も他に作られしものなり。我も世界も俱に自ら作りしもの而も他に作られしものなり……」と。又或る沙門婆羅門等は……「苦樂は自ら作らず亦他に作られず、無因にして生ぜしものなり。我も世界も俱に自ら作らず亦他に作られず、無因にして生ぜしものなり……」と。彼等は次の如くいひて口論し……(六の四參照)……「此の如きは法なり……乃至……彼の如きは法なり」と。その時、衆多の比丘等は朝時(六の四參照)……世尊に白《まう》して次の如くいへり、「大德よ、こゝに衆多の……諸種の見處に依れるものなり。或る沙門婆羅門等は……乃至……次の如くいひて口論し……銳き舌鋒を以て突き合ひつゝ日を送るなり、『此の如きは法なり……乃至……彼の如きは法なり』と」。世尊は次の如く宣へり、「比丘等よ、外道派に屬する普行出家の徒等は盲目にして眼目なし、理を知らず、非理を知らず、法を知らず、非法を知らざるなり。彼等は理を知らざる者、非理を知らざる者、法を知らざる者、非法を知らざる者にして、次の如くいひて口論し……鋭き舌鋒を以て突き合ひつゝ日を送るなり、『此の如きは法なり…乃至…彼の如きは法なり』と」。世尊はこの事由を知りて、その時、この優陀那を唱へたまへり、

「或る沙門婆羅門等はこれ等〔の見〕に住著すといふ。彼等は〔涅槃〕のその滲潤に達するなくして中間に沈む」と。

六

（六の五に同じ。但し次の如くに終る）

世尊はこの事由を知りて、その時、この優陀那を唱へたまへり、

「これ等の人々は自といふ念に囚はれ、他といふ念に縛せらる。或るものはこれを知ることなく、又そを矢なりと見ず。矢なりと豫め見たる人には我は爲すといふ念も起ることなく、他が爲すといふ念も起ることなし。これ等の人々は慢心を持ち、慢心の枷、慢心の繫縛あり、見處に於て精進すとも輪廻を超ゆることなし」と。

七

是の如く我聞けり。世尊は或る時、舍衛城の祇陀林なる給孤獨〔長者の遊〕園に住《とど》まりたまへり。その時、尊者須菩提《スブーティ》は世尊の近くにありて、趺坐を組み身を直く保ち、無尋定に達して坐せり。世尊は尊者須菩提の〔己の〕近くにありて、趺坐を組み身を直く保ち、無尋定に達して坐せるを見たまへり。世尊はこの事由を知りて、その時、この優陀那を唱へたまへり、

「尋⑫は滅され内に殘りなく能く整へられ、執著を超えて色想なく四軛⑬を超えたる人は再生に赴くことなし」と。

八

是の如く我聞けり。世尊は或る時、王舍城の竹林、迦蘭陀迦園に住《とど》まりたまへり。その時、王舍城に二つの集團ありて一人の遊女に執著し戀慕したり。彼等は口論し議論し論難し互に手を以て打ち、土塊を以て打ち、杖を以て打ち、刀を以て打てり。彼等はそこにて死に近づき又は死に均しき苦に逢へり。その時、衆多の比丘等朝時内衣を著け鉢衣を携へて、托鉢のために王舍城に入れり。托鉢

のために王舍城を往來し、食後に托鉢より歸りて世尊に近づき禮敬して一隅に坐せり。一隅に坐するや、かの比丘等は世尊に白《まう》して次の如くいへり、「大德よ、こゝに王舍城に二つの集團ありて……乃至……死に均しき苦に逢へり」と。世尊はこの事由を知りて、その時、この優陀那を唱へたまへり、

「到達せしことと到達すべきこと、これ等二つは煩ひある未成學者の塵堆なり。[14]學の精たる戒禁は生活なり、梵行は奉侍なり、といふ是一つの極なり。「諸欲の中には過失なし」とかくの如くいふもの、是一つの極なり。これ等二つの極は墓場を增すものなり。墓場は〔邪〕見を增すものなり。彼等二つの極を知らずして、或る者は執著し或る者は通り過ぐ。それを知りてそこに居らざるものはそを以て知らしむるための務めは彼等になしと考ふ」と。

九

是の如く我聞けり。世尊は或る時、舍衞城の祇陀林なる給孤獨〔長者の遊〕園に住《とど》まりたまへり。その時、世尊は黑闇の夜、胡麻油燈の燃ゆる屋外に坐したまへ

り。その時、多くの蛾その胡麻油燈中に落ち轉がり、災難に逢ひ、禍難に逢ひ、自滅に陷れり。世尊は多くの蛾のその胡麻油燈中に落ち轉がり、災難に逢ひ、禍難に逢ひ、自滅に陷れるを見たまへり。世尊はこの事由を知りて、その時、この優陀那を唱へたまへり、

「走り近づき去り過ぐるも精髓には到らず、唯新たなる繫縛を增すのみ。
蓋し恰も蛾の火中に陷るが如く見聞に精髓ありとして、或る者は執著すればなり」と。

一〇

是の如く我聞けり。世尊は或る時、舍衞城の祇陀林なる給孤獨〔長者の遊〕園に住《とゞ》まりたまへり。尊者阿難は世尊に近づきて、禮敬し一隅に坐せり。一隅に坐するや、尊者阿難は世尊に白《まう》して次の如くいへり、「大德よ、如來・應供・正等覺者出世したまはざる中《うち》は外道派に屬する普行沙門の徒等は尊ばれ重んぜられ貴ばれ供養せられ敬はれ衣服・飲食物・坐臥具及び病氣の用品たる藥料等の資具を得たり。大德よ、如來・應供・正等覺者出世したまひしが故に、その時より外道派に屬

する普行沙門の徒等は尊ばれず重んぜられず貴ばれず供養せられず敬はれず衣服…乃至…病氣の用品たる藥料等の資具を得ざるなり。大徳よ、今や世尊は
73 比丘衆と俱に尊ばれ重んぜられ貴ばれ供養せられ敬はれ衣服…乃至…病氣の用品たる藥料等の資具を得たまふ」と。世尊の宣はく「然り阿難よ、如來・應供・正等覺者出世せざる中は外道派に屬する普行沙門の徒等は尊ばれ…乃至…藥料等の資具を得たり。阿難よ、如來・應供・正等覺者出世せしが故に、その時より外道派に屬する普行沙門の徒等は尊ばれず…乃至…藥料等の資具を得ざるなり。今や世尊は比丘衆と俱に尊ばれ…乃至…病氣の用品たる藥料等の資具を得るなり」と。世尊はこの事由を知りて、その時この優陀那を唱へたまへり、

「日昇らざる中はかの螢も光を放つ。日昇れば光を攝めて輝かず。外道
等の輝くはかくの如し。正等覺者世に出でざる中は愚者は淨められず、
弟子は輝かず。邪見の徒は苦より離れ得ざるなり」と。

生盲品第六

攝頌に曰く、

捨命、獨坐、それを云へり、といふと、〔二〕外道と、第七には須菩提《スブーティ》といへると、遊女、走り過ぐるは第九にして〔第十の〕出生すると、この十なりと。

註❶ Compare: D. N. XVI Mahāparinibbāna-suttanta vol. II. pp. 23-26; S. N. LI. 10 Cetiya vol. v. pp. 258-262; A. N. VIII 70, 1-9 vol. IV. pp. 308-311. 長阿含二卷遊行經(大正藏、一卷一五頁)參照。

❷「生命の素因」の原語 āyusaṅkhāra は生きんとする想ひの意なり。

❸瑜伽師地論十九卷偈(大正藏、三十卷三八三頁)參照。

❹「平等」の原語 tula を獨英兩譯倶に短き意に解すれども今は從はず。而して sambhavaṁ にて切りて譯せり。

❺ Compare: S. N. III, 2, 1 Jaṭilo vol. I. pp. 77-79. 雜阿含四十二卷(大正藏、二卷三〇五―三〇六頁) 別譯雜阿含四卷(大正藏、二卷三九九頁)參照。

❻「我が臣下」の原語 mamapurisa を右に引用せし漢譯は我家人・我所使人となす。

❼「徘徊者」の原語 oCaraka を放浪人・探偵・搜索者とも譯し得。W. Geiger は是を die Späher と譯せり。Zeitschrift für Buddhismus 1928 (3) S. 301.

❽ Compare: Thera-gāthā v. 180 p. 23.

❾ Compare: D. N. IX Poṭṭhapāda-sutta vol. I pp. 187-188; M. N. LXIII Cūḷa-māluṅkya-sutta vol. I. pp. 426-431. 長阿含十七卷布吒婆樓經(大正藏、一卷一一一頁) 中阿含六十卷箭喩經(大正藏、一卷八〇四―八〇五頁) 一部參照。⓫引用經にもあり。

❿如來の原語 tathāgata は有情・生類の意なり。

⑪長阿含十九卷世記經(大正藏、一卷一二八－一二九頁) 大樓炭經三卷(大正藏、一卷二八九－二九〇頁) 起世經五卷(大正藏、一卷三三五頁) 起世因本經五卷(大正藏、一卷三九〇頁)參照。

⑫瑜伽師地論十九卷偈(大正藏、三十卷三八四頁)參照。「尋」の原語 vitakka は舊譯の覺なり。

⑬「四軛」の原語 catuyogā は四流と同一內容なり。

⑭ ānusikkino にて切り yeva を yeCa とす。暹羅本參照。

第七品　小　品

一

是の如く我聞けり。世尊は或る時、舍衞城の祇陀林なる給孤獨〔長者の遊〕園に住《とど》まりたまへり。その時、尊者舍利弗は尊者羅婆那跋提《ラクンタカバッテイヤ》を諸の方便を用ひ法話によりて敎示し激勵し鼓舞し悅喜せしめたり。尊者舍利弗のために諸の方便を用ひ法話によりて敎示せられ激勵せられ鼓舞せられ悅喜せしめられたる尊者羅婆那跋提の心は執著を離れ煩惱を脫したり。世尊は尊者舍利弗のために諸の方便を用ひ法話によりて敎示せられ激勵せられ鼓舞せられ悅喜せしめられたる尊者羅婆那跋提の心の執著を離れ煩惱を脱したるを見たまへり。世尊はこの事由を知りて、その時、この優陀那を唱へたまへり、

「上にも下にも一切處にもよく解脱し、こは我なりといふことをも見ず。かくの如く解脱したる者は再び生を受けざらんがため、曾て渡りしことなき暴流を渡れり」と。

二

是の如く我聞けり。世尊は或る時、舍衞城の祇陀林なる給孤獨〔長者の遊〕園に住《とど》まりたまへり。尊者舍利弗は尚ほ有學〔者〕なりと考へられたる尊者羅婆那跋提を益々盛に諸の方便を用ひ法話によりて敎示し激勵し鼓舞し悅喜せしめたり。世尊は尊者舍利弗の尚ほ有學〔者〕なりと考へられたる尊者羅婆那跋提を諸
75 の方便を用ひ法話によりて敎示し激勵し鼓舞し悅喜せしめたるを見たまへり。世尊はこの事由を知りて、その時、この優陀那を唱へたまへり、

「輪廻を斷ちて彼は無欲に入れり。涸れ果てたる河は流れず、斷たれたる輪廻は轉ずることなし。これこそは苦の終りなれ」と。

三

是の如く我聞けり。世尊は或る時、舍衛城の祇陀林なる給孤獨（長者の遊）園に住《とど》まりたまへり。その時、舍衛城の人々度を過ぎて大いに諸欲に執し、それを樂しみ貪り、醉ひ狂喜し渴望し、諸欲に住著して日を送れり。衆多の比丘は朝時內衣を著け鉢衣を携へて托鉢のために舍衛城を往來し、食後に托鉢より歸りて世尊に近づき禮敬して一隅に坐せり。一隅に坐するや、世尊に白《まう》して次の如くいへり、「大德よ、こゝに舍衛城の人々…乃至…諸欲に住著して日を送れり」と。世尊はこの事由を知りて、その時、この優陀那を唱へたまへり、

「諸欲に執し諸欲に著せるものは結使に過あるを見ることなし。これ蓋し結使に執著せるものは廣くして大なる河を渡ることなければなり」と。

四

是の如く我聞けり。世尊は或る時、舍衛城の祇陀林なる給孤獨（長者の遊）園に住《とど》まりたまへり。その時、舍衛城の人々は度を過ぎて大いに諸欲に執し、それを樂しみ貪り、醉ひ狂喜し渴望し、盲目にして諸欲に住著して日を送れり。世尊は

朝時内衣を著け鉢衣を携へて托鉢のために舍衛城に入りたまへり。世尊は舍
76 衛城に於て、これ等の人々の度を過ぎて…〔乃至〕…日を送れるを見たまへり。世尊はこの事由を知りて、その時、この優陀那を唱へたまへり、

「欲に盲目なるもの、網に蔽はれしもの、愛欲の蔽ひ〔もの〕に蔽はれしもの、放逸の友に囚はれたるものは恰も筌《うへ》の口にある魚の如く、乳を飲む犢の親牛に向ふがごとくにして老死に赴く」と。

五[1]

是の如く我聞けり。世尊は或る時、舍衛城の祇陀林なる給孤獨〔長者の遊園〕に住《とど》まりたまへり。その時、尊者羅婆那跋提は衆多の比丘等の後より從ひて、世尊に近づけり。世尊は尊者羅婆那跋提の衆多の比丘等の後より從ひて、顏色惡しく醜く、形體倭小にして、大いに比丘等の嘲笑を受くるが如き容貌をして遙より來れるを見たまへり。見るや、世尊は比丘等に次の如く宣へり、「比丘等よ、汝等はかの比丘が遙より…來れるを見ざるや」と。答へて曰く、「否[2]、大德よ〔我等彼を見る〕」と。世尊は次の如く宣へり、「比丘等よ、この比丘は大神力あり、大威力あ

り。又この比丘の曾て成就せざりしかの定は實に得易きものにあらず。更に又善男子の目的ありて、よく家を出で、家なき出家の身となりてその〔目的の〕無上梵行の窮極をば彼は現法に於て自ら證知し實現し逮達して住するなり」と。世尊はこの事由を知りて、その時、この優陀那を唱へたまへり、

「部❸分に於て缺くるところなく白き蔽ひあり、一の輻ある車は轉ず。流れを斷ち苦なく縛なくして來れるを見よ」と。

六

是の如く我聞けり。世尊は或る時、舍衛城の祇陀林なる給孤獨〔長者の遊〕園に
77 住《とど》まりたまへり。その時、尊者阿若憍陳如《アンニャータコーンダンニャ》は世尊の近くにありて、趺坐を組み、身を直く保ちて、愛欲の滅盡たる解脱を觀察しつゝ坐せり。世尊は尊者阿若憍陳如の〔己の〕近くにありて、趺坐を組み、身を直く保ちて、愛欲の滅盡たる解脱を觀察しつゝ坐せるを見たまへり。世尊はこの事由を知りて、その時、この優陀那を唱へたまへり、

「地中にその根なく葉あるなし。何處にか蔓樹あらんや。その縛より脫

せる堅固の士を誰か侮ることをよくせんや。天猶ほ彼を讃め稱ふ。梵天によりても亦讃め稱へらる」と。

七

是の如く我聞けり。世尊は或る時、舍衞城の祇陀林なる給孤獨〔長者の遊〕園に住《とど》まりたまへり。その時、世尊は己の妄想念の滅盡を觀察しつゝ坐したまへり。世尊は己の妄想念の滅盡を知りて、その時、この優陀那を唱へたまへり、

「その妄想も豎立もなく、繫縛も障碍をも超えたり。その欲を離れて往來せる牟尼をば人天兩界のものは侮り得るなし」と。

八

是の如く我聞けり。世尊は或る時、舍衞城の祇陀林なる給孤獨〔長者の遊〕園に住《とど》まりたまへり。その時、尊者大迦旃延は世尊の近くにありて、趺坐を組み、身を直く保ち、身に向けたる內念を面前に固く立てゝ坐せり。世尊は尊者大迦旃延の〔己の〕近くにありて、趺坐を組み身を直く保ち、身に向けたる內念を固く面前に立てゝ坐せるを見たまへり。世尊はこの事由を知りて、その時、この優陀那を唱

78 へたまへり、
「若し人の身に向けたる念、一切時、常に確立してあらば、〔我想〕彼にもあらず、我にもあらざらん。〔我想〕彼にもあらじ、我にもこれなからん。次第に住するものにしてこゝに彼はやがて執著を超えん」と。

九

是の如く我聞けり。世尊は或る時、大比丘衆と倶に末羅國を遊行しつゝトゥーナと稱する婆羅門村に達したまへり。トゥーナの婆羅門居士等は「實に釋迦族出にして出家せる沙門〔友〕瞿曇は大比丘衆と倶に末羅國を遊行しつゝトゥーナに達せり」といふを聞けり。彼等は井戸を草と籾殻とを以て縁《ふち》まで滿したり、「かの禿頭の徒・似而非沙門の類に水を施すこと勿れ」とて。世尊は道より下りて一樹の下《もと》に近づき、設けられたる座に著きたまへり。座に著きたまふや、世尊は尊者阿難に次の如く宣へり、「汝阿難よ、願くはその井戸より我に水を持ち來れ」と。かく宣ふや、尊者阿難は世尊に白《まう》して次の如くいへり、「大徳よ、今その井戸はトゥーナの婆羅門居士等により、草と籾殻とを以て縁まで滿たされたり、「かの禿

頭の徒・似而非沙門の類に水を施すことなかれ』とて」。再び世尊は尊者阿難に次
の如く宣へり、「汝阿難よ、願くはその井戸より……持ち來れ」と。再び尊者阿難は
世尊に白《まう》して次の如くいへり、「大德よ、今その井戸はトゥーナの婆羅門居士等に
より、草と籾殼とを以て緣まで滿たされたり、『かの禿頭の徒・似而非沙門に水を施
すこと勿れ』とて」。三たび世尊は尊者阿難に次の如く宣へり、「汝阿難よ、願くはそ
の井戸より……持ち來れ」と。「諾、大德よ」と尊者阿難は世尊に應諾して、鉢を携へ
かの井戸に近づけり。尊者阿難が近づくや、その井戸は草と籾殼とをば總て緣
より吹き出し、淸くして濁りなく澄みたる水は緣に到るまで滿ちて流るゝが如
くなりき。尊者阿難は思へらく、「〔噫〕實に不可思議なり。〔噫〕實に未曾有なり。
如來の大神力あり、大威力あることや。蓋しかの井戸、我近づくや、その草と籾殼
とをば總て緣まで吹き出して……流るゝが如くなればなり」と。鉢を以て水を
79 携へ、世尊に近づきて、次の如く世尊に白《まう》せり、「〔噫〕實に不可思議なり……流るゝ
が如くなればなり。世尊の水を飲みたまはんことを。善逝の水を飲みたまは
んことを」と。世尊はこの事由を知りて、その時、この優陀那を唱へたまへり、

「若し一切時に於て水あらば、井戸を以て何をかなさん。愛を根本より破拆しては、何ものをか尋ねて歩まんぞ」と。

一〇

是の如く我聞けり。世尊は或る時、憍賞彌の瞿私多林に住《とど》まりたまへり。その時、優《ウ》塡《デーナ》王の苑に出でたる時、後宮火を失し、奢摩嚩帝《サーマーヴティー》を首《はじめ》として五百の婦女等死せり。その時、衆多の比丘等は朝時内衣を著け鉢衣を携へて、托鉢のために憍賞彌を往來し、食後に托鉢より歸りて世尊に近づき、禮敬して一隅に坐せり。一隅に坐するや、かの比丘等は世尊に白《まう》して次の如くいへり、「大徳よ、今優塡王の苑に出でし時、後宮火を失し、奢摩嚩帝を首《はじめ》として五百の婦女等死せり。大徳よ、かの優婆夷等の未來は如何。その來生は如何」と。世尊の宣はく、「こゝにかの優婆夷等にして預流に達せるものあり。一來に達せるものあり。不還に達せるものあり。比丘等よ、總てかの優婆夷等は死して果報なきにあらず」。世尊はこの事由を知りてその時、この優陀那を唱へたまへり、

「愚癡に縛せられたるこの世は可[6]能の相に見ゆ。本質《ほんぜち》に縛せられたる愚

人は闇黑に包まれて、永恆の如くに見ゆ。されど見るものには何物もあることなし」と。

小品第七

次の如き攝頌あり、

かくして二人の羅婆那跋提《ラクンタカバッテイヤ》あり、諸欲に執する有情二あり、羅婆《ラクンタ》、渴愛の滅盡、妄想の滅盡、迦旃延《カッチャーナ》、井戶、優塡《ウテーナ》なりと。

註❶ Compare: S. N. XXI, 6 Bhaddi vol. II p. 279. 雜阿含三十八卷(大正藏、二卷二七八頁) 別譯雜阿含一卷(大正藏、二卷三七四頁)參照。

❷否定の問に對する和文の例に從ひて譯せり。

❸Compare: S. N. XLI. 5 Kāmabhū vol. IV p. 291 p. 292. 雜阿含二十一卷(大正藏、二卷一四九頁)參照。

❹瑜伽師地論十九卷偈(大正藏、三十卷三八四頁)參照。

❺「妄想」の原語 papañca を戲論と譯するも可なり。

❻「可能の相」の原語 bhabbarūpa をよき相と譯するも可なり。

第八品　波吒離村人品

一

是の如く我聞けり。世尊は或る時、舍衞城の祇陀林なる給孤獨〔長者の遊〕園に住《とど》まりたまへり。その時、世尊は涅槃に關する法話を以て、比丘衆を敎示し激勵し鼓舞し悅喜せしめたまへり。その時、かの比丘等はそ〔の意義〕を理解し思惟し凡て心の中に統和し耳を傾けて法を聞けり。世尊はこの事由を知りて、その時、この優陀那を唱へたまへり、

「比丘等よ、かゝる處あり。そこには地も水も火も風も空無邊處も識無邊處も無所有處も非想非非想處もこれなく、此世他世もなく、月日の兩者もなし。比丘等よ、我はそれを來ともいはず、去ともいはず、住ともいはず、死ともいはず、生ともいはず。そこは依護なく轉生なく緣境なき處、是こそ苦の終りなれと我はいふ」と。

二

〔八の一に同じ〕　世尊はこの事由を知りて、その時、この優陀那を唱へたまへり、

「見難きは無我なりといふ。蓋し眞諦は見易からざればなり。知る人は愛を識知し、見る人には何ものもなし」と。

三

（八の一、二に同じ）　世尊はこの事由を知りて、その時、この優陀那を唱へたまへり、「比丘等よ、生ぜざるもの、あらざるもの、造られざるもの、作爲されざるものあり。比丘等よ、若しその生ぜず、あらず、造られず、作爲されざるものあらざれば、そこには生ぜるもの、あるもの、造られたるもの、作爲されたるものの出要はこれあらざるべし。比丘等よ、生ぜず、あらず、造られず、作爲されざるもののあるが故に、生ぜるもの、あるもの、造られたるもの、作爲されたるもの丶出要これあるなり」と。

四

（八の一、二、三に同じ）　世尊はこの事由を知りて、その時、この優陀那を唱へたまへり、「依止あるものには動轉あり、依止なきものには動轉なし。動轉なければ輕安あり。輕安あれば喜なし。喜なければ來去なし。來去なければ死生なし。死生なければ此世もなく他世もなく兩者の中間もなし。これこそ苦の終りなれ」と。

五[2]

是の如く我聞けり。世尊は或る時、大比丘衆と倶に末羅國に遊行して波婆《パーヷー》に達したまへり。こゝに世尊は波婆なる鍛工の子なる淳陀《チュンダ》の菴摩羅林に住《とど》まりたまへり。鍛工の子なる淳陀は、世尊の大比丘衆と倶に末羅國に遊行したまひて波婆に達し、波婆なる己の菴摩羅林に住まりたまふ」といふを聞けり。鍛工の子なる淳陀は世尊に近づきて禮敬し一隅に坐せり。一隅に坐するや、世尊は鍛工の子なる淳陀をば法話によりて敎示し激勵し鼓舞し悅喜せしめたまへり。鍛工の子なる淳陀は世尊によりて敎示せられ激勵せられ鼓舞せられ悅喜せしめられて、世尊に白《まう》して次の如くいへり、「大德よ、世尊の比丘衆と倶に我が明日の食供養を受けたまはんことを」と。世尊は默してこれを諾したまへり。鍛工の子なる淳陀は世尊の諾したまひしことを知りて、座より起ち、世尊に禮敬し、右繞の禮をなして去れり。鍛工の子なる淳陀はその夜更けて後、己が家にて優れ

たる硬き又は軟き食物及び多量の栴[3]檀樹茸を用意せしめ、次の如くいひて世尊
82 に時を知らしめたり、「大徳よ、今、正に食事調へり」と。世尊は朝時內衣を著け鉢衣を携へて、比丘衆と倶に鍛工の子なる淳陀の家に近づき、設けられたる座に著きたまへり。座に著きたまふや、世尊は鍛工の子なる淳陀に次の如く宣へり、「淳陀よ、汝が調へたる栴檀樹茸を以て唯我のみを供養せよ。而して〔同じく〕調へたる他の硬き又は軟き食物を以て比丘衆を供養せよ」と。「諾、大徳よ」と鍛工の子なる淳陀は世尊に應諾して、調へたる栴檀樹茸を世尊に供養し、〔同じく〕調へたる他の硬き又は軟き食物を以て比丘衆を供養せり。世尊は又鍛工の子なる淳陀に告げて宣はく、「淳陀よ、殘りたる栴檀樹茸は汝穴を掘りてこれを埋めよ。淳陀よ、我は人・天・魔・梵の世界に於て、沙門・婆羅門・人・天を合せたる集りに於て、如來を外にしてはそを食ひて十分に消化し得るものあるを見ず」と。「諾、大徳よ」と鍛工の子なる淳陀は世尊に應諾して、殘りたる栴檀樹茸を穴に埋め世尊に近づきて、禮敬し一隅に坐せり。一隅に坐するや、世尊は鍛工の子なる淳陀を法話によりて教示し激勵し鼓舞し悅喜せしめたまひ、座より起ちて去りたまへり。鍛工の

子なる淳陀の供養物を食したまへる世尊には激しき病起り、血痢にして死に近き〔程の〕強痛起れり。茲に於てか世尊は正念正智にして苦しむことなくして耐へ忍びたまへり。世尊は尊者阿難に告げて次の如く宣へり、「阿難よ、〔いざ〕我等拘尸那羅に赴かん」と。「諾、大徳よ」と尊者阿難は世尊に應諾せり。

「是の如く我聞けり。鍛工の子なる淳陀の供養物を食ひて雄者は激しく死に近き〔程の〕重き病に罹りたまへり。

栴檀樹茸を食したまへる師には重き病起れり。世尊は血痢しつゝも「我は拘尸那羅の都に赴かん」と宣へり」。

83 時に世尊は道より下りて、一樹の下《もと》に近づき、尊者阿難に次の如く宣へり、「汝、阿難よ、願くは我がために四重の僧伽梨衣を敷け。我疲れたり。憩はんと欲す」と。「諾、大徳よ」と、尊者阿難は世尊に應諾して四重の僧伽梨衣を敷けり。世尊は設けられたる座に著きたまへり。座に著きたまふや、世尊は尊者阿難に次の如く宣へり、「汝、阿難よ、願くは我に水を持ち來れ。我渇きたり。阿難よ、我水を飲まんと欲す」と。かく宣ふや、尊者阿難は世尊に白《まう》して次の如くいへり、「大徳よ、今五百輛の車通過したり。車輪によりて斷たれたる、その水は淺く、搔き亂され濁りて流るゝなり。大德よ、かの迦屈嗟《ククッター》河は近くにあり、清淨にして甘美・淸涼透明・昇降に便にして快適なり。世尊はその處に於て水を飲み肢體を冷したまふべし」と。再び世尊は尊者阿難に次の如く宣へり、「阿難よ、願くは我に水を持ち來れ。我渴きたり。阿難よ、我水を飲まんと欲す」と。再び尊者阿難は世尊に白《まう》して次の如くいへり、「大德よ、今……乃至……肢體を冷したまふべし」と。三たび世尊は尊者阿難に次の如く宣へり、「汝阿難よ、願くは……乃至……水を飲まんと欲す」と。「諾、大德よ」と尊者阿難は世尊に應諾し、鉢を携へて、その河に近づけり。その河は車輪によりて斷たれ、淺く、搔き亂され濁りて流れつゝありしが、尊者阿難の近づくや、清く澄み濁りなくして流れたり。尊者阿難は「〔噫〕實に不可思議なり、〔噫〕實に未曾有なり。如來の大神力あり、大威力あることや。この河は車輪によりて斷たれ、淺く、搔き亂され濁りて流れつゝありしが、我近づくや、清く澄み濁りなくして流るゝなり」といひて、鉢にて水を携へ世尊に近づきて次の如く白《まう》せり、「大德よ、不可思議なり。大德よ、未曾有なり。如來の……濁りなくして流れつゝ

84 あり。世尊の水を飲みたまはんことを。善逝の水を飲みたまはんことを」と。

世尊は水を飲みたまへり。

世尊は大比丘衆と倶に迦屈嗟河に近づき迦屈嗟河に入り、水を浴び、水を飲み、再び出でて菴摩羅林に近づき尊者淳陀に次の如く宣へり、「汝、淳陀よ、願くは我に四重の僧伽梨衣を敷け。我疲れたり。臥せんと欲す」と。「諾、大徳よ」と尊者淳陀は世尊に應諾して四重の僧伽梨衣を敷けり。世尊は〔速かに〕起たんとの想を抱きて、正念正智にして足を重ねて、右脇を下にし、獅子の臥に〔傚ひて〕臥したまへり。尊者淳陀はそこにて世尊の面前に坐せり。

「佛陀は清く甘く澄める迦屈嗟河に赴きて、師卽ちこの世に並びなき如來
は痛く疲れたる姿體にて水中に飛び入りたまへり。水を浴び水を飲み
[4]比丘衆の群中にて尊ばれたまへる師は水を出で來りたまへり。
玆に師・世尊・法を轉ずる人・大聖は菴摩羅林に近づきたまへり。
淳陀と名づくる比丘を呼びて次の如く宣へり、『我がために[5]四重のもの
を擴げよ。我臥せんと欲す』と。

彼淳陀は修練せる人、〔佛〕にせかれて四重のものを速かに敷けり。
師は痛く疲れたる姿體にて臥したまへり。
淳陀はそこにて〔佛〕の面前に坐せり」と。

時に世尊は尊者阿難に次の如く宣へり、「阿難よ、鍛工の子なる淳陀にかくいひて或は追悔の念を起さしむるものあらん、『法友淳陀よ、如來が汝の最後の供養を受けて、涅槃に入りたまふことは汝の不利益なり、汝の悪得なり』と。阿難よ、
85 鍛工の子なる淳陀の追悔の念は次の如くいひて滅除せらるべきなり、『法友淳陀よ、如來が汝の最後の供養を受けて、涅槃に入りたまふことは汝の利益なり、汝の善得なり。法友淳陀よ、我は世尊の面前にありてこれを聞けり。面前にありて受納したり。〔卽ち〕これ等二つの供養は正に相等しき結果あり、果報あり、他の供養よりも遙かに大なる結果あり、果報あり。何をか二といふ。その供養物を食して如來は無上の等覺を得たまふと又その供養物を食して無餘涅槃に入りたまふと、これ等二つの供養は正に相等しき結果あり、果報あり、他の供養よりも遙かに大なる結果あり、果報あり。鍛工の子なる尊者淳陀は壽命增長の業を積

みたり。尊者淳陀は麗色増長の業を積みたり。尊者淳陀は福樂増長の業を積みたり。尊者淳陀は生天の助となるべき業を積みたり。尊者淳陀は稱譽増長の業を積みたり。尊者淳陀は主權を得るの助けとなるべき業を積みたり」と。是の如くして鍛工の子なる淳陀の追悔の念は滅除せらるべきなり」と。世尊はこの事由を知りて、その時この優陀那を唱へたまへり、

[6]「與ふるものにこそ功徳は増さるゝなれ。自ら制するものには怨恨の積まることなし。善巧者は惡を捨て、貪瞋癡の滅盡よりして般涅槃に入れり」と。

六[7]

是の如く我聞けり。世尊は或る時、大比丘衆と倶に摩揭陀國に遊行して波吒《パータ》離村《リガーマ》に達したまへり。波吒離村の優婆塞等は「世尊の大比丘衆と倶に摩揭陀國を遊行して、波吒離村に達したまへり」といふを聞けり。波吒離村の優婆塞等は世尊に近づき、禮敬して一隅に坐せり。一隅に坐するや、波吒離村の優婆塞等は世尊に白《まう》して次の如くいへり、「大徳よ、世尊は我等の休息堂の供養を受けたま

はんことを」と。世尊は默してこれを諾したまへり。波吒離村の優婆塞等は世尊の諾したまへることを知りて座より起ち、世尊に禮敬し、右繞の禮をなして、かの休息堂に近づけり。近づきて、總て敷物を休息堂に敷きつめて、座を設け、水瓶を備へて、胡麻油の燈火を用意し世尊に近づけり。近づきて、世尊に禮敬し一隅に立てり。一隅に立ちて、波吒離村の優婆塞等は世尊に白して次の如くいへり、「大德よ、休息堂は總て敷物を以て敷かれ、座は設けられ、水瓶は備へられ、胡麻油の燈火も用意せられたり。世尊は今正に時よしと思惟したまはば、そをなしたまへ」と。世尊は朝時內衣を著け、鉢衣を携へて比丘衆と倶に休息堂に近づき足を洗ひて、休息堂に入り、中央の柱に倚り、東方に向ひて坐したまへり。比丘衆も亦足を洗ひて、休息堂に入り、中央の壁に倚りて、世尊を前にし、東方に向ひて坐せり。波吒離村の優婆塞等も亦足を洗ひて、休息堂に入り、東方の壁に倚りて、世尊を前にし、西方に向ひて坐せり。

世尊は波吒離村の優婆塞等に告げて次の如く宣へり、「居士等よ、汚戒者の破戒には、これ等五種の患難あり。何をか五種となす。㈠こゝに居士等よ、汚戒者破戒者は放逸を原《もと》として大なる失財に逢ふ。これ汚戒者破戒の第一の患難なり。㈡復次に居士等よ、汚戒者破戒者には悪名聞起る。これ汚戒者破戒の第二の患難なり。㈢復次に居士等よ、汚戒者破戒者は如何なる類《たぐひ》の集會に入るにもせよ、そが剎帝利の集會にてもあれ、婆羅門の集會にてもあれ、居士の集會にてもあれ、沙門の集會にてもあれ、自信なく恥ぢらひてこれに入る。これ汚戒者破戒
87 の第三の患難なり。㈣復次に居士等よ、汚戒者破戒者は迷ひ惑ひて死す。これ汚戒者破戒の第四の患難なり。㈤復次に居士等よ、汚戒者破戒者は身壊れ命終りて後、悪生・悪趣・墮處・地獄に生る。これ汚戒者破戒の第五の患難なり。居士等よ、これ等は汚戒者破戒の五種の患難なり。

居士等よ、持戒者の成戒にはこれ等五種の功徳あり。何をか五種となす。㈠こゝに居士等よ、持戒者成戒者は不放逸を原《もと》として大なる積財を得。これ持戒者成戒の第一の功徳なり。㈡復次に居士等よ、持戒者成戒者には好名聞起る。これ持戒者成戒の第二の功徳なり。㈢復次に居士等よ、持戒者成戒者は如何なる類《たぐひ》の集會にもせよ、そが剎帝利の集會にてもあれ、婆羅門の集會にてもあれ、居

士の集會にてもあれ、沙門の集會にてもあれ、自信あり恥ぢらふことなく、これに入る。これ持戒者成戒の第三の功德なり。㈣復次に居士等よ、持戒者成戒者は迷ひ惑ふことなくして死す。これ持戒者成戒の第四の功德なり。㈤復次に居士等よ、持戒者成戒者は身壞れ命終りて後、善趣·天界に生る。これ持戒者成戒の第五の功德なり。居士等よ、これ等は持戒者成戒の五種の功德なり」と。

世尊は波吒離村の優婆塞等を夜の更くるまで、法話によりて敎示し激勵し鼓舞し悅喜せしめたまひ、次の如くいひて、〔彼等を〕去らしめたまへり、「居士等よ、夜は更けたり。今正に時よしと思はばそをなせ」と。波吒離村の優婆塞等は世尊の法話を歡受し、隨喜して座より起ち、世尊を禮敬し、右繞の禮をなして去れり。

波吒離村の優婆塞等去りて久しからざるに、世尊は空屋に入りたまへり。その[88]時、摩揭陀の大臣須尼陀《スニーダ》と禹舍《ヴッサカーラ》とは跋闍《ヴッザ》族を防がんがために波吒離村に都を築きつゝありき。時に千といふ多數の天人ありて、波吒離村に於て土地を占有せり。某の場所にて大力ある天人等の土地を占有せるや、そこは大力ある王者や王大臣が住居を作らんとて心を傾けたる處なりき。某の場所にて中位の天人等の土地を占有せるや、そこは中位の力ある王者や王大臣が住居を作らんとて心を傾けたる處なりき。某の場所にて力劣れる天人等の土地を占有せるや、そこは力劣れる王者や王大臣が住居を作らんとて心を傾けたる處なりき。世尊は清淨にして人〔眼〕を超えたる天眼を以て、それ等千といふ多くの天人等の波吒離村の土地を占有せるを見たまへり。某の場所にて大力ある……住居を作らんとて心を傾けたる處なりき。某の場所にて中位の……住居を作らんとて心を傾けたる處なりき。某の場所にて力劣れる……住居を作らんとて心を傾けたる處なりき。世尊は夜の明け方起き出でて尊者阿難に告げて次の如く宣へり、「阿難よ、何人か波吒離村に於て都を築かんとするぞ」と。答へて曰く、「大德よ、摩揭陀の大臣須尼陀と禹舍とは跋闍族を防がんがために、波吒離村に都を築かんとするなり」と。世尊は次の如く宣へり、「阿難よ、恰も三十三天〔の天子〕と倶に協議したるが如く、阿難よ、摩揭陀の大臣須尼陀と禹舍とは跋闍族を防がんがために波吒離村に於て都を築きつゝあり。阿難よ、こゝに我は清淨にして人〔眼〕を超えたる天眼を以て、千といふ多くの天人等の波吒離村に於て土地を占有せるを見たり。某の場所にて……作らんとて心を傾けたる處なりき。〔三たび〕阿難よ、この處が貴き場所たる限り、商賈の通路たる限り、こゝは貨物の〔積〕卸に於て第一の都たらん。〔されど〕阿難よ、波吒離子〔城〕には火水及び離間の三障難あらん」と。

摩揭陀の大臣須尼陀と禹舍とは世尊に近づきて互に禮を交し、悅喜すべき話、記憶すべき話をなして一隅に立てり。一隅に立ちて、摩揭陀の大臣須尼陀と禹
89 舍とは世尊に次の如く白《まう》せり、「尊〔師〕瞿曇は比丘衆と倶に今日我等の食供養を受けたまはんことを」と。世尊は默してこれを諾したまへり。摩揭陀の大臣須尼陀と禹舍とは世尊の諾したまへることを知りて、己の家に赴けり。赴きて、己の家にて、優れたる硬き又は軟き食物を用意せしめ次の如くいひて、世尊に時を知らせり、「尊〔師〕瞿曇よ、今、正に食事調へり」と。世尊は朝時內衣を著け鉢衣を携へて、比丘衆と倶に摩揭陀の大臣須尼陀と禹舍との家に近づき、設けられたる座に著きたまへり。摩揭陀の大臣須尼陀と禹舍とは佛陀を首とせる比丘衆をば優れたる硬き又は軟き食物を以て、己の手にて飽きて謝するに至るまで供養したり。摩揭陀の大臣須尼陀と禹舍とは世尊の食し了りて、鉢より手を下《おろ》したま

へるを見、一つの低き座をとりて一隅に坐せり。一隅に坐せる摩掲陀の大臣須尼陀と禹舍とに對して世尊は次の偈を以て、隨喜の意を述べたまへり、

「某の地方に賢き性質のもの等住居を定めて、戒德あり、自制あり、梵行あるものを養ひ、

そこにありし天人等は彼等に供養物を捧ぐれば、彼等は供養せられて、自ら彼を供養し、尊敬せられて自ら彼を尊敬す。それより恰も母のその實子を愛撫するが如くに、彼を憐む。

天人に惠を受けたる人は常に善福を見る」と。

世尊は摩掲陀の大臣須尼陀と禹舍とに對し、この偈を以て隨喜の意を表し、座より起ちて去りたまへり。その時、摩掲陀の大臣須尼陀と禹舍とは世尊の後より從ひ行けり。而して次の如く思へり、「今日沙門瞿曇の門より出でたまはば、その門を瞿曇門と名づけん。某の渡場より恆河を渡りたまはば、その渡場を瞿曇渡場と名づけん」と。世尊は門より出でたまへり。その門を瞿曇門と名づけたり。世尊は恆河に近づきたまへり。その時、恆河は烏が水を飮み得る程に岸

と同じ高さに〔水〕滿ちたりき。此岸より彼岸に赴かんと欲して或る人々は舟を搜せり。或る人々は筏を搜せり。或る人々は桴を作れり。世尊は恰も力士が曲げたる腕を伸ばし、伸ばせる腕を曲ぐるが如く、〔速かに〕比丘衆と倶に恒河の此岸より沒して彼岸に立ちたまへり。此岸より彼岸に渡らんと欲して、かの人人の或るものは舟を搜し、或るものは筏を搜し、或るものは桴を作れるを世尊は見たまへり。世尊はこの事由を知りて、その時、この優陀那を唱へたまへり、

「或るものは橋を作り沼を捨てゝ河海を渡る。世の〔愚なる〕人々の桴を作る間に、かゝる賢者は渡り過ぐるなり」と。

七

是の如く我聞けり。世尊は或る時、隨僧那伽娑摩羅《ナーガサマーラ》と倶に憍薩羅國に於て、大道に從ひて歩みたまへり。尊者那伽娑摩羅は途中岐路を見たり。見て、世尊に白《まう》して次の如くいへり、「大德世尊よ、これ我等の道なり、我等これを行かん」と。かくいふや、世尊は那伽娑摩羅に告げて宣へり、「那伽娑摩羅よ、これ我等の道なり、我等これを行かん」と。（中略）三たび尊者那伽娑摩羅は世尊に白《まう》して次の如く

いへり、「大德世尊よ、これ我等の道なり、我等これを行かん」と。尊者那伽娑摩羅は「大德世尊よ、鉢衣こゝにあり」といひて、世尊の鉢衣をそこなる大地に捨てゝ去れり。尊者那伽娑摩羅がその道を行くや、途中盜人あり、出で來りて手足を打ち
91 鉢を毀《こは》し僧伽梨衣を裂きたり。尊者那伽娑摩羅は毀されたる鉢を持ち裂かれたる僧伽梨衣を携へて世尊に近づき、禮敬して一隅に坐せり。一隅に坐するや、尊者那伽娑摩羅は世尊に白《まう》して次の如くいへり、「大德よ、我かの道を行くや、途中盜人あり、出で來りて手足を打ち鉢を毀し僧伽梨衣を裂けり」と。世尊はこの事由を知りて、その時、この優陀那を唱へたまへり、

「俱に行じ一處に住し他の人々と混ぜる智者は惡を知りて捨つること、恰も乳を飲む蒼鷺の水を捨てゝ乳のみを飲むが如し」と。

八

是の如く我聞けり。世尊は或る時、舍衛城の東園なる鹿母講堂に住《とど》まりたまへり。その時、鹿母毘舍佉の〔甚だ〕愛すべく喜ぶべき孫死せり。鹿母毘舍佉は濡れたる衣服、濡れたる毛髮のまゝにて、日中世尊に近づき、禮敬して一隅に坐せり。

一隅に坐するや、世尊は鹿母毘舎佉に告げて次の如く宣へり、「毘舎佉よ、何が故に汝は濡れたる衣服、濡れたる毛髪のまゝにて、日中こゝに來れるや」と。答へて曰く、「大徳よ、妾が〔甚だ〕愛すべく喜ぶべき孫死せり。妾はこの故に濡れたる衣服、濡れたる毛髪のまゝにて、日中こゝに來れるなり」と。世尊の宣はく、「毘舎佉よ、汝は舍衛城に於てあらん限りの人數の子と孫とを〔得んと〕望むや」と。答へて曰く、「世尊よ、妾はそこにあらん限りの人數の子と孫とを〔得んと〕望むなり」と。世尊の宣はく、「毘舎佉よ、されど舍衛城に於ては日々幾何の人々死するや」と。答へて曰く、「大徳よ、舍衛城に於ては日々十人の人々死することあり。九人の人々……八人……七人……六人……五人……四人……三人……二人……大徳よ、舍衛城に於て日々唯一人の人のみ死することあり。大徳よ、舍衛城に於て人人の死せざることとなきなり」と。世尊の宣はく、「毘舎佉よ、汝はそを如何に考ふるや、汝は何時何處にて濡れたる衣服を著け、濡れたる毛髪をなすことなからん
92
や」と。答へて曰く、「大徳よ、否[8]、かくの如きことこれあるべし。大徳よ、妾にはそれ程多くの子や孫は不用なり」と。世尊は次の如く宣へり、「毘舎佉よ、百の愛す

るものを持てる人には百の苦しみあり。九十の愛するものを持てる人には九十の苦しみあり。八十の愛するものを持てる人には八十の苦しみあり。七十の愛するものを持てる人には七十の苦しみあり。六十の愛するものを持てる人には六十の苦しみあり。五十の愛するものを持てる人には五十の苦しみあり。四十の愛するものを持てる人には四十の苦しみあり。三十の愛するものを持てる人には三十の苦しみあり。二十の愛するものを持てる人には二十の苦しみあり。十の愛するものを持てる人には十の苦しみあり。九の愛するものを持てる人には九の苦しみあり。八の愛するものを持てる人には八の苦しみあり。七の愛するものを持てる人には七の苦しみあり。六の愛するものを持てる人には六の苦しみあり。五の愛するものを持てる人には五の苦しみあり。四の愛するものを持てる人には四の苦しみあり。三の愛するものを持てる人には三の苦しみあり。二の愛するものを持てる人には二の苦しみあり。一の愛するものを持てる人には一の苦しみあり。愛するものを持たざる人には亦苦もなし。彼等には憂悲なく塵垢なく絶望なしと我はいふ」と。世尊はこ

の事由を知りて、その時、この優陀那を唱へたまへり、

「何人にもせよ、この世にて諸の形に於て憂や悲や苦あるもの、これ等は喜[9]を緣として存す。喜なき處にはこれ等もなし。それ故にこの世の何處にも喜なき彼等は安樂にして憂なし。されば無憂離塵を望むものはこの世の何處にも喜を生ずることなかれ」と。

九[10]

是の如く我聞けり。世尊は或る時、王舍城の竹林、迦蘭陀迦園に住《とど》まりたまへり。尊者陀驃摩羅子《ダッバマッラプッタ》は世尊に近づきて、禮敬し一隅に坐せり。一隅に坐するや、尊者陀驃摩羅子は世尊に白《まう》して次の如くいへり、「善逝よ、今は我が涅槃の時なり」と。世尊の宣はく、「陀驃よ、汝今正に時よしと思はばそをなせ」と。尊者陀驃摩羅子は座より起ちて、世尊を禮敬し右繞の禮をなして空中に飛び上り、中空に趺坐を組みて火大定に住し、出でて涅槃に入れり。空中に飛び上り、中空に趺坐
93 を組みて火大定に住し、出でて涅槃に入れる尊者陀驃摩羅子の身體の荼毘に附せられ、燒かれつゝある時、灰も煤も見られざりき。恰も醍醐味や胡麻油の燒か

れ燃やされたる時、灰も煤も殘らざる如く、空中に飛び上り、中空に趺坐を組みて火大定に住し、出でて涅槃に入れる尊者陀驃摩羅子の身體の荼毘に附せられ燒かれつゝある時、灰も亦煤も見られざりき。世尊はこの事由を知りて、その時、この優陀那を唱へたまへり、

「身は壞れ想は滅び受も亦總て燒き失せたり。諸行は止息せり。意識は滅盡に達したり」と。

一〇

是の如く我聞けり。世尊は或る時、舍衛城の祇陀林なる給孤獨〔長者の遊〕園に住《と》まりたまへり。その時、世尊は比丘等を呼びて、「比丘等よ」と宣へり。「大德よ」とかの比丘等は世尊に應諾せり。世尊は次の如く告げたまへり、「比丘等よ、陀驃摩羅子は空中に飛び上りて……灰も亦煤もなかりき。（八の九に同じ）恰も醍醐味や胡麻油の……灰も亦煤もなきが如く、比丘等よ、空中に飛び上り……涅槃に入れる陀驃摩羅子……灰もなく亦煤もなかりき」と。世尊はこの事由を知りて、その時、この優陀那を唱へたまへり、

「鐵斧にて打たれたる焔々たる火花の次第次第に消え失せて、何人もその行方を知らざる如く、よく解脱を得、欲や束縛の大海を超え、動搖なき安樂に達したるもの丶行方は知るべきなし」と。

波吒離村人品第八

94

茲に次の如き攝頌あり、

涅槃は四度語られ、淳陀《チュンダ》、波吒離《パータリ》村人、岐路、毘舍佉、陀驃《ダッバ》と共に、この十なりと。

註❶ Compare: Itivuttaka 43 P. 37.

❷ Compare: D. N. XVI Mahāparinibbāna-suttanta vol. II. pp. 41-43; 47-48. 長阿含三巻遊行經(大正藏、一巻一八―二〇頁)參照。

❸ 註釋三九九頁に「スーカラマッダワンとは豚の柔く脂多き生の肉なりと大註疏(Mahaṭṭhakathā)にいはれてあり。然るに或るものはスーカラマッダワンとは豚肉にあらずして豚によりて蹂み躙じられし筍なりといふ。又或るものは豚によりて蹂みつけられし處に生じたる『蛇の傘』(といふ蕈)なりといふ。然るに又或るものはスーカラマッダワンとは或味よきものとなせり」とあり。併し今は長阿含三巻遊行經(大正藏、一巻一八頁)により栴檀樹耳(茸)となす。

❹「比丘衆の群中にて尊ばれたまへる師」の原文 satthā purakkhato bhikkhugaṇassa majjhe を師は比丘衆の群中に先だちてとなすも可なり。

❺四重のものとは四重の衣なり。

❻瑜伽師地論十九巻偈(大正藏、三十巻三八五頁)參照。

❼Compare: D. N. XVI. Mahāparinibbāna-suttanta vol. II. pp. 10-15; Mv. VI, 28 pp. 226-230. 長阿含二巻遊行經(大正藏、一巻一二—一三頁)參照。

❽「否、かくの如きことこれあるべし」は本文にては no h'etaṁ なれど否定の問に對する和文の例に從ひてかく譯したり。

❾喜の原語 Piya を愛著と譯するも可なり。

❿⓫雜阿含三十八巻(大正藏、二巻二八〇頁) 別譯雜阿含一巻(大正藏、二巻三七八頁)參照。

この第一品は最上菩提にして、この第二品は目眞隣陀なり。最上難陀品は第三にして、最上彌醯品は第四なり。第五の最上品は蘇那にして、第六最上品は生盲なり。第七最上品は小〔品〕にして、第八品は最上波吒離村人〔品〕なり。

この八品、八十に滿てる最上經はこれ無垢の具眼者により、信心を以て分類せられ、指示せられたり。これを自説經《ウダーナ》とはいふなり。

如是語經（イティヴッタカ）

かの世尊應供、正[1]自覺者に歸命す。

一集 第一品

一[2]（一・一・一）

げにこれを世尊は說き應供は說き給へりと我聞けり。「比丘衆よ、一法を斷つべし。汝等よ、我は不還果の[3]成就者なり。何れの一法ぞ。比丘衆よ、貪の一法を斷つべし。汝等よ、我は不還果の成就者なり」と。この義を世尊は宣ひ此處に次のごとく說き給ふ、

「貪婪の有情は、貪によりて惡趣に行く、
勝觀の者はその貪を、正しく知りて斷つ、

斷ちてこの世に、決して再來せず」と。

世尊はこの義をも亦說き給へりと我聞けり、と。

二[4]（一・一・二）

げにこれを世尊は說き給へりと我聞けり。「比丘衆よ、一法を斷つべし。汝等よ、我は不還果の成就者なり。何れの一法ぞ。比丘衆よ瞋の一法を
2 斷つべし。汝等よ、我は不還果の成就者なり」と。この義を世尊は宣ひ此處に次のごとく說き給ふ、

「瞋れる有情は、瞋によりて惡趣に行く、
勝觀の者はその瞋を、正しく知りて斷つ、
斷ちてこの世に、決して再來せず」と。

世尊はこの義をも亦說き給へりと我聞けり、と。

三[5]（一・一・三）

げにこれを世尊は說き給へりと我聞けり。「比丘衆よ、一法を斷つべし。汝等よ、我は不還果の成就者なり。何れの一法ぞ。比丘衆よ、癡の一法を

断つべし。汝等よ、我は不還果の成就者なり」と。この義を世尊は宣ひ此處に次のごとく說き給ふ、

「癡れる有情は、癡によりて悪趣に行く、
勝觀の者はその癡を、正しく知りて斷つ、
斷ちてこの世に、決して再來せず」と。

世尊はこの義をも亦說き給へりと我聞けりと。

四⑥(一・一・四)

げにこれを世尊は說き應供は說き給へりと我聞けり。「比丘衆よ、一法を斷つべし。汝等よ、我は不還果の成就者なり。何れの一法ぞ。比丘衆よ、忿の一法を斷つべし。汝等よ、我は不還果の成就者なり」と。この義を世尊は宣ひ此處に次のごとく說き給ふ、

「忿れる有情は、忿によりて悪趣に行く、
勝觀の者はその忿を、正しく知りて斷つ、
斷ちてこの世に、決して再來せず」と。

3

世尊はこの義をも亦說き給へりと我聞けり、と。

五[7](一・一・五)

げにこれを世尊は說き應供は說き給へりと我聞けり。「比丘衆よ、一法を斷つべし。汝等よ、我は不還果の成就者なり。何れの一法ぞ。比丘衆よ、覆の一法を斷つべし。汝等よ、我は不還果の成就者なり」と。この義を世尊は宣ひ此處に次のごとく說き給ふ、

「覆へる有情は、覆によりて惡趣に行く、
勝觀の者はその覆を、正しく知りて斷つ、
斷ちてこの世に、決して再來せず」と。

世尊はこの義をも亦說き給へりと我聞けり、と。

六[8](一・一・六)

げにこれを世尊は說き應供は說き給へりと我聞けり。「比丘衆よ、一法を斷つべし。汝等よ、我は不還果の成就者なり。何れの一法ぞ。比丘衆よ、慢の一法を斷つべし。汝等よ、我は不還果の成就者なり」と。この義を世尊は宣ひ此處に次

のごとく說き給ふ、

「おごれる有情は、慢によりて惡趣に行く、
勝觀の者はその慢を、正しく知りて斷つ、
斷ちてこの世に、決して再來せず」と。

世尊はこの義をも亦說き給へりと我聞けり、と。

七[9]（一・一・七）

げにこれを世尊は說き應供は說き給へりと我聞けり。「比丘衆よ、一切を通知せず遍知せず、それに就きて心を拋棄せず斷ぜざる者は苦を盡す能はず。されど、[4]比丘衆よ、一切を通知し遍知し、それに就きて心を拋棄し斷ぜる者は苦を盡すを得」と。この義を世尊は宣ひ此處に次のごとく說き給ふ、

「一切を一切より知り、[10]いつも貪らざる者、
そは實に遍き智もて、一切の苦をば超ゆ」と。

世尊はこの義をも亦說き給へりと我聞けり、と。

八[11]（一・一・八）

げにこれを世尊は説き應供は説き給へりと我聞けり。「比丘衆よ、慢を通知せず遍知せず、それに就きて心を拋棄せず斷ぜざる者は苦を盡す能はず。されど、比丘衆よ、慢を通知し遍知し、それに就きて心を拋棄し斷ぜる者は苦を盡すを得」と。この義を世尊は宣ひ此處に次のごとく説き給ふ、

「慢をもてる⑫慢にいましめられし人々は、有を喜べり、

慢を遍く知らざる者は轉生せむ。

慢を無みし、慢を斷ちて解脱せる者は、

そは慢結を伏して、一切苦をば越えたり」と。

世尊はこの義をも亦説き給へりと我聞けり、と。

5

九⑬(一・一・九)

げにこれを世尊は説き應供は説き給へりと我聞けり。「比丘衆よ、貪を通知せず遍知せず、それに就きて心を拋棄せず斷ぜざる者は苦を盡す能はず。されど、比丘衆よ、貪を通知し遍知し、それに就きて心を拋棄し斷ぜる者は苦を盡すを得」と。この義を世尊は宣ひ此處に次のごとく説き給ふ、

「貪婪の有情は、貪によりて悪趣に行く、
勝観の者はその貪を、正しく知りて斷つ、
斷ちてこの世に、決して再來せず」と。
世尊はこの義をも亦說き給へりと我聞けり、と。

一〇［14］（一・一・一〇）

げにこれを世尊は說き應供は說き給へりと我聞けり。「比丘衆よ、瞋を通知せず遍知せず、それに就きて心を拋棄せず斷ぜざる者は苦を盡す能はず。されど、比丘衆よ、瞋を通知し遍知し、それに就きて心を拋棄し斷ぜる者は苦を盡すを得」と。この義を世尊は宣ひ此處に次のごとく說き給ふ、

6 「瞋れる有情は、瞋によりて悪趣に行く、
勝観の者はその瞋を、正しく知りて斷つ、
斷ちてこの世に、決して再來せず」と。
世尊はこの義をも亦說き給へりと我聞けり、と。

成就者品　第一

その攝頌

貪(一)、瞋(二)、及び癡(三)、忿(四)、覆(五)、慢(六)、一切(七)、
慢(八)、貪(九)、瞋(一〇)、更に⑮二つを說ける品を第一と言へり。

註 ❶ Visuddhimagga p. 201 により「自覺者」と譯せり。

❷ 本事經一三(大正藏、一七卷六六五頁)　增一阿含卷第五、不逮品第十一・一(大正藏、二卷五六六頁)參照。

❸ 成就者とは債主が負債者より貸金を得たるが如く不還果を得たる者、證せる者との意なり(註釋、暹羅版 Itivuttakavaṇṇanā 四九頁)參照。

❹ 本事經一四(大正藏、一七卷六六五頁)　增一阿含卷第五、不逮品第十一・二(大正藏、二卷五六六頁)參照。

❺ 本事經一五(同上)　增一阿含卷第五、不逮品第十一・三(同上)參照。

❻ 本事經一八(同上)參照。

❼ 本事經一六(同上)參照。

❽ 本事經二三(同六六六頁)參照。

❾ 本事經四七(同六七〇頁)參照。

❿ 過去等により一切諸種の有身法を貪らず、聖道に達するを以て貪等を生じないとの意なり(註釋七〇頁)。

⑪本事經四五(同上)參照。
⑫蛆・蠕蟲・蝗等の自性と雖も、慢によりて束縛され、慢結と相應する。さればこそ長夜住し、利己心によりて「これは我ものなり」と諸行を非常に執する。こゝに於て常・樂・我等の顚倒心をもつて欲等の有を喜ぶなり(註釋七〇頁)。
⑬本事經三五(同六六八頁)參照。
⑭本事經三六(同上)參照。
⑮「二つ」とは第九・第一〇の二偈を指す。此の兩偈は第一・第二の再說なり。

一集　第二品

一一[1](一・二・一)

げにこれを世尊は說き應供は說き給へりと我聞けり。「比丘衆よ、癡を通知せず遍知せず、それに就きて心を拋棄せず斷ぜざる者は苦を盡す能はず。されど、比丘衆よ、癡を通知し遍知し、それに就きて心を拋棄し斷ぜる者は苦を盡すを得」と。この義を世尊は宣ひ此處に次のごとく說き給ふ、

「癡れる有情は、癡によりて惡趣に行く、
勝觀の者はその癡を、正しく知りて斷つ、
斷ちてこの世に、決して再來せず」と。

[7]世尊はこの義をも亦說き給へりと我聞けり、と。

❷一二（一・二・二）

げにこれを世尊は說き應供は說き給へりと我聞けり。「比丘衆よ、忿を通知せず遍知せず、それに就きて心を拋棄せず斷ぜざる者は苦を盡す能はず。されど、比丘衆よ、忿を通知し遍知し、それに就きて心を拋棄し、斷ぜる者は苦を盡すを得」と。この義を世尊は宣ひ此處に次のごとく說き給ふ、

「忿れる有情は、忿によりて惡趣に行く、
勝觀の者はその忿を、正しく知りて斷つ、
斷ちてこの世に、決して再來せず」と。

世尊はこの義をも亦說き給へりと我聞けり、と。

❸一三（一・二・三）

げにこれを世尊は說き給へりと我聞けり。「比丘衆よ、覆を通知せず遍知せず、それに就きて心を拋棄せず斷ぜざる者は苦を盡す能はず。されど、比丘衆よ、覆を通知し遍知し、それに就きて心を拋棄し斷ぜる者は苦を盡すを得」と。この義を世尊は宣ひ此處に次のごとく說き給ふ、

「覆へる有情は、覆によりて惡趣に行く、
勝觀の者はその覆を、正しく知りて斷つ、
斷ちてこの世に、決して再來せず」と。

世尊はこの義をも亦說き給へりと我聞けり、と。

一[4]四（一・二・四）

8 げにこれを世尊は說き給へりと我聞けり。「比丘衆よ、我は他に[5]一[6]蓋と雖も[7]隨觀せず。比丘衆よ、蓋によりて覆はれし群生の長時に馳騁し流轉すること無明蓋の如くなるを。何となれば、比丘衆よ、無明蓋によりて覆はれし群生は長時に馳騁し流轉すればなり」と。この義を世尊は宣ひ此處に次のごとく說き給ふ、

「他に一法もなし、有覆の群生の、
日に夜に流轉すること、癡に覆はれしごとくなるは。
されど癡を捨て、闇聚を破らば、
そは更に流轉せず、その因なければ」と。

世尊はこの義をも亦說き給へりと我聞けり、と。

一五[8]（一・二・五）

げにこれを世尊は說き應供は說き給へりと我聞けり。「比丘衆よ、我は他に一結と雖も隨觀せず。比丘衆よ、結と相應せる有情の長時に馳騁し流轉すること愛結の如くなるを。何となれば、比丘衆よ、愛結と相應せる有情は長時に馳騁し
9 流轉すればなり」と。この義を世尊は宣ひ此處に次のごとく說き給ふ、

[9]「愛を第二とせる者は長時流轉し、
[10]こゝの生、かしこの生の輪廻を超えず。
斯るわざはひを知り、愛の生ずるとき、
愛を無みし、執らず、心せる比丘は遊行すべし」と。

世尊はこの義をも亦說き給へりと我聞けり、と。

[11]一六(一・二・六)

げにこれを世尊は說き應供は說き給へりと我聞けり。「比丘衆よ、我は有學・未[12]得者にして、無上なる安穩[13]を希求しつゝ住する比丘のために內[14]の緣と言ふものを作れり、比丘衆よ、如理作意の如く甚だ有用なるものを我は、他に一緣と雖も隨觀せず。比丘衆よ、如理作意せる比丘は不善を捨離し善を修習す」と。この義を

10

世尊は宣ひ此處に次のごとく說き給ふ、

「正しき作意は、有學比丘の法なり、
他に斯く肝要なるものなし、至善を得んがため、
正しく勉めし比丘は、苦の滅を成さむ」と。

世尊はこの義をも亦說き給へりと我聞けり、と。

[15]一七(一・二・七)

げにこれを世尊は說き應供は說き給へりと我聞けり。「比丘衆よ、我は有學・未得者にして、無上なる安穩を希求しつゝ住する比丘のために、外の緣と言ふもの

を作れり、比丘衆よ、善知識の如く甚だ有用なるものを我は他に一緣と雖も隨觀せず。比丘衆よ、善知識の比丘は不善を捨離し善を修習す」と。この義を世尊は宣ひ此處に次のごとく說き給ふ、

「[16]善知識の比丘は、[17]從順にして恭敬なり、
知識の言葉を守り、正知・正念あり、
一切結縛の滅を、次第に遂げむ」と。

世尊はこの義をも亦說き給へりと我聞けり、と。

一[18]八(一・二・八)

げにこれを世尊は說き應供は說き給へりと我聞けり。「比丘衆よ、世間に一法
11 生じつゝあり、多衆生の不利のため、多衆生の不安樂のため、多くの衆生の不義のため、不利のため、天と人との苦のために生ず。何れの一法ぞ、破僧伽なり。卽ち、比丘衆よ、僧伽の破壞せらるゝ時、相互に諍論するが如きことあり、又相互に訶責あり、又相互に凌蔑あり、又相互に棄捨あり、此處に於て若し未だ敬信せざる者あらば敬信せざるに至り、又既に敬信せる者は[19]敬信せざるに至るなり」と。この義

を世尊は宣ひ此處に次のごとく說き給ふ、

「破僧伽の者は、永劫惡趣・奈落に生るゝ者なり、
衆[20]を悅べる非法に住める者は、安穩より墮ち、
僧伽の和合を破り、永劫奈落にさいなまる」と。

世尊はこの義をも亦說き給へりと我聞けり、と。

一九[21]（一・二・九）

げにこれを世尊は說き應供は說き給へりと我聞けり。「比丘衆よ、世間に一法生じつゝあり、多衆生の利のため、多衆生の安樂のため多くの衆生の義のため、利[12]のため、天と人との樂のために生ず。何れの一法ぞ、僧伽の和合なり。卽ち、比丘衆よ、僧伽の和合せる時、相互に諍論するが如きことなく、又相互に訶責なく、又相互に凌蔑なく、又相互に棄捨なし、此處に於て若し未だ敬信せざる者あらば敬信するに至り、又既に敬信せる者は敬信を增すに至るなり」と。この義を世尊は宣ひ此處に次のごとく說き給ふ、

「僧伽の和合の樂と、和合の德あり、

和合を悦べる、法に住める者は、安穏より墮ちず、
僧伽の和合をなし、永劫天界に樂しむなり」と。

世尊はこの義をも亦說き給へりと我聞けり、と。

二〇[22]（一・二・一〇）

げにこれを世尊は說き應供は說き給へりと我聞けり。「比丘衆よ、世に我は汚[23]心の一類の人の心を〔自己の〕心[24]〔差別智〕もて[25]分析して知る、此の人は死すべき時、重擔を捨つるが如く斯く地獄に〔生ぜむ〕。所以は如何。比丘衆よ、實に彼の心の汚るればなり。則ち、比丘衆よ、世に一類の有情は心汚るゝに因りて身壞し死後、無幸處・惡趣・墮處・奈落に生ずるなり」と。この義を世尊は宣ひ此處に次のごとく說き給ふ、

13 「世に一類の人の汚心を知りて、
佛陀は比丘衆の前に、この義を宣へり。
かの心汚れし者、死すべき時、
奈落に生れなむ。

運び捨てられむごと、そのごと、
げに有情は心の汚れに因りて「悪趣に行くなり」と。
世尊はこの義をも亦説き給へりと我聞けり、と。

品第二

その攝頌

癡(一一)、忿(一二)、及び覆(一三)、癡(一四)、欲(一五)、有學二(一六・一七)、
破(一八)、悦(一九)、及び人(二〇)を品第二と稱せりと言はる。

註❶本事經三七(大正藏一七卷六六八頁)參照。
❷本事經四〇(同六六九頁)參照。
❸本事經三八(同六六八頁)參照。
❹本事經一(同六六二頁)參照。
❺今說かれたる無明蓋より他にの意なり(註釋七二頁)。
❻「一蓋」とは一の障礙の法なり(同上)。
❼「隨觀」に見の隨觀と智の隨觀との二隨觀あり。その中、色を我なりと隨觀する等と說かれたるはこれ見の隨觀と名づけらる。更に無常なりと隨觀し常に非ず等と說かれたるはこれ智の隨觀と名づけらる。今の場合は智の隨觀の意なり(同上)。

❽本事經二(同上)參照。
❾愛を友とせる者の意。
❿此の人間世界とそれ以外の有情居、或は有情現在の自性と未來の自性を指す等種々の意味あり(註釋七六――七七頁)。
⓫本事經五〇(同六七〇頁)參照。

⓬「未得者」とは阿羅漢を得ざる者の意。

⓭「安穩」とは欲・有・見・無明の四流によつて惱まされざること。

⓮自己内心に存在する因を指す。漢譯に「內强緣」とあり。

⓯本事經四九(同上)參照。

⓰善知識に親近する比丘の意なり。

⓱善知識の敎を恭く受けて隨順し尊敬することなり。(註釋八四―八五頁)。

⓲本事經九(同六六四頁)參照。

⓳原文は ekaccānaṁ aññathattaṁ hoti (ある變化あり)、註釋には「ある變化とは凡夫が信仰の消えたるを欣ぶ變化なり」(九〇頁)とあり、漢譯に已敬信者還不敬信とあるを意味するを以て「敬信せざるに至る」と意譯せり。
⑳破僧伽と稱する衆(vagga)に於ける悅びなり(註釋九〇頁)。
㉑本事經一〇(同上)參照。
㉒本事經四(同六六三頁)　增一阿含卷第四、一子品五(大正藏、二卷五六二頁) A. N. vol. I, p. 8

（南傳藏、一七卷一二頁）參照。
㉓「汚心」とは瞋恚或は貪等の心を指す。
㉔原文は cetasā（心より）のみなるも註釋によって挿入せり（註釋九三頁）。
㉕註釋に paricchinditvā とあるによる。精神分析の意ならん（同上）。

一集 第三品

二一❶（一・三・一）

げにこれを世尊は說き應供は說き給へりと我聞けり。「比丘衆よ、世に我は淨
14 心の一類の人の心を（自己の）心（差別智）もて分析して知る、此の人は死すべき時、重
擔を捨つるが如く斯く天界に（生ぜむ）。所以は如何。比丘衆よ、實に彼の心淸淨
なればなり。則ち、比丘衆よ、世に一類の有情は心淨きに因りて身壞し死後、善趣・
天界に生ずるなり」と。この義を世尊は宣ひ此處に次のごとく說き給ふ、

「世に一類の人の淨心を知りて、
佛陀は比丘衆の前に、この義を宣へり。
かの心淨らかなる者、死すべき時、

善趣に生れなむ。
運び捨てられむごと、そのごと、
げに有情は心浄きに因りて、善趣に行くなり」と。

世尊はこの義をも亦說き給へりと我聞けり、と。

[2]二二（一・三・二）

げにこれを世尊は說き給へりと我聞けり。「比丘衆よ、福を畏るゝ勿れ、比丘衆よ、こは樂・希・欲・愛・悅の同義語なり、卽ちこれ福なり。則ち、比丘衆よ、我は長時福の爲されたる時、長時の希・欲・愛・悅の果報の經驗せらるゝを知る。七年間慈心を修習し、七壞成劫の間此の世に再來せず、比丘衆よ、退轉しつゝある劫の間に正しく光音天に入り、進轉しつゝある劫の間に[3]空なる梵天宮に生ず。比丘衆よ、此處に於て正しく我は梵天・大梵天・征服者・非被征服者・一切を見たる權威者なり。則ち、比丘衆よ、我は諸天の主帝釋たること三十六度なりき。更に法の法王にして、四方に戰捷し、住民の安全を得せしめ、七寶成就せる轉輪王となりしこと幾百度なりき。然らば[4]地方王國に對する敎說とは何ぞ。比丘衆よ、その我は斯く思へり、今我斯る大神力者、斯る大威力者となりしはこは我に於ける如何なる業の果なるや、如何なる業の果報なるや。その我は斯く思へり、今我斯る大神力者、斯る大威力者となりしは、こは我に於ける三の業の果なり、三の業の果報なり、則ち布施・調御・節制の〔果報なり〕」と。この義を世尊は宣ひ此處に次のごとく說き給ふ、

「彼は未來の樂根たる福をば學ばむ、
又施と靜と慈心とを修めむ。
三の樂因たる、かゝる法を修め、
瞋なき樂しき世界に、智者は生る」と。

世尊はこの義をも亦說き給へりと我聞けり、と。

二三(一・三・三)

げにこれを世尊は說き應供は說き給へりと我聞けり。「比丘衆よ、一法あり、若し修習せる、多く作爲せる者は現法の利と未來の〔利の〕二利を攝持し安住す。何れの一法ぞ。善法への不放逸なり。比丘衆よ、若し此の一法を修習せる、多く作

爲せる者は現法の利と未來の〔利の〕二利を攝持し安住す」と。この義を世尊は宣ひ此處に次のごとく說き給ふ、

「智者は福を作爲するに不放逸なるをたゝえ、
智者は不放逸にして二の利を攝持す。
17
現法の利と、未來の利と、
利を現觀し持てるは、智者と言はる」と。

世尊はこの義をも亦說き給へりと我聞けり、と。

二四⑨(一・三・四)

げにこれを世尊は說き應供は說き給へりと我聞けり。「比丘衆よ、一人〔一〕劫に馳騁し流轉せる者の骸骨・骨の堆積・骨の積聚はかの毘補羅《ヹープッラ》山の如く斯く大なり。若しそれを克く集めし者あらば蓄積せるものを失はざるべし」と。この義を世尊は宣ひ此處に次のごとく說き給ふ、

「一人一劫に、積める骨は
山の如き量なり、と大仙は宣へり。

そは實に摩揭陀なる耆梨跋提《ギリッバヂャ》の
靈鷲山より高き、毘補羅山より大なりと宣へり。
正智もて、聖諦、卽ち苦と苦の集と、
苦を超ゆることゝ、苦滅の道なる
聖なる八支の道とを觀ずるにより
その人は[10]最高七度、馳騁して後
一切の結を無みする、滅苦者となる」と。
世尊はこの義をも亦說き給へりと、我聞けり、と。

二五[11]（一・三・五）

げにこれを世尊は說き應供は說き給へりと我聞けり。「比丘衆よ、一法有り、そを犯せる人間には惡業として爲されざるはなしと我は說く。何れの一法ぞ。比丘衆よ、そは知りて妄語することなり」と。この義を世尊は宣ひ此處に次のごとく說き給ふ、

「一法を犯し、妄語をなし

他世を遮せる者は、悪として犯さざるなし」と。

世尊はこの義をも亦說き給へりと我聞けり」と。

二六[12]（一・三・六）

げにこれを世尊は說き應供は說き給へりと我聞けり。「比丘衆よ、我知るが如く、斯く若し衆生は布施・均分の果報を知らば與へずして食することなく且つかの慳悋の汚れを心に懷きて住することなけむ。假令かの最後の一摶・最後の一口たりとも有する者は則ち若し受く可きもの有らば均分せずして食すること[19]無からん。何となれば、比丘衆よ、我知るが如く衆生は斯く布施・均分の果報を知らざるが故に與へずして食し、慳悋の汚れをその心に懷きて住するなり」と。この義を世尊は宣ひ此處に次のごとく說き給ふ、

「均分の果報の如何に大果あるやを、
大仙の宣へるがごと、斯く若し衆生知らば、
淸き心もて吝嗇の汚れを拂ひ、
大果の得らるゝ聖なる者に適時に施せよかし。

多くの人に飯與へ、應施者に施をなして
施主は、此處より逝きて天上に到るなり。
かく天上に行ける者は欲[13]を満し喜び
吝嗇を無み、均分の果報を受く」と。

世尊はこの義をも亦説き給へりと我聞けり、と。

[14]二七（二・三・七）

げにこれを世尊は説き應供は説き給へりと我聞けり。「比丘衆よ、あらゆる一切の[15]有依福業事はかの[16]慈心解脱の十六分の一の價値だになし、かの慈の心解脱こそ卓絶して[17]光り[18]輝き且つ[19]照り渡るなり。譬へば、比丘衆よ、一切の星の光り輝きもかの月光の十六分の一の價値だになきが如し、月こそ卓絶して光り輝き且つ照り渡るなり。是の如く、比丘衆よ、あらゆる一切の有依福業事はかの慈心解脱の十六分の一の價値だになし、かの慈の心解脱こそ卓絶して光り輝き且つ照り渡るなり。譬へば、比丘衆よ、秋の季節なる雨期の最後の一ヶ月は清朗たる雲なき空の太陽が中空に昇りつゝ明きもの暗きものゝ一切を良く滅し而かも光り輝き照り渡るが如し。是の如く、比丘衆よ、あらゆる一切の有依福業事はかの慈心解脱の十六分の一の價値だになし、かの慈の心解脱こそ卓絶して光り輝き照り渡るなり。譬へば、比丘衆よ、あけの明星の夜より晨にかけて光り輝き且つ照り渡るが如し。是の如く、比丘衆よ、あらゆる一切の有依福業事はかの慈心解脱[21]の十六分の一の價値だになし、かの慈の心解脱は卓絶して光り輝き且つ照り渡るなり」と。この義を世尊は宣ひ此處に次のごとく說き給ふ、

「かぎりなく慈を修め念ぜる、
依の滅を見し者は有結少し。
人若し一人にすら邪心なくして慈あらば、それによりて善人なり、
はた一切の人に愍みの情あらば、聖者にして澤なす福を爲せるなり。
衆生の滿てる地を〔法をもて〕服し、
仙[20]のごとき王は施しつゝ遊行せり。
〔馬の供犧・人の供犧・釘座・強飲・門は〕[21]
慈をよく修めし者の十六分の一の値だになし、

22

（一切群星の月光に於けるがごと）。

殺さず、殺さしめず、征めず、征めしむるなき、

一切衆生を慈しむものは、何人にも怨まるゝなし」と。

世尊はこの義をも亦說き給へりと我聞けり、と。

攝頌

定心（二一）、二利（二三）、福（二二）、毘補羅山（二四）、

知而故妄語（二五）、及び布施（二六）、及び慈修習（二七）。

七のこれ等の經《スッタ》と前の二十とは

一法につきて集めし經《スッタンタ》二十七なり。

一集を終る、二法に關しては下に敍ぶ。

註❶本事經五（大正藏、一七卷六六三頁） 增一阿含卷第四、一子品六（大正藏、二卷五六三頁）參照。
A. N. vol. I, P. 8-9 （南傳藏、一七卷 一二―一三頁）

❷本事經になし。 中阿含卷第三四、第二二福經（大正藏、一卷六四五頁） 增一阿含卷第四、護心品七（大正藏、二卷五六五頁）參照。

❸其處に誰も衆生の生じて居らざる空いたる初禪地の梵天宮なり（註釋九九頁）。

❹「地方王國」とは小王國(Khuddakarajja) なり(註釋一〇一頁)。

❺摩尼寶・象寶等を始めとしての寶を有する者及び住民の安全を得せしめる者、是の如きが「大神力」なり(同上)。

❻輪寶等を所有するを以て更に亦如何なる苦痛をも作らざる者として一切王より尊敬を受けたる虚空を行く等、是の如きが「大威力」なり(註釋一〇一－二頁)。

❼「布施」とは飯等の施物の喜捨。「調御」とは眼根等の調御、そして斯く取ることによる貪等の煩惱の調御なり。「節制」とは身・語の節制、こゝにも亦調御による煩惱の調御あり、その修習より成る福なり(註釋一〇二頁)。中阿含には布施・調御・守護とあり。

❽本事經一二(大正藏、一七卷六六四頁) 增一阿含卷第四、護心品一(大正藏、二卷五六三頁)參照。

❾本事經三(同六六二頁) 雜阿含卷第三四、九四七(大正藏、二卷二四二頁) S. N. XV, 10 (vol. II, p. 185) 參照。

❿極七有或は極七返を指す。

⓫本事經五四(同六七一頁) 中阿含卷第三、度經(大正藏、一卷四三五頁) 偈は法句經世俗品(同四卷五六六頁) Dhammapada v. 176 (今卷四四頁)參照。

⓬本事經五一(同上)參照。

⓭「欲を滿し」とは天の享樂等求めらるべき一切の欲を實現し滿足し自ら歡喜に浸ることなり(註釋一一七頁)。

⑭本事經四八(同六七〇頁)參照。
⑮「有依」とは依 (upadhi) 即ち蘊を有することを意味す。
⑯「慈心解脫」とは慈の修習によつて得たる第三・第四禪定なり。所以は慈とは近行(禪) upacāra 或は安(定) appanā を得ることなりとも言はれたり。「心解脫」とは安定を得ることのみが言はれたり、所以は障礙等に關する法より心を良解脫する修習によつて心解脫は言はれる(註釋一一八頁)。近行禪と安定に就ては清淨道論に詳し。
⑰「光る」とは煩惱の清淨を謂ふ。
⑱「輝く」とは殘餘の一切法に於て等しく輝くことなり。
⑲「照り渡る」とは慈心解脫の煩惱を遠離せるを月世界に譬へて言へるなり。
⑳原語 rājisi とは仙の如き法王なり(註釋一二三頁)。
㉑S. N. vol. I, P. 76 (南傳藏、一二卷一三一頁)に同文あり。英譯の脚註に佛音の註を參照して說明せり。

二集　第一品

二八[1] (二・一・一)

げにこれを世尊は說き應供は說き給へりと我聞けり。「比丘衆よ、二法を成就[23]せる比丘は現法に於て苦に住し、患ひを有し、惱みを有し、焦慮を有し、身壞したる死後の惡趣期待さるべし。何れの二ぞ。諸根に於ける不護門と食に於ける不知量となり。比丘衆よ、此等の二法を成就せる比丘は現法に於て苦に住し、患ひを有し、惱みを有し、焦慮を有し、身壞したる死後の惡趣期待さるべし」と。この義を世尊は宣ひ此處に次のごとく說き給ふ、

「眼と耳と鼻と、はた舌・身意と、
これらの門を守らざる比丘の
食の量を知らざると、諸根に節制なきは、
身の苦しみと、心の苦しみの苦を受く。
日か夜か何れかに、燒かれし身、燒かれし心もて
か丶る者は苦に住するなり」と。

世尊はこの義をも亦說き給へりと我聞けり、と。

❷二九（二・一・二）

げにこれを世尊は説き應供は説き給へりと我聞けり。「比丘衆よ、二法を成就せる比丘は現法に於て樂に住し、患ひなく、惱みなく、焦慮なく身壞したる死後の
24 善趣期待さるべし。何れの二ぞ。諸根に於ける護門と食に於ける知量となり。比丘衆よ、此等の二法を成就せる比丘は現法に於て樂に住し患ひなく、惱みなく、焦慮なく、身壞したる死後の善趣期待さるべし」と。この義を世尊は宣ひ此處に次のごとく説き給ふ、

「眼と耳と鼻と、はた舌・身意と、
これらの門を守る比丘の
食の量を知ると、諸根に節制なるは、
身の樂しみと、心の樂しみの樂を受く。
日か夜か何れかに、燒かれざる身、燒かれざる心もて
かゝる者は樂に住するなり」と。

世尊はこの義をも亦説き給へりと我聞けり、と。

③ 三〇(三・一・三)

げにこれを世尊は説き給へりと我聞けり。「比丘衆よ、此等焦惱さ
25 るべき二の法あり。二とは何ぞ。比丘衆よ、玆に或者は善[4]を作さず、拂惡(善)を作さず、護[5]畏を作さず、惡を作し、頑固を作し、罪過を作す。彼は『我は善を作さゞりき』とて惱み、『我は惡を作せり』とて惱む。比丘衆よ、此等は焦惱さるべき二の法なり」と。この義を世尊は宣ひ此處に次のごとく説き給ふ、

「身惡行をなし、あるは語惡行、
意惡行をなし、他の惡とし言はるゝものを[なし]、
善き業をなさず、あまた不善をなし、
愚しき者は身壞して、そは奈落に生るゝなり」と。

世尊はこの義をも亦説き給へりと我聞けり、と。

三一[6] (三・一・四)

げにこれを世尊は説き給へりと我聞けり。「比丘衆よ、此等焦惱さるべからざる二の法あり。二とは何ぞ。比丘衆よ、玆に或者は善を作し、拂惡(善)を作し、護畏を作し、惡を作さず、頑固を作さず、罪過を作さず。彼は『我は善を作せ

[26] り」とて惱まず、「我は惡を作さゞりき」とて惱まず。比丘衆よ、此等は焦惱さるべからざる二の法なり」と。この義を世尊は宣ひ此處に次のごとく說き給ふ、

「身惡行を斷ち、あるは語惡行、
意惡行を斷ち、他の惡とし言はるゝものを〔斷ち〕、
不善業をなさず、あまた善をなし、
賢しき者は身壞して、そは天界に生るゝなり」と。

世尊はこの義をも亦說き給へりと我聞けり、と。

三二[7]（二・一・五）

げにこれを世尊は說き應供は說き給へりと我聞けり。「比丘衆よ、二法を成就せる人は重擔を捨つるが如く、斯く地獄に〔生ぜむ〕。何れの二ぞ。惡戒と惡見となり。比丘衆よ、此等の二法を成就せる人は重擔を捨つるが如く、斯く地獄に〔生ずるなり〕」と。この義を世尊は宣ひ此處に次のごとく說き給ふ、

「惡しき戒と、惡しき見との
これらの二法を成就せる者、

その愚しき者は、身壞して地獄に生るゝなり」と。

世尊はこの義をも亦說き給へりと我聞けり、と。

三三[8]（三・一・六）

げにこれを世尊は說き應供は說き給へりと我聞けり。「比丘衆よ、二法を成就
27 せる人は重擔を捨つるが如く、斯く天界に〔生ぜむ〕。何れの二ぞ。善戒と善見となり。比丘衆よ、此等の二法を成就せる人は重擔を捨つるが如く、斯く天界に〔生ずるなり〕」と。この義を世尊は宣ひ此處に次のごとく說き給ふ、

「善き戒と、善き見との
これらの二法を成就せる者
その賢しき者は、身壞して天界に生るゝなり」と。

世尊はこの義をも亦說き給へりと我聞けり、と。

三四[9]（三・一・七）

げにこれを世尊は說き應供は說き給へりと我聞けり。「比丘衆よ、無勤・無愧なる比丘は[10]等覺を〔證する〕能はず、涅槃を〔證する〕能はず、無上なる安穩を證する能は

ず。比丘衆よ、有勤・有愧なる比丘は等覚を〔證するを〕得、涅槃を〔證するを〕得、無上なる安穏を證するを得」と。この義を世尊は宣ひ此處に次のごとく說き給ふ、

「努力なく、愧なく、懶惰なる、精進を缺ける

惛眠多き、無慚不敬なる、

かゝる比丘は、最上等覺に至るを得じ。

念あり、深慮あり、定あり、努力あり、愧あり、不放逸なる者は、

生死の結縛を斷ちて、今、無上等覺に至るべし」と。

世尊はこの義をも亦說き給へりと我聞けり、と。

三五〔三・一・八〕[11]

げにこれを世尊は說き應供は說き給へりと我聞けり。「比丘衆よ、諸人の詭詐のため、諸人の矯妄のため、利養・恭敬・稱譽・勝利のため、又人は斯く我を知れとて、梵行に住するに非ず。却つて比丘衆よ、律儀のためと捨離のため梵行に住するなり」と。この義を世尊は宣ひ此處に次のごとく說き給ふ、

「律儀のため、捨のための、患[12]ひに打たるゝなき梵行、

そは涅槃に沈み行く、と世尊は說き給へり。
この大道は、大仙の步み給ひけるものなり、
師の敎をよくまもり、佛の示し給ひしごと、
そを踏める人々は、苦邊を爲すべし」と。
世尊はこの義をも亦說き給へりと我聞けり、と。

29

三六（二・一・九）[13]

げにこれを世尊は說き應供は說き給へりと我聞けり。「比丘衆よ、諸人の詭詐のため、諸人の矯妄のため、利養恭敬・稱譽・勝利のため又人は斯く我を知れとて、梵行に住するに非ず。却つて、比丘衆よ、通知のためと遍知のため梵行に住するなり」と。この義を世尊は宣ひ此處に次のごとく說き給ふ、
「通知のため、遍知のための患ひに打たるゝなき梵行、
そは涅槃に沈み行く、と世尊は說き給へり。
この大道は、大仙の步み給ひけるものなり、
師の敎をよくまもり、佛の示し給ひしごと、

そを踏める人々は、苦邊を爲すべし」と。

世尊はこの義をも亦說き給へりと我聞けり、と。

[14]三七(三・一・一〇)

げにこれを世尊は說き應供は說き給へりと我聞けり。「比丘衆よ、二法を成就
30 せる比丘は現法に於て多くの快樂と歡喜とに住し、有漏の滅に對する如理の努
力を有す。如何なる二ぞ。[15]憂ふべき事に對する憂ひと[16]憂ひに對しての如理の
努力となり。比丘衆よ、此等の二法を成就せる比丘は現法に於て多くの快樂と
歡喜とに住し、有漏の盡に對する如理の努力を有す」と。この義を世尊は宣ひ此
處に次のごとく說き給ふ、

「智者は憂ふべき事を憂ひ、
熱ある、賢なる比丘は慧を觀るべし。
斯く熱と靜けさもて住めるは、慢なく
心の寂靜と相應し、苦の盡を成すべし」と。

世尊はこの義をも亦說き給へりと我聞けり、と。

31

その攝頌

これら二人比丘(二八・二九)、焦惱さるべき・焦惱さるべからざる(三〇・三一)、他世による(三二・三三)

有勤(三四)、無詐(三五・三六)、及び歡喜による(三七)、これらの十なり、と。

註❶本事經六一(大正藏、一七卷六七三頁)參照。

❷本事經六二(同上)參照。

❸本事經六三(同上)參照。

❹善(kalyāna)と拂惡(kusala)とは同義語にして、前者は利を生ずること、未來の樂・幸福の義、後者は惡を振り拂ふこと(kucchitasalana)を意味す。

❺苦の畏れ、輪廻の畏れを護ること(註釋一三四頁)。

❻本事經六四(同上)參照。

❼本事經六七(同六七四頁)參照。

❽本事經六八(同上)參照。

❾本事經八二(同六七九頁)參照。

❿「等覺」は聖道の義「涅槃」は煩惱の絕對に休止せる不死大涅槃「無上なる安穩」は阿羅漢果を

意味す(註釋一三九頁)。

⓫本事經七四(同六七六頁)參照。

⓬「患ひに打たるゝなき」は anitiha の譯、an+iti+ha (口) と讀む。渴愛等の雜染に現世・來世に患はさるゝことなきの意なり(註釋一四七頁)。

⓭本事經七三(同上)參照。

⓮漢譯相當經なし。

⓯生老病死の苦及び過去・現在・未來に亙る根本の苦に對し畏れを懷くなり(註釋一五一―二頁)。

⓰生れ出づる苦等を觀じ精進方便により正しき精勤により不善法を捨て善法の修習をするなり(同一五二頁)。

二集　第二品

三八[1](三・二・一)

げにこれを世尊は說き應供は說き給へりと我聞けり。「比丘衆よ、如來・應供・正自覺者は二の尋思を大いに修行し給ふ、安穩の尋思と孤獨の(尋思と)なり。比丘

衆よ、如來は無害の欣喜と無害の悅樂とあり。比丘衆よ、如來はこの無害の欣喜
と無害の悅樂あるところの尋思を大いに修行し給ふ『我はこの威儀によりて如
何なる有情も非情も害することなし』と。比丘衆よ、如來は孤獨の欣喜と孤獨の
悅樂とあり。比丘衆よ、如來は此の孤獨の欣喜と孤獨の悅樂あるところの尋思
を大いに修行し給ふ『不善なるものを捨離す』と。故に比丘衆よ、汝等も亦無害の
32 欣喜と無害の悅樂とに住すべし。比丘衆よ、汝等の中かの無害の欣喜と無害の
悅樂とに住せる者は則ち尋思を大いに修行するならむ。『我々はこの威儀によ
り如何なる有情も非情も害することなし』と。比丘衆よ、孤獨の欣喜と孤獨の悅
樂とに住すべし。比丘衆よ、汝等の中かの孤獨の欣喜と孤獨の悅樂とに住せる
者は則ち尋思を大いに修行するならむ。『あらゆる不善を、あらゆる未だ捨離せ
ざるものを我々は捨離せり』と。この義を世尊は宣ひ此處に次のごとく說き給ふ、

　「耐ふべからざるものを耐へし如來佛陀は、
　その二の尋思を修行し給ふ、
一を安穩尋思と言ひ、二を孤獨〔尋思〕と言ふ。

暗を消し彼岸に行ける大仙は、かの利を得、力を得、漏なく、
一切の渇愛を盡せる解脱者なり。
その牟尼こそ最後身を得たる
慢を斷ち老の彼岸に達せる者なり。
山巓の巖に立てる者の、四方に人を見下すごと
そのごと一切眼の賢者は、法の殿に上り
憂ひを無みせる者は、憂ひに沈めると、生老に惱める人々を見下す」と。
世尊はこの義をも亦說き給へりと我聞けり、と。

三九(三・二・二)

げにこれを世尊は說き應供は說き給へりと我聞けり。「比丘衆よ、如來・應供・正自覺者の二種の說法差別して存す。如何なる二ぞ。『惡より惡を見よ』と言ふはこれ第一の說法なり。『惡より惡を見て玆に嫌厭し、離れ、離脫せよ』と言ふはこれ第二の說法なり。比丘衆よ、如來・應供・正自覺者の此等二種の說法差別して存す」と。この義を世尊は宣ひ此處に次のごとく說き給ふ、

34

「一切衆生を愍める如來・佛陀の
差別の敎を見よ、二法は說かれたり。
惡を見よ、又離れよ、されば離れし心に、
苦の終りあらむ」と。

世尊はこの義をも亦說き給へりと我聞けり、と。

四〇（三・二・三）[3]

げにこれを世尊は說き應供は說き給へりと我聞けり。「比丘衆よ、無明は不善法に到達する先驅なり、後に無慚と無愧あり。されど、比丘衆よ、明は善法に到達する先驅なり、後に慚愧あり」と。この義を世尊は宣ひ此處に次のごとく說き給ふ、

「あらゆる惡趣、此世にも彼世にも
みな無明を根とせる、望みと欲との累なり。
惡欲あり、無慚不敬なるをもて
それより惡を生ず、されば地獄に墮するなり。

されば貪と欲と無明とを離れ
明を生ぜし比丘は、一切の惡趣を斷つべし」と。

35 世尊はこの義をも亦說き給へりと我聞けり、と。

第一　誦品

四一[4]（三・二・四）

げにこれを世尊は說き應供は說き給へりと我聞けり。「比丘衆よ、甚だ不足せる者とは聖なる慧の不足せる衆生なり、彼等は現法に於て苦に住し、患ひを有し、惱みを有し、焦慮を有し、身壞したる死後の惡趣期待さるべし。比丘衆よ、不足せざる者とは聖なる慧の不足せざる衆生なり、彼等は現法に於て樂に住し、患ひなく、惱みなく、焦慮なく、身壞したる死後の善趣期待さるべし」と。この義を世尊は宣ひ此處に次のごとく說き給ふ、

「慧の足らざるをもて、名色に執せる
天と共なる世を見て、こは眞なりと思ふなり。
慧は良くこの世にて、未來を洞察し、

生存の亡ぶを正しく知るなり。
かの天と人とは、自覺者、思念を有する者、
36 有慧者、最後身を持てる者を羨むなり」と。

世尊はこの義をも亦說き給へりと我聞けり、と。

四二[5]〔三・二・五〕

げにこれを世尊は說き應供は說き給へりと我聞けり。「比丘衆よ、此等二種の白法は世間を護るなり。二とは何ぞ。慚及び愧なり。比丘衆よ、若し此等の二種の白法世間を護らずむば、この世に母或は叔母或は義理の叔母或は阿闍梨の妻或は師の妻〔の差別〕を識らるゝこと無けむ、恰も山羊羊・雄鶏・野猪犬・豺の如く世間は混亂に陷らむ。されど、比丘衆よ、此等二種の白法は世間を護るが故に母或は叔母或は義理の叔母或は阿闍梨の妻或は師の妻〔の差別〕は識らる」と。この義を世尊は宣ひ此處に次のごとく說き給ふ、

「慚と愧とを、若し常に知らば、
〔善法に〕入れる白〔法〕を根とせる者は、生死に赴かず。

常に慚と愧とに近づける、
37 梵行を増長せる者は後有を盡すなり」と。

世尊はこの義をも亦說き給へりと我聞けり、と。

四三⑥ (三・二・六)

げにこれを世尊は說き應供は說き給へりと我聞けり。「⑦比丘衆よ、無生・無有・無作・無爲あり。比丘衆よ、若しその無生・無有・無作・無爲なくむば、此處に生・有・作・爲の出離は知られざるべし。されど、比丘衆よ、無生・無有・無作・無爲あるが故に生・有・作・爲の出離は知らるべし」と。この義を世尊は宣ひ此處に次のごとく說き給ふ、

「生と有と起と作と爲と不定と、
⑧老死に襲はれしと、病巣と脆きものと、
食(渴愛)の導因とを、悅ぶを得ず。
そを出離せるは靜けく、疑ひを越えて安けし、
無生・無起・無憂・無染の道は
38 苦の法を無みせる、諸行の靜まりし安けさなり」と。

世尊はこの義をも亦説き給へりと我聞けり、と。

[9] 四四（三・二・七）

げにこれを世尊は説き給へりと我聞けり。「比丘衆よ、此等二の涅槃界あり。二とは何ぞ。有餘依涅槃界及び無餘依涅槃界なり。比丘衆よ、有餘依涅槃界とは何ぞ。比丘衆よ、此處に應供たる比丘は已に漏を盡し、〔梵行〕に住し、作すべき事を辨じ、[10]重擔を捨て、[11]自義を證し、有結を盡し、[12]正しき智によりて解脱せり。彼の五根は安立し、それに傷はるゝことなきが故に喜びと喜びならざるとを經驗し、樂しきと苦しきとを感ぜらる。彼は貪を滅し、瞋を滅し、癡を滅したるものなり、そを、比丘衆よ、有餘依涅槃界と説く。然らば、比丘衆よ、無餘依涅槃界とは何ぞ。比丘衆よ、此處に應供たる比丘は已に漏を盡し、〔梵行〕に住し、已に作すべき事を辨じ重擔を捨て自義を證し、有結を盡し、正しき智によりて解脱せり。比丘衆よ、此處にその一切の知覺せるものを喜ばざる者は淸涼ならむ、そを、比丘衆よ、無餘依涅槃界と説く。比丘衆よ、これ二の涅槃界なり」と。この義を世尊は宣ひ此處に次のごとく説き給ふ、

「此等二種の涅槃界は[13]具眼者たる、斯る[14]無依者によりて明されたり。
初界は現法の有に導くもの（愛等）を盡せる有餘依にて、
他は未來一切の有を滅せる無餘依なり。
この無爲の道を知り、心解脱し、有に導くものを盡せる
法味に達し、滅を悦べる者は斯る一切の有を[15]捨てり」と。
世尊はこの義をも亦說き給へりと我聞けり、と。

[16]四五（二・二・八）

げにこれを世尊は說き應供は說き給へりと我聞けり。「比丘衆よ、獨居を欣喜し、獨居を悦樂し、內に心寂靜と隨順し、靜慮を離れず、勝觀を成就し、空處を增長して住すべし。比丘衆よ、獨居を欣喜し、獨居を悦樂し、內に心寂靜と隨順し、靜慮を離れず、勝觀を成就し、空處を增長して住せる者は二果の中の一果期待さる、現法に於ける智（阿羅漢果）或は（煩惱の）餘依あらば不還果なり」と。この義を世尊は宣ひ此處に次のごとく說き給ふ、

「心しじまなる、愼ましき、思念し、專念せる者は、

40 正法を勝觀し、欲を離る。
不放逸を悅び放逸を見ては畏る丶、安穩なる者は
[17]滅損し得べからで、涅槃にのみ近づくなり」と。

世尊はこの義をも亦說き給へりと我聞けり、と。

四六〔二・二・九〕

げにこれを世尊は說き應供は說き給へりと我聞けり。「比丘衆よ、[18]學ぶべきもの丶、勝利を有し、最上の慧を有し、解脱味を有し、至上なる[19]四念處觀に住すべし。比丘衆よ、學ぶべきもの丶、勝利を有し、最上の慧を有し、解脱味を有し、至上なる四念處觀に住せる者は二果の中の一果期待さる、現法に於ける智〔阿羅漢果〕或は〔煩惱の〕餘依あらば不還果なり」と。この義を世尊は宣ひ此處に次のごとく說き給ふ、

「學を圓滿し、法を斷たず、最上の慧を有ち、生の滅盡を見たる、
その牟尼こそ最後身を持し、慢を捨て老の彼岸に達せる者なり。
されば靜慮を悅び、等持せる熱心なる者は生の滅盡を見たり。
41 比丘衆よ、兵を擁する魔を服し、生と死とを越えし者たれ」と。

世尊はこの義をも亦説き給へりと我聞けり、と。

[20]四七（三・二・一〇）

げにこれを世尊は説き應供は説き給へりと我聞けり。「比丘衆よ、覺悟し、正念し、正知し、等持し、悅豫し、此等を勝觀し、諸善法に於て時宜を勝觀して住すべし。比丘衆よ、覺悟し、正念し、正知し、等持し、悅豫し、此等を勝觀し、諸善法に於て時宜を勝觀せる比丘は二果の中の一果期待さる、現法に於ける智（阿羅漢果）或は（煩惱の）餘依あらば不還果なり」と。この義を世尊は宣ひ此處に次のごとく説き給ふ、

「醒めし者はこれを聞け、眠れる者は覺めよ、
醒むるは寢ぬるに勝り、醒めし者に畏なし。
醒め、正念し、正知し、等持し、悅び、勝觀せる者、
そは時宜に正法を修し、心を集中し暗を消すべし。
されば實に覺醒を得よ、熱心なる靜慮を有てる
賢しき比丘は生老のほだしを斷ちて、
此處に無上菩提を證せむ」と。

世尊はこの義をも亦説き給へりと我聞けり、と。

四八[21]（三・二・一二）

げにこれを世尊は説き應供は説き給へりと我聞けり。「比丘衆よ、彼等二人はそれを捨てざるをもて無幸處・奈落に墮する者なり。二人とは誰ぞ。凡そ梵行[22]者に非ずして梵行者なりと稱する者、又凡そ圓滿清淨なる梵行を修せる者を無[23]根なる非梵行をもて誹謗する者なり。比丘衆よ、此等二人はそれを斷たざるをもて無幸處・奈落に墮する者なり」と。この義を世尊は宣ひ此處に次のごとく説き給ふ、

43

[24]「僞を言ひて奈落に墮つる人、爲してなさじと言ひけむ人、
かの二人は逝きて、等しく他世に惡業の者となるなり。
頸に袈裟をかけし多くの者も惡法を守らずば、
惡人等は惡業により奈落にぞ生るべし。
破戒無慚の者は國の團飯をはまむより
火のごと灼ける鐵丸を喰ふに如かじ」と。

世尊はこの義をも亦説き給へりと我聞けり、と。

四九（二・二・一二）

げにこれを世尊は説き應供は說き給へりと我聞けり。「比丘衆よ、二見によりて障礙されたる人と天との或者は執著し、或者は超越す、されど具眼者は見るなり。然らば、比丘衆よ、或者は執著すとは何ぞ。比丘衆よ、有を喜ぶ、天と人〔の身〕を受けたる、有を享樂せる者はかの滅有の法を説かれし時、心踊躍せず、晃耀せず、安穩ならず、愛著を感ぜず、是の如く、比丘衆よ、或者は執著するなり。然らば、比丘衆よ、或者は超越すとは何ぞ。併し或者は有に惱まされ〔有を〕慚ぢらひ嫌厭しつゝ 44 有の滅をば歡喜す。この意味は身の壞したる死後、切斷され、失はれ、再度の死あることなし、これ安穩、これ最勝、これ眞實なりと謂はる、と。比丘衆よ、是の如く或者は超越するなり。比丘衆よ、具眼者は見るとは何ぞ。比丘衆よ、此處に存せるものを存するものとして見る、存せるものを存するものとして見て存在の嫌惡と離貪と滅盡とに入るなり。比丘衆よ、是の如く具眼者は見るなり」と。この義を世尊は宣ひ此處に次の如く説き給ふ、

「在るものを在るものとして見、在るものを超えしは、
如實に解脫し、有愛を盡す。
若し在ることを知りて、有と非有との愛を離るれば、
比丘は在ることを滅し、後有あらじ」と。

世尊はこの義をも亦說き給へりと我聞けり、と。

二集を終る

45

その攝頌

二根(二八・二九)、二焦惱(三〇・三一)、戒による他世の二(三二・三三)
無愧(三四)、及び二種の詭詐(三五・三六)、憂ふべきによる(三七)、此等の十。
尋思(三八)、敎說(三九)、明(四〇)、慧(四一)、法による(四二)は第五。
無生(四三)、界(四四)、獨居(四五)、學(四六)、及び覺悟による(四七)、
無幸處(四八)、及び見(四九)の二十二は明されたり、と。

註 ❶本事經八六(大正藏、一七卷六八〇頁)參照。
❷本事經七六(同六七六頁)參照。

❸本事經九〇(同六八一頁)參照。
❹漢譯相當經なし。
❺本事經八五(同六八〇頁)A. N. vol. I, p. 51 (南傳藏、一七卷七七頁) 雜阿含卷第四七(大正藏、二卷三四〇－一頁) 增一阿含卷第九慚愧品一(同五八七頁)參照。
❻漢譯相當經なし。
❼Udāna, VIII, 3 (p. 80-81) に同文あり。(今卷一三六頁)。
❽底本に jarāmaraṇasaṅkhataṁ とあるも暹羅本の註により°saṅghataṁ と改む。
❾本事經七八(同六七八頁)參照。
❿重擔とは蘊・煩惱・現行(現前の諸行)の三を指す。
⓫自義とは阿羅漢果を意味す。

⓬阿羅漢は諸行無常等と如實智により知見し、一切煩惱を斷盡せる心解脫及び涅槃解脫を有するなり(註釋二一七頁)。

⓭佛・法・天・慧・一切眼の五眼を有するもの。

⓮愛と見とに依らざるもの或は貪結等に依らざるもの。

⓯原文は pahaṁsu (打てり)とあるも註釋に「打てりとは捨てり (pajahaṁsu) なり」といふ(註釋二一九頁)。

⓰本事經八一(同六七八頁)參照。

⓱「滅損し得べからで」とは寂靜(止)と勝觀(觀)、或は道と果とに依るが故に退歩すること

能はず、未だ達せざるもの進んで成滿することなり(註釋二二二頁)。
⑱增上戒學・增上心學・增上慧學を指す。
⑲底本には念とのみあるも註により補へり。
⑳本事經八〇(同六七八頁)參照。
㉑本事經九三(同六八二頁)參照。
㉒A. N. vol. I, P. 206 參照。(南傳藏、一七卷四三八頁)。
㉓「無根なる」とは見等の根なきをもつて見・聞を疑へりといふ其等非難すべき根によりて進するを以てなり(註釋二三〇頁)。
㉔Dhammapada vv. 306-308 參照。(今卷六四―六五頁)。

三集　第一品

五〇(三・一・一)

げにこれを世尊は說き應供は說き給へりと我聞けり。「比丘衆よ、此等は三の不善根なり。三とは何ぞ。貪不善根・瞋不善根・癡不善根なり。比丘衆よ、此等は實に三の不善根なり」と。この義を世尊は宣ひ此處に次の如く說き給ふ、

「[1]貪と瞋と癡とは、悪心の者を害ふ
自ら生ぜしものにて、竹[2]の自果の如し」と。
世尊はこの義をも亦説き給へりと我聞けり、と。

五一（三・一・二）

げにこれを世尊は説き應供は説き給へりと我聞けり。「比丘衆よ、此[3]等は三界なり。三とは何ぞ。色界・無色界・滅界なり。比丘衆よ、此等は實に三界なり」と。

46

この義を世尊は宣ひ此處に次のごとく説きたまふ、
[4]「色〔界〕を識りて、無色〔界〕に停まらず、
滅〔界〕に解脱せる人々は、死を捨てし者なり。
無漏正自覺者は、身もて不死の界に觸れ
依著を離れ、依著の捨を現じ給ひ、
無憂離染の道を説き給ふ」と。
世尊はこの義をも亦説き給へりと我聞けり、と。

五二（三・一・三）

げにこれを世尊は說き應供は說き給へりと我聞けり。「比丘衆よ、⑤此等は三受なり。三とは何ぞ。樂受·苦受·不苦不樂受なり。比丘衆よ、此等は實に三受なり」と。この義を世尊は宣ひ此處に次のごとく說き給ふ、

「專念し、熟慮し、思念せる佛弟子は、
受と受の生を知る、
心止みしとき、滅へ導かるゝ道を知り、
受を滅したる比丘は、欲を無み、涅槃に入りし者なり」と。

世尊はこの義をも亦說き給へりと我聞けり、と。

47

五三（三·一·四）

げにこれを世尊は說き應供は說き給へりと我聞けり。「比丘衆よ、此等は三受なり。三とは何ぞ。樂受·苦受·不苦不樂受なり。比丘衆よ、此等は三受なり。比丘衆よ、樂受は苦より見らる可く、苦受は投槍より見らる可く、不苦不樂受は無常より見らるべし。實に、比丘衆よ、比丘の樂受は苦より見たるもの、苦受は投槍より見たるもの、不苦不樂受は無常より見たるものなり。比丘衆よ、正しく見たる、

渇愛を斷ち、結縛を退轉せしめ正[6]しく慢を洞察し、苦を滅したるところの比丘は
聖者と言はる」と。この義を世尊は宣ひ此處に次のごとく說き給ふ、

「苦より樂を見、投槍より苦を見たる、
賢しき者は無常より不苦不樂を見たり。
かく正しく見たる比丘は、此處に〔受を〕解脫す、
神通を悟れる、賢しき者こそ、繫離れし牟尼なれ」と。

世尊はこの義をも亦說き給へりと我聞けり、と。

五四（三・一・五）

げにこれを世尊は說き應供は說き給へりと我聞けり。「比丘衆よ、此[7]等は三求なり。三とは何ぞ。欲求・有求・梵行求なり。比丘衆よ、此等は實に三求なり」と。
この義を世尊は宣ひ、此處に次のごとく說き給ふ、

「專念し、熟慮し、思念せる佛弟子は
求と求の生を知る。
心止みしとき、盡へ導かるゝ道を知り、

　　求を盡したる比丘は、欲を無み涅槃に入りし者なり」と。
世尊はこの義をも亦説き給へりと我聞けり、と。

五五（三・一・六）

げにこれを世尊は説き應供は説き給へりと我聞けり。「比丘衆よ、此等は三求なり。三とは何ぞ。欲求・有求・梵行求なり。比丘衆よ、此等は實に三求なり」と。
この義を世尊は宣ひ、此處に次のごとく説き給ふ、
　「欲求・有求・梵行求共に
〔貪等の〕見處の堆積より、こは眞なりと執す。
　一切の貪を離れ、愛を盡し解脱し
　求を捨て、見處を滅し、
　求の盡きし比丘は、無欲・無疑なり」と。
世尊はこの義をも亦説き給へりと我聞けり、と。

49

五六（三・一・七）

げにこれを世尊は説き應供は説き給へりと我聞けり。「比丘衆よ、此等は三漏

なり。三とは何ぞ。欲漏・有漏・無明漏なり。比丘衆よ、此等は實に三漏なり」と。
この義を世尊は宣ひ此處に次のごとく說き給ふ

「專念し、熟慮し、思念せる佛弟子は
漏と漏の生を知る。
心止みしとき、滅へ導かるゝ道を知り、
漏を盡したる比丘は、欲を無み涅槃に入りし者なり」と。

世尊はこの義をも亦說き給へりと我聞けり、と。

五七（三・一・八）

げにこれを世尊は說き應供は說き給へりと我聞けり。「比丘衆よ、此等は三漏なり。三とは何ぞ。欲漏・有漏・無明漏なり。比丘衆よ、此等は實に三漏なり」と。
この義を世尊は宣ひ此處に次のごとく說き給ふ、

「欲漏を盡し、無明を捨て、
有漏を破り、依著を無み、解脫せる者は
魔(9)とその象とを服し、最後身を得るなり」と。

世尊はこの義をも亦說き給へりと我聞けり、と。

五八（三・一・九）

げにこれを世尊は說き應供は說き給へりと我聞けり。「比丘衆よ、此等は三愛なり。三とは何ぞ。欲愛・有愛・非有愛なり。比丘衆よ、此等は實に三愛なり」と。
この義を世尊は宣ひ此處に次のごとく說き給ふ、

「欲の紲と相應し、有と非有とに心染まり、
魔の紲にむすぼれし人々は安らひなく、
生死にさ迷へる衆生は、輪廻に赴く。
されど愛を斷ち、有と非有との愛を離れ、
漏盡に達せる者はこの世にて彼岸に渡りし者なり」と。

世尊はこの義をも亦說き給へりと我聞けり、と。

[10] 五九（三・一・一〇）

げにこれを世尊は說き應供は說き給へりと我聞けり。「比丘衆よ三法を成就
51 せる比丘は魔の域を超えて太陽の如く輝くなり。如何なる三ぞ。比丘衆よ、此

處に比丘は無學の戒蘊を成就し、無學の定蘊を成就し、無學の慧蘊を成就す。比丘衆よ、此等三法を成就せる比丘は魔の域を超えて太陽の如く輝くなり」と。この義を世尊は宣ひ此處に次のごとく說き給ふ、

「戒と定と慧とをもてる者は、
魔の域を超えて、日のごと輝くなり」と。

世尊はこの義をも亦說き給へりと我聞けり、と。

攝頌　　品第一

根界（五〇・五一）、及び受二（五二・五三）、且つ求二（五四・五五）、漏二（五六・五七）
及び愛（五八）更に魔の域（五九）は始終最上なる品と謂ふ。

註❶雜阿含卷第三八（大正藏、二卷二七七頁）S. N. vol. I, p. 70; 98（南傳藏、一二卷一二二頁、一六四頁）參照。
❷雜阿含卷第三八に譬如「芭蕉竹蘆生果卽死、來年亦壞」とあり、法句經一六四偈には「竹蘆の果は自滅の爲にのみ實る」とあり。
❸中阿含卷第四八多界經（大正藏、一卷七二三頁）　雜阿含卷第一七（大正藏、二卷一一八頁）等

參照。
❹雜阿含卷第一七(同上)參照。
❺雜阿含卷第二八(同一九九頁)　S. N. vol. V, p. 21 等參照。
❻「正しく」とは原因によりてなり。「慢を洞察する」とは慢の見解を洞察し又は捨離を洞察するなり(註釋二九八頁)。
❼D. N. vol. III, p. 216(南傳藏、八卷二九五頁) A. N. vol. II, p. 42 (南傳藏、一八卷七六頁)等參照。
❽S. N. vol. V, p. 56　中阿含卷第七(大正藏、一卷四六二頁)等參照。
❾魔は象に乘る。Dhammapada v. 175 (今卷頁)參照。
❿本事經一二一(大正藏、一七卷六九三頁)參照。

三集　第二品

六〇[1] (三・二・一)

げにこれを世尊は說き應供は說き給へりと我聞けり。「比丘衆よ、[2]此等は三福業事なり。三とは何ぞ。布施に關する福業事、戒に關する福業事、修習に關する福業事なり。比丘衆よ、此等は實に三福業事なり」と。この義を世尊は宣ひ此處に次のごとく說き給ふ、

「彼は未來の樂根たる、福をば學ばむ、
又施と靜と、慈心とを修めむ。
三の樂因たる、斯る法を修め、
瞋なき樂しき世界に、智者は生る」と。
世尊はこの義をも亦說き給へりと我聞けり、と。

六一 (三・二・二)

げにこれを世尊は說き應供は說き給へりと我聞けり。「比丘衆よ、此等は三眼なり。三とは何ぞ。肉眼・天眼・慧眼なり。比丘衆よ、此等は實に三眼なり」と。この義を世尊は宣ひ此處に次のごとく說き給ふ、

「肉眼と天眼と無上の慧眼と、
これら三眼を上人(佛)は說き給ふ。
肉眼の生ずるは、天眼の道
智生ずるをもて、慧眼は無上なり、
この眼を得し者は一切の苦を脫す」と。

世尊はこの義をも亦說き給へりと我聞けり、と。

53 六二[3]（三・二・三）

げにこれを世尊は說き給へりと我聞けり。「比丘衆よ、此等は三根なり。三とは何ぞ。未知當知根・知根・具知根なり。比丘衆よ、此等は實に三根なり」と。この義を世尊は宣ひ此處に次のごとく說き給ふ、

「學びにいそしむ有學者の、直なる道を行ける者に
〔煩惱〕滅盡の上の第一智あり、そより直ちに知〔根〕あり。
更に斯る知解脫者に、有の紲の滅盡により
我が解脫は不動なりとの智あり。
かの根を具せる賢しき者は、靜道（涅槃）を喜び
魔とその象とを服し、最後身を得るなり」と。

世尊はこの義をも亦說き給へりと我聞けり、と。

六三（三・二・四）

げにこれを世尊は說き給へりと我聞けり。「比丘衆よ、此等は三時

なり。三とは何ぞ。過去時、未來時・現在時なり。比丘衆よ、此等は實に三時なり」
と。この義を世尊は宣ひ此處に次のごとく說き給ふ、

54
「[4]みことを想ふ衆生は、みことの上に立ち
みことを識らざるは、死のほだしまつはる。
されどみことを識れるは、說く者を思はず、
心解脫し、無上の靜道に觸る。
げにみことかしこむ賢者は、靜道を悅び、
つゝしみて〔戒に〕從ひ、法に住む、
〔されど〕[5]識者は數に入らず」と。

世尊はこの義をも亦說き給へりと我聞けり、と。

六四[6]（三・二・五）

げにこれを世尊は說き應供は說き給へりと我聞けり。「比丘衆よ、此等は三惡行なり。三とは何ぞ。身惡行・語惡行・意惡行なり。比丘衆よ、此等は實に三惡行なり」と。この義を世尊は宣ひ此處に次のごとく說き給ふ、

「身惡行をなし、あるは語惡行、
意惡行をなし、他の惡とし言はるゝものを〔なし〕、
善き業をなさず、あまた不善をなし、
愚しき者は身壞して、そは奈落に生るゝなり」と。

55 世尊はこの義をも亦說き給へりと我聞けり、と。

[7]六五（三・二・六）

げにこれを世尊は說き應供は說き給へりと我聞けり。「比丘衆よ、此等は三妙行なり。三とは何ぞ。身妙行・語妙行・意妙行なり。比丘衆よ、此等は實に三妙行なり」と。この義を世尊は宣ひ此處に次のごとく說き給ふ、

「身惡行を捨て、あるは語惡行、
意惡行を捨て、他の惡とし言はるゝものを〔捨て〕、
不善業をなさず、あまた善をなし、
賢しき者は身壞して、そは天界に生るゝなり」と。

世尊はこの義をも亦說き給へりと我聞けり、と。

六六（三・二・七）

げにこれを世尊は說き應供は說き給へりと我聞けり。「比丘衆よ、此等は三清淨なり。三とは何ぞ。身清淨・語清淨・意清淨なり。比丘衆よ、此等は實に三清淨なり」と。この義を世尊は宣ひ此處に次のごとく說き給ふ、

「身淨く、語淨く、意淨く、漏なく
56
白淨をもてるを一切を離るゝ者といふ」と。

世尊はこの義をも亦說き給へりと我聞けり、と。

六七（三・二・八）

げにこれを世尊は說き應供は說き給へりと我聞けり。「比丘衆よ、[8]此等は三寂默なり。三とは何ぞ。身寂默・語寂默・意寂默なり。比丘衆よ、此等は實に三寂默なり」と。この義を世尊は宣ひ此處に次のごとく說き給ふ、

「身靜けく、語靜けく、意靜けく、漏なく、
寂默をもてるを、罪なき者といふ」と。

世尊はこの義をも亦說き給へりと我聞けり、と。

六八（三・二・九）

げにこれを世尊は說き給へりと我聞けり。「比丘衆よ、貪欲を斷たず、瞋恚を斷たず、愚癡を斷たざるところの者は、比丘衆よ、こは魔に縛められたる者、不解脫者の魔の罠〔に陷りし者〕、惡の傀儡なりと言はる。比丘衆よ、貪欲を斷ち、瞋恚を斷ち、愚癡を斷てるところの者は、比丘衆よ、こは魔に縛められざる者、解脫者の魔の罠〔に陷りし者〕、惡の傀儡に非ず、と言はる」と。この義を世尊は宣ひ此處に次のごとく說き給ふ、

57

「貪と瞋と無明との去りし、
その身を修めし者は梵天・如來・佛陀となる、
怒りと怖れとを超え、一切を斷ちし者といふ」と。

世尊はこの義をも亦說き給へりと我聞けり、と。

六九（三・二・一〇）

げにこれを世尊は說き給へりと我聞けり。「比丘衆よ、貪欲を斷たず、瞋恚を斷たず、愚癡を斷たざるところの比丘及び比丘尼は、比丘衆よ、こは[9]波浪

あり、渦巻あり、種々の羅刹ある海を渡りし者に非ずと言はる。比丘衆よ、貪欲を斷ち、瞋恚を斷ち、愚癡を斷ちたるところの比丘及び比丘尼は、比丘衆よ、こは波浪あり、渦巻あり、種々の羅刹ある海を渡り、渡り畢りて彼岸に行き陸地に立てる婆羅門なりと言はる」と。この義を世尊は宣ひ此處に次のごとく說き給ふ、

「貪と瞋と無明とを離れし者は、
種々の羅刹や浪の怖れある、渡り難き海をば渡れり。
紲を脫し死を斷ち、煩惱をやみ、苦を離れし者は後有なし、
そは逝きて生に還らず、死王を困惑せしめたりと我はいふ」と。

世尊はこの義をも亦說き給へりと我聞けり、と。

第二品

攝頌

福(六〇)、眼(六一)、及び根(六二)、時(六三)、行二(六四・六五)、淸淨(六六)
寂默(六七)、及び貪欲二(六八・六九)は次に最上なる第二品と謂ふ。

註❶本事經一三四(大正藏、一七卷六九六頁)參照。

❷三福業事に關しては增一阿含卷第十二、三寶品(同二卷六〇二頁)に詳し。
❸本事經一三〇(同六九五頁)參照。
❹S. N. vol. I, P. 11 (南傳藏、一二卷一六頁) 雜阿含卷第三八(大正藏、二卷二八二頁)參照。「みことを想ふ」(akkheyyasaññino)とは告げられ、語られ、慧の動くがみこと(宣べられたこと)なりと論事に言ふ。義としては色等の五蘊なり…… 五取蘊に於て衆生・人等を想ふ者との義なり(註釋二七六頁)。Kathāvatthu vol. I, P. 140-1; S. N. vol. III, P. 71 を見よ。
❺識者(vedagū)とは了解さるべき四諦の彼岸に行く故に vedagū なり(註釋二七八頁)。
❻本事經六九(大正藏、一七卷六七四頁)參照。本事經六九・七〇は巴利文六四・六五兩經を合採せるものに相當し、增一阿含卷第一二、三寶品八(同二卷六〇四頁)は二經を一經とせるものなり。 A. N. vol. I, P. 49 (南傳藏、一七卷七三頁)參照。
❼本事經七〇(同上) A. N. vol. I, P. 49 (同上)參照。
❽A. N. vol I, P. 273 (南傳藏、一七卷四五〇頁)參照。
❾波浪は煩惱、渦卷は五欲樂、海は輪廻海を意味する(註釋二八三頁)。

三集 第三品

七〇 (三・三・一)

げにこれを世尊は說き應供は說き給へりと我聞けり。「比丘衆よ、我は身惡行を成就し、語悪行を成就し、意悪行を成就し、聖者を誹り、邪見を懐き、邪見の業を受くる衆生が身壊し死後、無幸處・悪趣・墮處・奈落に生れたるを見たり。比丘衆よ、こをげに沙門又は婆羅門の何れの者よりも聞かずして我は說く。比丘衆よ、我は
59 身悪行を成就し、語悪行を成就し、意悪行を成就し、聖者を誹り、邪見を懐き、邪見の業を受くる衆生が身壊し死後、無幸處・悪趣・墮處・奈落に生ぜるを見たり。而して亦、比丘衆よ、そを完全に知り、完全に見、完全に理解すればこそ我は說くなり。比丘衆よ、我は身悪行を成就し、語悪行を成就し、意悪行を成就し、聖者を誹り、邪見を懷き、邪見の業を受くる衆生が身壊し死後、無幸處・悪趣・墮處・奈落に生ぜるを見たり」と。この義を世尊は宣ひ此處に次のごとく說き給ふ、

「此處に邪心を懷き邪語を談らひ、
身に邪業をなせる者あり。
此處の短き生涯に、學尠く不善をなせる、
愚者は身壊して、そは奈落に生るゝなり」と。

世尊はこの義をも亦說き給へりと我聞けり、と。

七一（三・三・二）

げにこれを世尊は說き應供は說き給へりと我聞けり。「比丘衆よ、我は身妙行
60 を成就し、語妙行を成就し、意妙行を成就し、聖者を非難せず、正見を懷き、正見の業を受くる衆生が身壞し死後、善趣・天界に生ずるを見たり。比丘衆よ、こをげに沙門又は婆羅門の何れの者よりも聞かずして我は說く。比丘衆よ、我は身妙行を成就し、語妙行を成就し、意妙行を成就し、聖者を非難せず、正見を懷き、正見の業を受くる衆生が身壞し死後、善趣・天界に生ずるを見たり。而して亦、比丘衆よ、そを完全に知り、完全に見、完全に理解すればこそ我は說くなり。「比丘衆よ、我は身妙行を成就し、語妙行を成就し、意妙行を成就し、聖者を非難せず、正見を懷き、正見の業を受くる衆生が身壞し死後、善趣・天界に生ずるを見たり」と。この義を世尊は宣ひ此處に次のごとく說き給ふ、

「此處に正心を懷き正語を談らひ、
身に正業をなせる者あり。
此處の短き生涯に、學多く、善をなせる、

賢者は身壊して、そは天界に生るゝなり」と、

61 世尊はこの義をも亦說き給へりと我聞けり、と。

七二（三・三・三）

げにこれを世尊は說き應供は說き給へりと我聞けり。「比丘衆よ、此等は三出離界なり。三とは何ぞ。欲の〔界〕、これを出離するは捨棄なり、色の〔界〕、これを出離するは無色なり、あらゆる存在せるもの、作られしもの、緣によりて起りしもの、それを出離するは滅盡なり。比丘衆よ、此等はげに三出離界なり」と。この義を世尊は宣ひ此處に次のごとく說き給ふ、

「欲〔界〕の出離を知り、色〔界〕を越えし、
常に勇猛なる者は、一切行の靜けさに觸る。
かく正しく見たる比丘は、此處に解脫す、
神通を悟れる賢しき者こそ、繫離れし牟尼なれ」と。

世尊はこの義をも亦說き給へりと我聞けり、と。

七三（三・三・四）

62 げにこれを世尊は說き應供は說き給へりと我聞けり。「比丘衆よ、色より無色は勝《すぐ》れ、無色より滅盡は勝る」と。この義を世尊は宣ひ此處に次のごとく說き給ふ、

[1]「色〔界〕に入る衆生と、無色〔界〕に停まる者とは
滅〔界〕を知らず、他生にゆく。
[2]色〔界〕を識りて、無色〔界〕に停まらず、
滅〔界〕に解脫せる人々は、死を捨てし者なり。
無漏正自覺者は、身もて不死の界に觸れ
依著を離れ、依著の捨を現じ給ひ、
無憂離染の道を說き給ふ」と。

世尊はこの義をも亦說き給へりと我聞けり、と。

七四[3]（三・三・五）

げにこれを世尊は說き應供は說き給へりと我聞けり。「比丘衆よ、世間に此等
63 三見の存すること知らる。三とは何ぞ。優生・隨生・劣生なり。さらば、比丘衆よ、

優生兒とは如何なるものぞ。比丘衆よ、此處に兒童の父母あり、佛に歸依せず、法に歸依せず、僧に歸依せず、殺生を愼まず、不與取を愼まず、欲の邪行を愼まず、噓言を愼まず、穀酒及び木酒を飮む放逸なる狀態を愼まず、戒を犯し、惡法を成すものなり、しかも彼等の子にして佛に歸依し、法に歸依し、僧に歸依し、殺生を愼み、不與取を愼み、欲の邪行を愼み、噓言を愼み、穀酒及び木酒を飮む放逸なる狀態を愼み、戒を具し、善法を成すものなり、比丘衆よ、是の如きは、げに優生兒なり。さらば、比丘衆よ、隨生兒とは如何なるものぞ。比丘衆よ、此處に兒童の父母あり、佛に歸依し、法に歸依し、僧に歸依し、殺生を愼み、不與取を愼み、欲の邪行を愼み、噓言を愼み、穀酒及び木酒を飮む放逸なる狀態を愼み、戒を具し、善法を成すものなり、しかも彼等の子にして佛に歸依し、法に歸依し、僧に歸依し、殺生を愼み、不與取を愼み、戒を具し、善法を成すものなり、比丘衆よ、是の如きは、げに隨生兒なり。さらば、比丘衆よ、劣生兒とは如何なるものぞ。比丘衆よ、此處に兒童の父母あり、佛に歸依し、法に歸依し、僧に歸依し、殺生を愼み、不與取を愼み、欲の邪行を愼み、噓言を愼み、穀酒及び木酒を飲む放逸なる狀態を愼み、戒を具し、善法を成すものなり、しかも彼等の子にして佛に歸依せず、法に歸依せず、僧に歸依せず、殺生を愼まず、不與取を愼まず、欲
64の邪行を愼まず、噓言を愼まず、穀酒及び木酒を飲む放逸なる狀態を愼まず、戒を犯し、惡法を成すものなり、比丘衆よ、是の如きは、げに劣生兒なり。げに比丘衆よ、世間にこれら三兒の存すること知らる」と。この義を世尊は宣ひ此處に次のごとく說き給ふ、

「智者は優生・隨生の兒を欲し、
善家を損ふ、劣生を欲せず。
この世間の兒等は、信と戒とを具へ、
吝ならざる美はしき信士となるなり、
むら雲の上に出づる、さやけき月のごと」と。

世尊はこの義をも亦說き給へりと我聞けり、と。

七五 (三・三・六)

げにこれを世尊は說き應供は說き給へりと我聞けり。「比丘衆よ、世間に此等

三者の存すること知らる。三とは何ぞ。旱魃に擬せらるゝ者、地方的降雨〔に擬せらるゝ者〕、一切處の降雨〔に擬せらるゝ者〕なり。然らば、比丘衆よ、如何なる人が旱魃に擬せらるゝ者ぞ。比丘衆よ、此處に或種の人は一切の人々に對する施與者に非ざるなり、〔即ち〕沙門・婆羅門・貧民・旅人・乞食に對し、食物・飲物・衣服・乘物・華
65 鬘・香油・香水・臥床・住居・燈明を與ふる者として。比丘衆よ、是の如き人は旱魃に擬せらるゝ者なり。さらば、比丘衆よ、如何なる人が地方的降雨〔に擬せらるゝ者〕ぞ。比丘衆よ、此處に或種の人は一部の者に對しては施與者なれど一部の者に對しては施與者に非ざるなり、〔即ち〕沙門・婆羅門・貧民・旅人・乞食に對し、食物・飲物・衣服・乘物・華鬘・香油・香水・臥床・住居・燈明を與ふる者として。比丘衆よ、是の如き人は地方的降雨〔に擬せらるゝ者〕なり。さらば、比丘衆よ、如何なる人が一切處の降雨〔に擬せらるゝ者〕ぞ。比丘衆よ、此處に或種の人は一切の者に施すなり、〔即ち〕沙門・婆羅門・貧民・旅人・乞食に對し、食物・飲物・衣服・乘物・華鬘・香油・香水・臥床・住居・燈明を與ふる者として。比丘衆よ、世間にこれら三者の存すること知らる」と。この義を世尊は宣ひ此處に次のごとく說き給ふ、

「沙門に婆羅門に、はた貧しき者と旅人とに、
66 有てる飯と水と食とを分けざる
悪き人をぞ、旱魃に擬せらるゝ者といふ。
ある者には與へず、或者には與ふるを、
賢しき人々は、地方の降雨に擬せらるゝ者といふ。
總ての者を憐れみ、澤なす食を約せし人は、
悦びと誇りとを覺え、「與へよ、與へよ」といふ。
雨雲立ち昇り、いかづち轟き、雨降りて、
霽れて、にはたずみの、高き低きを浸すごと、
この世の或者は、斯のごとし。
そは、法をもて集め、勉めて富を得しとき、
67 正しく飯と水もて、旅する衆生を悦ばしむ」と。
世尊はこの義をも亦説き給へりと我聞けり、と。

[4]七六（三・三・七）

げにこれを世尊は說き應供は說き給へりと我聞けり。「比丘衆よ、此等三樂を希求しつゝ智者は戒を護るべし。三とは何ぞ。我に名譽を與へよ、とて智者は戒を護るべし。我に富を生ぜしめよ、とて賢者は戒を護るべし。我は身壞し死後、善趣・天界に生ぜん、とて賢者は戒を護るべし。比丘衆よ、此等三樂を希求しつゝ賢者は戒を護るべし」と。この義を世尊は宣ひ此處に次のごとく說き給ふ、

「賢しきは戒を護るべし、三つの樂を求めつゝ、
そは譽れと富を得ると、逝きて天界を樂しむとなり。
たとひ罪を爲さずとも、犯せし者と交らば、
罪を疑はれ、更に非難をたかむなり。
あらゆるものを犯せし、友と交らば、
そは斯る者となる、共住はげに斯くのごとし。
交る者に交り、觸るゝ者に觸る
汚れし箭の浮き箭束を瀆すごと
耀ける巖のごとき智者こそ、惡友にあらず。

吉祥草の葉もて、人うれし魚を包まば
草亦惡臭を放つごと、愚しきに交るも似たり。
されど葉もて人、多掲羅《タガラ》を包まば、
葉亦香を放つごと、賢しきに交るも似たり。
されば自ら葉籠の中を知り
69
智者は惡人と交らで、善人と交る、
惡は奈落に曳かれ、善は善趣に導かる」と。

世尊はこの義をも亦說き給へりと我聞けり、と。

七七（三・三・八）

げにこれを世尊は說き應供は說き給へりと我聞けり。「比丘衆よ、この〔色〕身は斷滅す。識は染法なり。一切の❺依著は無常・苦・轉變の法なり」と。この義を世尊は宣ひ此處に次のごとく說き給ふ、

「身の破るゝと、識の移ろひ易きとを知り、
依著に畏れを見、生死を知り、

最勝の寂靜に達し、克己せる者は、〔涅槃の〕時を待つなり」と。

世尊はこの義をも亦說き給へりと我聞けり、と。

七八[6]（三・三・九）

70

げにこれを世尊は說き應供は說き給へりと我聞けり。「比丘衆よ、世界の衆生は衆生同士交り親しむ、[7]劣れる傾向の衆生は劣れる傾向の衆生同士交り親しみ、勝[8]れたる傾向の衆生は勝れたる傾向の衆生同士交り親しむなり。比丘衆よ、過去時に於ても世界の衆生は衆生同士交り親しみき、劣れる傾向の衆生は劣れる傾向の衆生同士交り親しみ、勝れたる傾向の衆生は勝れたる傾向の衆生同士交り親しみたり。比丘衆よ、未來時に於ても世界の衆生は衆生同士交り親しむならむ。比丘衆よ、劣れる傾向の衆生は劣れる傾向の衆生同士交り親しみ、勝れたる傾向の衆生は勝れたる傾向の衆生同士交り親しむならむ。比丘衆よ、現在時に於ても世界の衆生は衆生同士交り親しむ、劣れる傾向の衆生は劣れる傾向の衆生同士交り親しみ、勝れたる傾向の衆生は勝れたる傾向の衆生同士交り親しむなり」と。この義を世尊は宣ひ此處に次のごとく說き給ふ、

「交るより杜の下生え生れ、交らざれば萎らる、
木片に凭る者の大海に沈まむごと、
なりはひ正しくも懈怠者に親しまば沈まむのみ。
さればゞその精進なき懈怠者を避けむ
遠離し精勤し禪思せる聖者
常に精進せる智者と共に住すべし」と。
世尊はこの義をも亦說き給へりと我聞けり、と。

七九（三・三・一〇）

げにこれを世尊は說き應供は說き給へりと我聞けり。「比丘衆よ、此等三法は有學の比丘衆を退失に導くなり。三とは何ぞ。此處に、比丘衆よ、有學の比丘は事業を喜び、事業を享樂し、事業に耽ることあり。談話を喜び、談話を享樂し、談話に耽ることあり。睡眠を喜び、睡眠を享樂し、睡眠に耽ることあり。げに、比丘衆よ、此等三法は有學の比丘衆を退失に導くなり。此等三法は有學の比丘衆を不退失に導くなり。三とは何ぞ。此處に、比丘衆よ、有學の比丘は事業を喜ぶことと

なく、事業を享樂することなく、事業に耽ることなし。談話を喜ぶことなく、談話を享樂することなく、談話に耽ることなし。睡眠を喜ぶことなく、睡眠を享樂す
72 ることなく、睡眠に耽ることなし。げに、比丘衆よ、此等三法は有學の比丘衆を不退失に導くなり」と。この義を世尊は宣ひ此處に次のごとく説き給ふ、

「わざを喜び、談るを樂しみ、眠るを喜び、不遜なる、
斯る比丘は、いと勝れし正しき菩提を證り得じ。
されば、げに斯る務めなく、眠りなく、誇りなき、
斯る比丘は、いと勝れし正しき菩提を證り得」と。

世尊はこの義をも亦説き給へりと我聞けり、と。

第三品

攝頌

二見(七〇・七一)、出離(七二)、色(七三)、兒(七四)及び旱魃に擬せらるゝ者につき(七五)、
樂(七六)、及び斷滅(七七)、世界(七八)、退失につきて(七九)、此等の十なりと。

註❶最初の一行S. N. vol. I, p. 131（南傳藏一二卷二二四頁）に出づ。
❷以下第五一經に出づ。
❸本事經一二四（大正藏一七卷六九四）參照。雜阿含卷第三一（大正藏、二卷二二〇—一頁）に相當經あり。
❹本事經一二二（同六九三頁）參照。
❺依著(upadhi)とは蘊依・煩惱依・行依・五欲樂依を指す。
❻本事經一一一（同六八九頁）參照。
❼五欲樂に傾くもの（註釋三二〇頁）。
❽善き出家に傾くもの（同上）。
❾本事經一二七（同六九四頁）參照。

三集　第四品

八〇❶（三・四・一）

げにこれを世尊は説き應供は説き給へりと我聞けり。「比丘衆よ、此等三の不善尋思あり。三とは何ぞ。無蔑相應の尋思、利養・稱譽・世評相應の尋思、慈愍・遠離

73 相應の尋思なり。げに比丘衆よ、此等三の不善尋思あり」と。この義を世尊は宣ひ此處に次のごとく說き給ふ、

「親しさと、富と、譽と、敬ひとになずみ
友と共に悅ぶは、ほだし離るゝこと遠し。
さあれ童や獸をはなれ、種々のものを捨てし、
斯る比丘はいと勝れし、正しき菩提を證り得るなり」と。

世尊はこの義をも亦說き給へりと我聞けり、と。

八一（三・四・二）

「比丘衆よ、我は恭敬によりて服せられし（慢心）、心の消耗せる衆生の身壞し死後、無幸處・惡趣・墮處・奈落に生ぜるを見たり。比丘衆よ、我は恭敬されざることによりて服せられし（憎み）、心の消耗せる衆生の身壞し死後、無幸處・惡趣・墮處・奈落に生ぜるを見たり。比丘衆よ、我は恭敬により、恭敬されざることにより、その兩者によりて服せられし、心の消耗せる衆生の身壞し死後、無幸處・惡趣・墮處・奈落に生ぜ
74 るを見たり。されど、比丘衆よ、我はそれを他の沙門或は婆羅門に聞きて說くに

非ざるなり。「比丘衆よ、我は恭敬によりて服せられし、心の消耗せる衆生の身壊し死後、無幸處・悪趣・墮處・奈落に生ぜざるを見たり。比丘衆よ、我は恭敬されざることによりて服せられし、心の消耗せる衆生の身壊し死後、無幸處・悪趣・墮處・奈落に生ぜざるを見たり。比丘衆よ、我は恭敬により、恭敬されざることにより、その兩者によりて服せられし、心の消耗せる衆生の身壊し死後、無幸處・悪趣・墮處・奈落に生ぜるを見たり」〔と〕。されど比丘衆よ、我は完全に識り、完全に見、完全に理解せるところのものを是の如く説くなり、「比丘衆よ、我は恭敬によりて服せられし、心の消耗せる衆生の身壊し死後、無幸處・悪趣・墮處・奈落に生ぜるを見たり。比丘衆よ、我は恭敬されざることによりて服せられし、心の消耗せる衆生の身壊し死後、無幸處・悪趣・墮處・奈落に生ぜるを見たり。比丘衆よ、我は恭敬により、恭敬されざることにより、その兩者によりて服せられし、心の消耗せる衆生の身壊し死後、無幸處・悪趣・墮處・奈落に生ぜるを見たり」〔と〕。

「敬はれつゝある時も、又敬はれざるとその兩者によりても
不懈怠に住して三昧の動ぜざる人

その三昧に入れるゝつとめて撓まざる緻密に勝観せる執著の盡くるを悦べる者を善人とはいふなり」と。

八二(三・四・三)

「比丘衆よ、諸天の中に於て時々此等三種の天聲生ず。三種とは何ぞ。比丘衆よ、聖弟子の髪鬚を剃り黄衣を著して家なき出家たらむと思ひし時、その節、比丘衆よ、諸天の中に於て天聲生ずるなり「この聖弟子は魔と共に闘はむと思へり」と。これ、比丘衆よ、諸天の中に於て時々生ずる中の第一の天聲なり。更に又、比丘衆よ、聖弟子が七の菩提分法の修習の行に相應して住する時、その節、比丘衆よ、諸天の中に於て天聲生ずるなり「この聖弟子は魔と共に闘ひ始めたり」と。これ、比丘衆よ、諸天の中に於て時々生ずる中の第二の天聲なり。更に又、比丘衆よ、聖弟子が諸漏を盡し、無漏の心解脱と慧解脱とを現法に於て自らよく證し通達して住する時、その節、比丘衆よ、諸天の中に於て天聲生ずるなり「この聖弟子は戰捷せり、則ちその戰線を征服して住す」と。これ、比丘衆よ、諸天の中に於て時々生ずる中の第三の天聲なり。げに、比丘衆よ、諸天の中に於て此等三種の天聲生ずるなり」

76 と。

「戰に勝てる正自覺者の弟子を見て、
常に諸天もさわにほめなむ。
解脫もて死の軍に打ち勝ち障へられざるを
かの氣高き者は「汝は捷ち難きに捷てり」とほむ。
げにそを得つゝあるを、諸天はほめ
死の力を服したれば、彼等はそを讚へむ」と。

八三[3] (三・四・四)

「比丘衆よ、天〔子〕が天身を歿せむとする時、五の前兆顯はる、『花鬘は萎み、衣服は破れ、腋の下より汗は流れ、體は醜くなり、天子は己が天の座を欣ばざるに至る』と。
よりて、比丘衆よ、諸天は『此の天子は死すなり』と知りて三種の語をもて鼓舞す『君
77 よ、善趣に行け、善趣に行きて善き所得を得よ、善き所得を得て君は善き安立とな
れ』と。是の如く言はれて或比丘は世尊に次のごとく申せり、『世尊よ、諸天の善趣と稱せるは何處なりや。又、世尊よ、諸天の善き所得と稱せるは奈何なるもの

なりや。更に世尊よ、諸天の善き安立となれと稱せるは奈何なることなりや」と。
「比丘衆よ、人間界こそその善趣と稱せるものなり。人間として如來の説き給へる法と律とに信を得るは、これ、比丘衆よ、諸天の善き所得と稱せるものなり。而してその信は安立し、根は生じて定著し、世間に於ける沙門・婆羅門又は天・魔・梵天或は如何なる者によるも堅固にして拘束さるゝことなし、これ、比丘衆よ、諸天の善き安立と稱するものなり」と。

78
「天[子]天身の命終のとき、
諸天のはげます三聲起る。
行け、君よ、人と親しき善趣へ、
人としては正法の上に、こよなき信を得よ。
その、しかと立てる信は根を生じて定まり、
命のかぎり揺がず正法を克く知るなり。
身惡行を斷ち、あるは語惡行、
意惡行を斷ち、他の惡とし言はるゝものを[斷ち]、

身もて善を、語もて善を澤になし、
意もて限りなく善をなして依身なし。
施により依身の大なる福をなして、
他をも亦死の正法の梵行に入らしむ。
諸天は死する天〔子〕を知りしとき、
親しみもて勵ますなり、幾度も、「天〔子〕よ、行け」と。

八四[4]（三・四・五）

「世間に生れたる此等三種の人は多數の人の利のため、多數の人の樂のため、世の中に對する哀愍のため、天と人との義のため樂のために生ぜり。三とは何ぞ。
79 比丘衆よ、こゝに如來・應供・正自覺・明行足・善逝・世間解・無上士・調御丈夫・天人師・佛・世尊は世に出興せられたり。佛は初めに善く、中に善く、終りに善き法を開闡し給ひ、義を具し文を具せる法を說き、比類なき完全清淨なる梵行を明し給ふ。これ、比丘衆よ、世間に生れたる第一人者にして多數の人の利のため、多數の人の樂のため、世の中に對する哀愍のため、天と人との義のため樂のために生じたるなり。

復次に、比丘衆よ、彼の師の弟子たる阿羅漢あり、諸の煩惱を盡し、已に生活し、已に所作をなし、重擔を捨て、自《み》らの義利を得、諸の有結を離れ、正智によりて解脱せり。彼は初めに善く、中に善く、終りに善く、義を具し文を具せる法を説き、比類なき完全清淨なる梵行を明す。これ亦、比丘衆よ、世間に生れたる第二人者にして多數の人の利のため、多數の人の樂のため、世の中に對する哀愍のため、天と人との義のため樂のために生じたるなり。復次に、比丘衆よ、彼の師の弟子たる有學者あり、道を修し、多聞にして戒行を具す、彼も亦初めに善く、中に善く、終りに善く、義を具し文を具せる法を説き、比類なき完全清淨なる梵行を明す。これ亦、比丘衆よ、世間に生れたる第三人者にして多數の人の利のため、多數の人の樂のため、世の中に對する哀愍のため、天と人との義のため樂のために生じたるなり。げに、比丘衆よ、世間に生れたるこれら三種の人は多數の人の利のため、多數の人の樂のため、世の中に對する哀愍のため、天と人との義のため樂のために生ぜり」と。

「師こそ世に第一の大仙なり、彼に從へる者はこゝろ厚く、
有學者もはた克く學び多聞にして戒を具ふ。

斯る三人の天と人との師は光を與へ法を宣べ、
不死の戸を開き、もろ人にほだしを盡さしむ。
こよなき師の導きにより、示し給へる道をたどり、
善逝の教にあつきは、苦の終りをなすなり」と。

八五 ❺ (三・四・六)

「比丘衆よ、身に不淨觀を修せよ、而して汝等は出入息念を内心の前に緊く持せよ、諸行につきては無常觀に任せよ。比丘衆よ、不淨觀に任せば則ち淨界に於て貪心を捨つべし。出入息念を内心の前に緊く持せば則ち外部より尋思を碎く
81 ものあらじ。諸行につきて無常觀に任せば則ち諸の無明を捨離し則ち諸の明を生ずるなり」と。

「身のけがれを思ひ、呼吸を念じ、
諸行の靜けさを常に熟く見たる、
げに正しく見たる比丘は、此處に解脱す、
神通を悟れる賢しき者こそ、紲離れし牟尼なれ」と。

八六[6] (三・四・七)

「法[7]・隨法に入れる比丘にこ[8]の隨法あり、この「法・隨法に入る」といふことを說明せば、彼は法のみを說きつゝありて非法を說かず、或は法の尋思をのみ尋思しつゝありて非法の尋思を尋思せず、その兩者を滅して忍辱・正念・正知に住するなり」と。

「法を樂しみ、法を欣び、法を隨念し、
法をかへりみし比丘は、正法を斷たじ。
若[9]し行くにも、立つにも、坐すにも、はた臥すにも、
內心そろはゞ、安穩に入るなり」と。

[10]八七 (三・四・八)

「比丘衆よ、此等三の不善尋思は諸の闇黑を作るもの、〔慧〕眼を作らざるもの、無智を作るもの、慧盡をなすもの、〔惡の〕滅を碎くもの、〔煩惱の〕寂滅に資せざるものなり。三とは何ぞ。比丘衆よ、欲尋思は諸の闇黑を作るもの、〔慧〕眼を作らざるもの、無智を作るもの、慧盡をなすもの、〔惡の〕滅を碎くもの、〔煩惱の〕寂滅に資せざるものなり。比丘衆よ、恚尋思は諸の闇黑を作るもの、〔慧〕眼を作らざるも

の、無智を作るもの、慧盡をなすもの、〔惡の〕滅を碎くもの、〔煩惱の〕寂滅に資せざ
るものなり。比丘衆よ、害尋思は諸の闇黑を作るもの、〔慧〕眼を作らざるもの、無
智を作るもの、慧盡をなすもの、〔惡の〕滅を碎くもの、〔煩惱の〕寂滅に資せざるも
のなり。げに、比丘衆よ、此等三不善尋思は諸の闇黑を作るもの、〔慧〕眼を作らざ
るもの、無智を作るもの、慧盡をなすもの、〔惡の〕滅を碎くもの、〔煩惱の〕寂滅に資
せざるものなり。比丘衆よ、此等三善尋思は諸の闇黑を作らざるもの、〔慧〕眼を
作るもの、智を作るもの、慧を增長するもの、〔惡の〕滅を碎かざるもの、〔煩惱の〕寂
滅に資するものなり。三とは何ぞ。比丘衆よ、出離尋思は諸の闇黑を作らざる
もの、〔慧〕眼を作るもの、智を作るもの、慧を增長するもの、〔惡の〕滅を碎かざるも
の、〔煩惱の〕寂滅に資するものなり。比丘衆よ、無恚尋思は諸の闇黑を作らざるも
の、〔慧〕眼を作るもの、智を作るもの、慧を增長するもの、〔惡の〕滅を碎かざるもの、
〔煩惱の〕寂滅に資するものなり。比丘衆よ、無害尋思は諸の闇黑を作らざるもの、
〔慧〕眼を作るもの、智を作るもの、慧を增長するもの、〔惡の〕滅を碎かざるもの、〔煩
83 惱の〕寂滅に資するものなり。げに、諸比丘よ、此等三善尋思は諸の闇黑を作らざ

るもの、〔慧〕眼を作るもの、智を作るもの、慧を増長するもの、〔悪の〕滅を砕かざるもの、〔煩悩の〕寂滅に資するものなり」と。

「三のよき尋思を懐き、さらに悪しき三を捨てなば、
彼の尋と伺を靜めること雨の塵を除くが如し
その尋思の靜まりし心もて、彼は安穩の道に入るなり」と。

八八（三・四・九）

「比丘衆よ、此等三の內の汚れ、內の敵、內の敵愾心、內の殘忍性、內の反對性あり。三とは何ぞ。比丘衆よ、貪欲は內の汚れ、內の敵、內の敵愾心、內の殘忍性、內の反對性なり。比丘衆よ、瞋恚は內の汚れ、內の敵、內の敵愾心、內の殘忍性、內の反對性なり。比丘衆よ、愚癡は內の汚れ、內の敵、內の敵愾心、內の殘忍性、內の反對性なり。げに比丘衆よ、此等三の內の汚れ、內の敵、內の敵愾心、內の殘忍性、內の反對性あり」と。

「貪は不義をまねき、貪は心をおどらす、
この內より起る畏れを、人は覺らず。

貪れる者は義を知らず、貪れる者は法を見ず、
人を貪の服せし時盲と闇あり。
されど貪を捨て、貪るべきを貪らざる者
そより貪は捨てらる、蓮〔葉より落つる〕露のごと。
瞋は不義をまねき、瞋は心をおどらす、
この內より起る畏れを、人は覺らず。
瞋れる者は義を知らず、瞋れる者は法を見ず
人を瞋の服せし時、盲と闇あり。
されど瞋を捨て、瞋るべきを瞋らざる者
そより瞋は捨てらる、枝〔より落つる〕多羅の果のごと。
愚さは不義をまねき、愚さは心をおどらす、
この內より起る畏れを、人は覺らず。
癡れる者は義を知らず、癡れる者は法を見ず、
人を愚さの服せし時、盲と闇あり。

されど愚さを捨て、癡るべきを癡れざる者
そは總ての愚さを斷つ、闇に日の昇るがごと」と。

八九(三・四・一〇)

げにこれを世尊は說き應供は說き給へりと我聞けり。「比丘衆よ、三の惡法によりて征服されたる、心の消耗せる提婆達多は、まぬかれ難き惡趣・奈落に永劫住せり。三とは何ぞ。比丘衆よ、惡欲によりて征服されたる、心の消耗せる提婆達多は、まぬかれ難き惡趣・奈落に永劫住せり。比丘衆よ、惡友によりて征服されたる、心の消耗せる提婆達多は、まぬかれ難き惡趣・奈落に永劫住せり。然し最上の作すべき事に[達せず][11]此の世のみに屬することにより、又は[12]特種のものに達せるを以て[13]功中ばに終れり。げに、比丘衆よ、此等三の惡法によりて征服されたる、心の消耗せる提婆達多は、まぬかれ難き惡趣・奈落に永劫住せり」と。この義を世尊は宣ひ此處に次のごとく說き給ふ、

「惡しき欲を懷きて、いかなる世にも生るゝ勿れ、
そをば復惡欲の者の趣と知るべし。

86

われ聞けり、提婆達多は智者といはれ、
身を修めし者と崇められ、譽れ焰のごと高かりき、と。
懈怠をなし、如來をなやまして、彼は
怖ろしき阿鼻地獄の四つの門に入る。
惡しき業をせざる、汚れなき人をそこなはむ者は
心汚れ、敬ひを失し、惡にのみ觸れむ。
毒瓶もて海を汚さむと思へる人も、
そをもて得ざるべし、げにそより海は大なればなり。
言の葉もて、この如來を、そこなふ者ありとも、
行ひ正しく心善き彼の上に言は及ばじ。
智者はかゝる友を作り、そに從ふべし、
道に從へる比丘は、苦の滅を成さむ、と。

87

世尊はこの義をも亦說き給へりと我聞けり、と。

第四品

その攝頌

尋思(八〇)、恭敬(八一)、聲(八二)、死ぬこと(八三)、世間(八四)、不淨(八五)、法(八六)、闇黑の所作(八七)、汚れ(八八)、提婆達多につきて(八九)、此等の十なりと。

註❶本事經一二六(大正藏、一七卷六九四頁)參照。

❷本事經一三七(同六九八頁)參照。

❸雜阿含卷第二六見品三(大正藏、二卷六九三—四頁)參照。

❹本事經一三六(同六九七頁)參照。

❺本事經一三二(同六九六頁)參照。

❻本事經一二五(同六九四頁)に正法尊重を說く點一致す。

❼此處に法と名づくるは九種の出世間法(四向・四果・涅槃)なり。その法の隨法は戒清淨の前分修行の法なり(註釋三五二頁)。

❽「この隨法あり」とは、それ相應の自性、適當の自性なり(同上)。

❾A. N. vol. II, p. 14 (南傳藏、一七卷二四頁)に出づ。

❿本事經一〇〇・一〇一に同一法數を說く點に於て類似す。

⓫不放逸による單なる禪智を指す。

⓬上人法を指す。

⓭未だせざる義務あり乍ら已にせる義務多しと思ひ沙門法の失に墮すなり(註釋三六五頁)。

三集　第五品

[1]九〇（三・五・二）

げにこれを世尊は説き應供は説き給へりと我聞けり。「比丘衆よ、此等三の勝信あり。三とは何ぞ。比丘衆よ、無足・二足・四足多足有色・無色・有想・無想及び非想非非想の所有《あらゆる》有情の中に於て應供・正自覺者なる如來は勝れたるものなりと宣
88 説せらる。比丘衆よ、佛を信じたる人々は最勝を信じたるものにして更に最勝を信じたる勝果あり。比丘衆よ、有爲・無爲の所有《あらゆる》法の中に於て離貪は勝れたるものなりと宣説せらる。そは慢を離れ渴を無みし、執著を捨て、流轉を斷じ、愛を盡し、無貪滅盡の涅槃なり。比丘衆よ、法を信じたる人々は最勝を信じたるものにして更に最勝を信じたる勝果あり。比丘衆よ、所有《あらゆる》僧伽・衆の中に於て四雙者、八輩者なるところの如來の弟子僧伽は勝れたるものなりと宣説せらる。此の世尊の弟子僧伽は尊敬され、恭敬され、供養され、合掌さるべく世間無上の福田なり。比丘衆よ、僧伽を信じたる人々は最勝を信じたるものにして更に最勝を信

じたる勝果あり。げに此等三の勝信あり」と。この義を世尊は宣ひ此處に次のごとく說き給ふ、

「勝れし者を信じ、勝れし法を知り、
こよなき應施者たる、勝れし佛を信じ
無貪・安靜の樂たる、勝れし法を信じ
こよなき福田たる、勝れし僧を信じ
勝れしものに施をほどこさば、勝れし福をば增し、
勝れし壽と色と譽れと世評と悅びと力とを〔增す〕。
さかしき人は勝れしものに與へ、勝れし法を等持し、
天あるは人として、勝果を悅ぶなり」と。❷

世尊はこの義をも亦說き給へりと我聞けり、と。

九一❸〔三・五・二〕

「比丘衆よ、こは最後の生活卽ち托鉢なり。比丘衆よ、この托鉢者は手に鉢を持して世間を遊行すとの謂なり。而して比丘衆よ、この賢しき善男子は❹〔勝〕義のた

めに行くなり。曾て[5]王に捕縛されし者にあらず、曾て[6]盗賊に拉致されし者にあらず、負債のために〔出家せる者に〕あらず、怖畏のために〔出家せる者に〕あらず、生きむがためにせるものにあらず。しかのみならず、已に陷りし生・老・死・愁・悲・苦・憂・惱の苦を服せる者・苦を滅せる者なり。されば比類なき此の苦蘊の終りを知るべ
90 し」と。「比丘衆よ、是の如き出家せる善男子にして切望あり、欲につきて劇情を懷き、恚心を懷き、邪思惟を懷き、放逸にして知解なく堅固ならず、惑心を懷く自性根の者あり。譬へば、比丘衆よ、火葬場の炬火にて兩端の燃えしもの、眞中に糞を塗りし物は聚落に於て薪の用をなさず林間に於ても〔木材の用をなさざる〕が如し。同様に、比丘衆よ、我はこの者は〔一方に〕在家の享樂を捨てし者なり、而も〔他方に〕沙門の〔勝〕義を成滿せずと說くなり」と。

「世の人のたのしみと沙門の義とを捨つるはつれなし、
失はれつゝ、捨てらる、燒場の炬火の捨てらるゝごと。
破戒無慚のものは、國の飯を食まむより
火焔のごと灼熱せる鐵丸を食ふにしかじ」と。

91

九二 (三・五・三)

「比丘衆よ、假令比丘が和合衣の裳を執り後より隨行して我が足跡を踏まむも、彼若し切望あり、欲につきて劇情を懷き、恚心を懷き、邪思惟を懷き、放逸にして知解なく、堅固ならず惑心を懷く自性根あらば、則ち彼は我よりはた我は彼より遠ざかる。所以は如何。何となれば、比丘衆よ、彼の比丘は法を見ず、法を見ざる者は我を見ざればなり。比丘衆よ、假令かの比丘が百由旬の處に住するも彼若し切望なく欲につきて劇情を懷かず、恚心を懷かず、邪思惟を懷かず、不放逸にして知解し、堅固にして一境心なる護根あらば、則ち彼は我にはた我は彼に近づく。所以は如何。何となれば比丘衆よ彼の比丘は法を見る法を見る者は我を見ればなり」と。

「若し彼の隨ふ者も大欲にして心顚倒せば、
欲求する者は無欲より、淸涼ならざる者は淸涼より、
貪婪の者は離欲より、いと遠ざかるを見るべし。
法をよく學び、法を解したるは智者なり、

92 深き池の底のごと、欲なき者は心鎮まる。
欲なき者は無欲に、清涼なる者は清涼に、
離欲の者は離貪に、いと近づくを見るべし」と。

九三（三・五・四）

「比丘衆よ、此等三火あり。三とは何ぞ。貪火・瞋火・癡火なり。げに比丘衆よ、此等三火あり」と。

「貪のほむらは欲に染み、しびれし人を焼き、
瞋のほむらは殺生の悪心を懐くものを〔焼き〕
癡のほむらは迷へる者の聖法を知らざる者を〔焼く〕
わが身を悦ぶ人々は、此等のほむらを知らず
奈落と傍生と阿修羅と餓鬼境を増大す、
93 彼等は魔の縛めを脱れ得ずして。
日に夜に正自覚者の教に依るものは、
常に不浄想により貪のほむらを消す。

勝れし人はめぐみもて瞋のほむらを消し、
證得の慧もて癡のほむらを〔消す〕。
そを消して日に夜に倦まざる賢しき者は、
殘りなく圓寂し、殘りなく苦をば越えたり。
識ある聖見の者、智者は正しき智によりて
生滅をよく知り、後有に行かじ」と。

九四（三・五・五）

94 「比丘衆よ、比丘はそれぞれの方法にて考察すべし。その如く考察せる者は外にその知解を流さず〔顚倒せしめず〕、内に安立せざる〔愛等を〕取らずして、未來を怖れず生・老・死の苦因を生ずることあらじ」と。

[7]「七のほだしを斷ち、誘引を切れる比丘の
かの生の流轉を破るは、彼に後有あらじ」と。

九五[8]（三・五・六）

「比丘衆よ、此等三欲生あり。三とは何ぞ。現欲・化樂〔欲〕・他化自在〔欲〕なり。げに

比丘衆よ、此等三欲生あり」と。
「現在の欲を有てる者と、他に欲を受用する
〔他化〕自在の諸天と、化樂の諸天あり。
智者は此處の有、彼處の有、欲樂に於ける
天と人との一切の欲を斷つ。
いとしさと、喜びと、執著の、越え難き流れを切り
殘りなく圓寂し殘りなく苦をば越えたり。
識ある聖見の者、智者は、正しき智によりて
生滅をよく知り、後有に行かじ」と。

九六（三・五・七）

「比丘衆よ、欲の繋縛と相應し、有の繋縛と相應せるは〔一〕來なり、此の世への歸還あり。比丘衆よ、欲の繋縛に束縛されず、有の繋縛と相應せるは不還なり、此の世への不還あり。比丘衆よ、欲の繋縛に束縛されず、有の繋縛に束縛されざるは阿羅漢〔應供〕なり、漏盡あり」と。

「欲のほだしと生くる紲との兩つにむすぼれし衆生は、
生死を得、輪廻に逝く。
されど欲を斷ち、漏を盡し得ず、
生くる紲にまつはれるは、不還者なりと言はる。
さあれ輪廻を斷ち、慢と後有とを無みし、
漏を盡し得たる者は、此の世にて彼岸に達せる者なり」と。

第三誦品

九七〔三・五・八〕

「比丘衆よ、戒に善く、法に善く、慧に善き比丘は此の法と律とに完全に住し而も上人と言はる。さらば、比丘衆よ、戒に善き比丘とは如何なる者なりや。比丘衆よ此處に戒を有する比丘ありて波羅提木叉律儀の抑制に住し、行と行處とを具足し、微細なる罪にも畏れを見、懐きて學處を學ぶ。是の如きは實に、比丘衆よ、戒に善き比丘なり。これ戒に善き者なり。又法に善き者とは如何なる者なりや。比丘衆よ、此處に比丘は七の菩提分法の修習の行に相應して住す。是の如きは

實に、比丘衆よ、法に善き比丘なり。これ戒に善く、法に善き者なり。又慧に善き

97 者とは如何なる者なりや。比丘衆よ、此處に比丘は諸漏を盡し無漏の心解脱と慧解脱とを現法に於て自《み》ら通知もて實證し到達して住す。是の如きは實に、比丘衆よ、慧を善くせる比丘なり。是の如き戒に善く、法に善く、慧に善き者は此の法と律とに完全に住し而も上人と言はる」と。

「身と語と、意に惡を無み、
慚を知れるかの比丘を、戒によき者とは言ふ。
法をよく守り、正覺に達し、
隨念せるかの比丘を、法によき者とは言ふ。
苦を知り此の世を捨て、
漏なきかの比丘を、慧によき者とは言ふ。
輪廻を斷ち、惱みなきを、
一切世間の闇を、皆捨てし者とは言ふ」と。

98 九八[9] (三・五・九)

「比丘衆よ、此等二施あり、財施及び法施なり。比丘衆よ、此等二施の中、法施が最勝なり。比丘衆よ、此等二均分あり、財の均分及び法の均分なり。比丘衆よ、此等二均分の中法の均分が最勝なり。比丘衆よ、此等二の攝益あり、財の攝益及び法の攝益なり。比丘衆よ、此等二の攝益の中法の攝益が最勝なり」と。

「世尊の均分として宣へるを、勝れしこよなき施と言ふ。
勝れし〔覺〕を得、心靜けき賢しき智者は常に祀らず。
善逝の教を談り、聞ける心靜けき
善逝の教にあつき者は、その勝れし的〔阿羅漢果〕を淨むべし」と。

九九〔三・五・一〇〕

げにこれを世尊は說き應供は說き給へりと我聞けり。「比丘衆よ、我は唯口にて語るのみに非《あら》で法によりて三明を〔證せる〕婆羅門を識る。さらば、比丘衆よ、我は唯口にて語るのみに非で法によりて三明を〔證せる〕婆羅門なりと識るとは何
99 ぞや。[10]比丘衆よ、此處に比丘は種々の宿住を隨念す。譬へば一生も・二生も・三生も・四生も・五生も・十生も・二十生も・三十生も・四十生も・五十生も・百生も・千生も・百千

生も幾壞劫も幾成劫も幾壞成劫も我は彼處に於て是の如き名・是の如き姓・是の
如き族なりき、是の如き食〔を喫し〕是の如き樂と苦とを受け・是の如き壽限なりき、
彼は其處より歿して彼處に生れたりき、我は彼處に於て是の如き名・是の如き姓・
是の如き族なりき、是の如き食〔を喫し〕是の如き樂と苦とを受け・是の如き壽限な
りき、彼は彼處より歿して此處に生じたり、と是の如く彼は相と狀とを併せて種
種の宿住を隨念す。これ彼が第一の明を證せるなり。無明は滅せられて明は
生じ、闇黑は拂はれて光明は生じたり、そは不放逸に、勇猛に、己を捨てゝ住すると
きにあるが如し。復次に、比丘衆よ、比丘は清淨なる超人の天眼もて衆生を見、死
し・生れ・劣れる・勝れたる・妙色の・惡色の・善趣の・惡趣の・業に應じて生れたる衆生を
知る。げにこれら衆生は身惡行を成就し、語惡行を成就し、意惡行を成就し、聖者
を謗り、邪見を懷き、邪見の業を受く、彼等は身壞し死後、無幸處・惡趣・墮處・奈落に生
れたり。或はげにこれら衆生は身妙行を成就し、語妙行を成就し、意妙行を成就
100 し、聖者を謗らず、正見を懷き、正見の業を受く、彼等は身壞し死後、善趣・天界に生ぜ
り。是の如く清淨なる超人の天眼をもて……乃至……業に應じて生れたる衆生を

知る。これ彼が第二明を證せるなり。無明は滅せられて明は生じ、闇黒は拂はれて光明は生じたり、そは不放逸に、勇猛に、己を捨てゝ住するときにあるが如し。復次に、比丘衆よ、比丘は諸漏を盡し無漏の心解脱と慧解脱とを現法に於て自ら通知もて實證し到達して住す。これ彼が第三明を證せるなり。無明は滅せられて明は生じ、闇黒は拂はれて光明は生じたり、そは不放逸に、勇猛に、己を捨てて住するときにあるが如し。是の如く、比丘衆よ、我は唯口に語るのみに非《あら》で法によりて三明を〔證せる〕婆羅門を識る」と。この義を世尊は宣ひ此處に次のごとく説き給ふ、

「唯口のみならで、宿住と
天界と悪趣とを知れる婆羅門を我は知る。
⑪宿住を知り、天界と悪趣とを見、
はた生を盡し得て、神通を得たるは牟尼なり。
此等三つの明による、三明の婆羅門有り、
そを我は口のみにあらざる三明なりと言ふ」と。

世尊はこの義をも亦說き給へりと我聞けり、と。

第五品

その攝頌

信(九〇)、生活(九一)、和合衣(九二)、火(九三)、考察(九四)、
生(九五)、欲(九六)善(九七)、施(九八)、法(九九)による此等の十なり、と。

三集を終る

註❶本事經一三五(大正藏、一七卷六九七頁)A. N. vol. II, P. 34-5; vol. III, P. 35-6 (南傳藏、一八卷六二—四頁、一九卷四六—七頁)參照。

❷勝果(aggappatta)とは各衆生類に於て生じたる者は各勝れたる生、秀でたる生を證し、或は勝れたる生の出世間の道・果を證して悅び歡喜し、樂しむと言ふ(註釋三七八頁)。

❸本事經九二(同六八二頁) 中阿含一四〇至邊經(大正藏、一卷六四七頁) 雜阿含卷第十(同二卷七一—二頁) S. N. vol. III, P. 93 (南傳藏、一四卷)參照。

❹Milindapañha. P. 31 に出家の目的を說いて「般涅槃は我等の勝義(paramattha)なり」といふに同じ。

❺王の所有物を食して牢につながれ逃走せる者が王の捕縛を怖れて出家せるを云ふ(註釋三八一頁)。

❻賊の爲に森林に拉致され殺されんとせし時、出家を約し、佛供養を約し、財を與ふることを約せし爲に許されて後出家せるを云ふ（同上）。

❼愛・見・慢・恚・無明・煩惱・惡行の七繋縛(saṅga)を指す（註釋三九一頁）。

❽本事經一一四（同六九〇頁）參照。

❾本事經九七（同六八三頁）に施のみを說く。增一阿含卷第七、有無品三－五（大正藏、二卷五七七頁）A. N. vol. I, pp 91, 92 （南傳藏、一七卷一四八、一四九頁）參照。

❿A. N. vol. I, p. 164（南傳藏、一七卷二六五－六頁）D. N. vol. I, p. 82 f. （南傳藏、六卷一一二－三頁）參照。

⓫「宿住……牟尼なり」は S. N. vol. I, p. 175 （南傳藏、一二卷三〇一頁）Dhammapada v. 423 （今卷八三頁）に出づ。「宿住……三明の婆羅門有り」は S. N. vol. I, p. 167 （同二八五頁）に出づ。「宿住……三明なりと言ふ」は A. N. vol. I, p. 165; pp. 167-8 （同一七卷二六八、九頁）に出づ。

四集

一〇〇（四・一）

げにこれを世尊は說き應供は說き給へりと我聞けり。「比丘衆よ、我は乞ふ者に相應せる、常に淨き手の、最後身を得たる婆羅門なり、無上の內科醫・外科醫なり。

汝等はわれ自身の子なり、口より生ぜる、法より生ぜる、法によりて作られたる、法の後繼者なり、財の後繼者にあらず。比丘衆よ、此等二施あり、財施及び法施なり。
102 比丘衆よ、此等二施の中法施が最勝なり。比丘衆よ、此等二均分あり、財の均分及び法の均分なり。比丘衆よ、此等二均分の中、法の均分が、最勝なり。比丘衆よ、此等二の攝益あり、財の攝益及び法の攝益なり。比丘衆よ、此等二の攝益の中、法の攝益が最勝なり。比丘衆よ、此等二の供養あり、財の供養及び法の供養なり。比丘衆よ、此等二の供養の中、法の供養が最勝なり」と。この義を世尊は宣ひ此處に次のごとく說き給ふ、

「如來は一切の有類を愍み
惜まず法の供養をなせり。
斯る人天の最勝者、有の彼岸に到れる
如來に有情は歸命す」と。

世尊はこの義をも亦說き給へりと我聞けり、と。

一[1]〇一 (四・二)

「比丘衆よ、此等の四は瑣々たるものにして得易く且つ此等は訶責なきものな
り。四とは何ぞ。衣としての糞掃衣は瑣々たるものにして得易く且つこれは
訶責なきものなり。比丘衆よ、食物としての團飯は瑣々たるものにして得易く
且つこれは訶責なきものなり。比丘衆よ、坐臥處としての樹下は瑣々たるもの
103 にして得易く且つそれは訶責なきものなり。比丘衆よ、藥品としての家畜の尿
は瑣々たるものにして得易く且つそれは訶責なきものなり。げに、比丘衆よ、此
等の四は瑣々たるものにして得易く且つ此等は訶責なきものなり。されば、比
丘衆よ、比丘は瑣々たるものにして且つ得易きものによりて滿足す、我はこれを
或沙門分といふ」と。

「惡からず、瑣々たる、得やすきものもて心足る者は
住處と衣と飲食とに就きて、心苦します、
〔快樂の〕敵に擊たるゝなし。
足るを知る不放逸の比丘によりて保たるゝ法は
沙門の修むべきものなり」と言はる」と。

一〇二（四・三）

「比丘衆よ、我は知るもの見るものの有漏の盡を説く、知らざるもの、見ざるもの
には非ず。さらば、比丘衆よ、何を知るもの何を見るものに有漏の盡あるや。比
丘衆よ、こは苦なり、と知るもの見るものは有漏を盡したるものなり。比丘衆よ、
こは苦の因なり、と知るもの見るものは有漏を盡したるものなり。比丘衆よ、こ
104 は苦の滅盡なり、と知るもの見るものは有漏を盡したるものなり。比丘衆よ、こ
は苦の滅盡に到る道なり、と知るもの見るものは有漏を盡したるものなり。げ
に比丘衆よ、是の如く知るもの見るものに有漏の盡あり」と。

「學びにいそしむ有學者の直なる道を行ける者に、
〔煩惱〕滅盡の上の第一智あり、そより直ちに知〔根〕あり。
更に知解脱者に勝れたる解脱智あり、
『細は盡きたり』と、漏盡に於ける智を生ず。
懈怠者と無知なる愚者によりては
一切のほだしの離脱、涅槃は到達せられず」と。

105 「げに比丘衆よ、如何なる沙門或は婆羅門も、こは苦なり、と如實に理解せず、こは苦の因なり、と如實に理解せず、こは苦の滅盡に到る道なり、と如實に理解せざる者は、比丘衆よ、我は彼等を沙門或は婆羅門なりとせず、且つ諸の沙門の中に於ても沙門なりと惟はず、諸の婆羅門の中に於ても婆羅門なりと惟はず、且つ又命終の時、現法に於て彼等は沙❷門の義又は婆羅門の義を自ら通知もて實證し、到達せずして住す。されど實に、比丘衆よ、如何なる沙門或は婆羅門も、こは苦なりと如實に理解し、こは苦の因なり、と如實に理解し、こは苦の滅盡なり、と如實に理解し、こは苦の滅盡に到る道なり、と如實に理解せる者は、比丘衆よ、我は彼等を沙門或は婆羅門なりとし、且つ諸の沙門の中に於ても沙門なりと惟ひ、諸の婆羅門の中に於ても婆羅門なりと惟ひ、且つ又命終の時、現法に於て彼等は沙門の義又は婆羅門の義を自ら通知もて實證し到達して住す」と。

106 「苦しみと苦しみの因を知らず、

何處にもみな苦しみを殘りなく無みせざる者、
はた苦滅にゆく道を知らず、
心の解脫と慧の解脫とを失せし者は、
そを根絕し得で生と老とに到るなり。
されど苦しみと苦しみの因を知り
何處にもみな苦しみを殘りなく無みせる者、
はた苦滅にゆく道を知り、
心の解脫と慧の解脫とをもてる者は
そを根絕し得て生と老とに到らじ」と。

一〇四（四・五）

107 「比丘衆よ、戒を具足し、定を具足し、慧を具足し、解脫を具足し、解脫智見を具足せる比丘は說諭する者、敎授する者、說示する者、訓誡する者、感動せしむる者、滿足せしむる者、正法の完全なる說明者なり。されば、比丘衆よ、我は斯る比丘衆と會ふ事の甚だ有益なるを告ぐ。又、比丘衆よ、我は斯る比丘衆より聞くことの甚だ有益なるを告ぐ。又、比丘衆よ、我は斯る比丘衆に近づく事の甚だ有益なるを告ぐ。
又、比丘衆よ、我は斯る比丘衆に侍する事の甚だ有益なるを告ぐ。又、比丘衆よ、我
は斯る比丘衆を隨念する事の甚だ有益なるを告ぐ。又、比丘衆よ、我は斯る比丘
衆を模倣する事の甚だ有益なるを告ぐ。所以は如何。比丘衆よ、斯る比丘衆に
對して奉仕し尊敬し扈從せる者は假令戒蘊未圓成なりと雖も修習し圓成する
108 に至り、假令定蘊未圓成なりと雖も修習し圓成するに至り、假令慧蘊未圓成なり
と雖も修習し圓成するに至り、假令解脱蘊未圓成なりと雖も修習し圓成するに
至り、假令解脱智見蘊未圓成なりと雖も修習し圓成するに至る。されば、比丘衆
よ、斯る比丘衆は敎師と言はれ、商主と言はれ、過患を離るゝ者と言はれ、闇を滅す
る者と言はれ、明を與ふる者と言はれ、榮光を輝かす者と言はれ、光彩を放つ者と
言はれ、炬火を揭ぐる者と言はれ、光を與ふる者と言はれ、聖者と言はれ、具眼者と
言はる」と。

「こころ鎭める、け高き、正しく生くる者は
悅びの生ずる、因を知る。

正しき法を、かがやかし放てるは
光を與へ、明るみを與ふる、さかしき
眼を具ふる、過を離るゝ者なり。
げに法を聞き、正しき智もて
生の滅を知るさかしき者は、後有に往かじ」と。

109

一〇五（四・六）

「比丘衆よ、比丘の渇愛の生ずる[3]性質を起すところの此等四の愛生起の因あり。四とは何ぞ。比丘衆よ、衣服に因りて比丘の渇愛の生ずる性質起る。或は、比丘衆よ、團飯に因りて比丘の渇愛の生ずる性質起る。或は比丘衆よ、坐臥處に因りて比丘の渇愛の生ずる性質起る。或は、比丘衆よ、此處の有・彼處の有に因りて比丘の渇愛の生ずる性質起るなり」と。

「愛[4]を第二とせる者は長時流轉し、
此處の有、彼處の有の輪廻を超えず。
斯る過患を知り、愛の生ぜるとき、

愛を無みし、執せず、心せる比丘は遊行せむ」と。

一〇六[5](四・七)

「比丘衆よ、己が家に於て父母が子供達より尊敬さるゝ、其等の家庭は梵天のそ
110 れに同じ。比丘衆よ、己が家に於て父母が子供達より尊敬さるゝ、其等の家庭は古の天人のそれに同じ。比丘衆よ、己が家に於て父母が子供達より尊敬さるゝ、其等の家庭は先師のそれに同じ。比丘衆よ、己が家に於て父母が子供達より尊敬さるゝ、其等の家庭は崇拜さるべき人のそれに同じ。比丘衆よ、梵天とはこれ父母の謂なり。比丘衆よ、古の天人とはこれ父母の謂なり。比丘衆よ、先師とはこれ父母の謂なり。比丘衆よ、崇拜さるべき人とはこれ父母の謂なり。所以は如何。比丘衆よ、父母は子供達を大いに世話する者・保護する者・養育する者・この世を案内する者なればなり」と。

家庭の父母は梵天、先師と言はれ、
子供等の應供養、子孫を愛愍す。
されば實に智者は、飲食と衣と床と

111 塗身と沐浴と足を清むるをもて
父母に歸命せよ、恭敬せよ。
智者はかく父母に仕へるをもて、
世にそは讃へられ、逝かば天上に樂しまむ」と。

一〇七（四・八）

「比丘衆よ、婆羅門及び家長は卿等の大なる援助者なり。そは卿等に衣服・團飯・坐臥處・病氣に必要なる藥品・道具等もて供養すればなり。比丘衆よ、卿等と雖も婆羅門及び家長の大なる援助者なり。何となれば初め善き、中も善き、終りも善き其等の法を指示し、義を具し文を備ふる比類なき圓滿なる清淨の梵行を知らしめばなり。是の如く、比丘衆よ、相互に支持し合ひて瀑流を横切らむがため、正しく苦を滅せんがために梵行に住するなり」と。

112 「家あると無きは、互に支持し合ひ、
こよなく安けき正法をさとるなり。
家ある者より、衣と資具と住み家と

危害の避難を、家なき者は受く。
又家ある者・在家者は、善逝を憑み、
阿羅漢を信じて、聖慧もて三昧に入り、
こゝに善趣への道なる法をば修め
天界を樂しみ、望みを懷き自ら悦ぶなり」と。

一〇八(四・九)

「比丘衆よ、如何なる比丘衆も欺瞞・片意地・饒舌・虚僞・尊大・專心ならざるところの者は、比丘衆よ、我が比丘衆に非ず。比丘衆よ、かの比丘衆は此の法と律とより離
113 れ、又比丘衆よ、かの比丘衆は此の法と律とに於て增長・發達・開展するに至らず。されど實に、比丘衆よ、欺瞞ならず、饒舌ならず、賢しき、片意地ならず、專心なるところの比丘衆は、比丘衆よ、我が比丘衆なり。比丘衆よ、かの比丘衆は此の法と律とより離れず、又、比丘衆よ、かの比丘衆は法と律とに於て增長・發達・開展するに至るなり」と。

「詐り、頑な、喧すしく、虚僞なる、たかぶれる、專心ならざるは

正自覺者の示し給ひし法に於て進歩せず。
詐らず、騒がず、賢しき、頑ならず、專心なるは
正自覺者の示し給ひし法に於て進歩するなり」と。

一〇九（四・一〇）

114
「比丘衆よ、恰も人が河の流れに従ひて樂し氣に嬉し氣に流れて行くとき、岸邊に立てる具眼の者は曰はむ、「おゝ君よ、何故君は河の流れに従ひて樂し氣に嬉し氣に流れ行くや、この河下には波あり、渦あり、鰐魚棲み、夜叉栖む湖水あり、おゝ君よ、君は其處に著きて死或は死程の苦しみを受くべし」と。そのとき、比丘衆よ、かの人はその聲を聞きて手足もて流れを横斷せむと焦せるならむ。げに、比丘衆よ、我が說ける此の譬喩は義を敎へんがためなり。こは斯くの如き義なり。河の流れとは卽ち、比丘衆よ、これ愛の謂なり。樂し氣に嬉し氣にとは卽ち、比丘衆よ、これ六內處の謂なり。河下の湖水とは卽ち、比丘衆よ、これ五下分結の謂なり。波ありとは卽ち、比丘衆よ、これ忿りと絕望の謂なり。渦ありとは卽ち、比丘衆よ、これ五欲樂の謂なり。鰐魚棲み、夜叉栖むとは卽ち、比丘衆よ、これ女人の謂

115 なり。流れを横斷する、とは卽ち、比丘衆よ、これ出離の謂なり。手足をもて焦せるとは卽ち、比丘衆よ、これ精進・努力の謂なり。岸邊に立てる具眼の者とは卽ち、比丘衆よ、これ如來・應供・正自覺者の謂なり」と。

「苦と共に諸欲を捨てなば、來む世には靜けき安らひあらむ、
正智あり、心解脱せる者は、到る處解脱もて〔涅槃に〕觸れざるなし。
[6]〔四諦を〕識り、梵行に住し、世の終りを識れるは到彼岸者と言はる」と。

[7]一一〇 〔四・一二〕

比丘衆よ、若し歩行せるときに比丘が欲尋思又は瞋尋思又は害尋思を生ずるも、比丘衆よ、若し比丘がそれを懷き、斷たず、拂はず、除かず、滅せずんば、比丘衆よ、斯る比丘は歩行にも無勤なる、無愧なる、相續し、常に懶怠なる、精進を缺ける者と言はる。比丘衆よ、若し立てるときに比丘が欲尋思又は瞋尋思又は害尋思を生ずるも、比丘衆よ、若し比丘がそれを懷き、斷たず、拂はず、除かず、滅せずんば、比丘衆よ、
116 斯る比丘は立てるにも無勤なる、無愧なる、相續し、常に懶怠なる、精進を缺ける者と言はる。比丘衆よ、若し坐せるときに比丘が欲尋思又は瞋尋思又は害尋思を

生ずるも、比丘衆よ、若し比丘がそれを懐き、斷たず、拂はず、除かず、滅せずんば、比丘
衆よ、斯る比丘は坐せるにも無勤なる、無愧なる、相續し、常に懶怠なる、精進を缺け
る者と言はる。比丘衆よ、臥して醒めたるときに比丘が欲尋思又は瞋尋思又は
害尋思を生ずるも、比丘衆よ、若し比丘が、それを懐き、斷たず、拂はず、除かず、滅せず
んば、比丘衆よ、斯る比丘は臥して醒めるにも無勤なる、無愧なる、相續し、常に懶怠
なる、精進を缺ける者と言はる。されど、比丘衆よ、若し歩行せるときに比丘が欲
尋思又は瞋尋思又は害尋思を生ずるも、比丘衆よ、若し比丘がそれを懐かず、斷ち、
拂ひ、除き、滅せば、比丘衆よ、斯る比丘は歩行にも熱心なる、愧を知る、相續し、常に勤
精進なる、果斷なる者と言はる。比丘衆よ、若し立てるときに比丘が欲尋思又は
瞋尋思又は害尋思を生ずるも、比丘衆よ、若し比丘がそれを懐かず、斷ち、拂ひ、除き、
117 滅せば、比丘衆よ、斯る比丘は立てるにも熱心なる、愧を知る、相續し、常に勤精進な
る、果斷なる者と言はる。比丘衆よ、若し坐せるときに比丘が欲尋思又は瞋尋思
又は害尋思を生ずるも、比丘衆よ、若し比丘がそれを懐かず、斷ち、拂ひ、除き、滅せば、
比丘衆よ、斯る比丘は坐せるにも熱心なる、愧を知る、相續し、常に勤精進なる、果斷

なる者と言はる。比丘衆よ、若し臥して醒めたるときに比丘が欲尋思又は瞋尋思又は害尋思を生ずるも、比丘衆よ、若し比丘がそれを懷かず、斷ち、拂ひ、除き、滅せば比丘衆よ、斯る比丘は臥して醒めるにも熱心なる、愧を知る、相續し、常に勤精進なる、果斷なる者と言はる」と。

「行くにも、立つにも、坐すにも、はた臥すにも、
あしき、家にもとづく尋思を懷く者、
あしき道に入り、癡れし、弱き、
斯る比丘は勝れし、正菩提を證らじ。
行くにも、立つにも、坐すにも、はた臥すにも、
尋思をやめ、尋思のやむを樂しめる、
かゝる比丘は、こよなき正菩提を證るなり」と。

一一一[8]（四・一二）

「比丘衆よ、戒を具足して住せよ、波羅提木叉を具足し、波羅提木叉律儀を調制して住せよ、行と行處とを具足し、微細なる罪にも怖れを見、自ら學處を學ぶべし。

比丘衆よ、戒を具足して住し、波羅提木叉律儀を調制して住し、行と行處とを具足し、微細なる罪にも怖れを見、自ら學處を學びたる者に、比丘衆よ、この上作すべきこと何かある。

119

比丘衆よ、若し歩行せるときも比丘が已に貪欲を滅し、已に瞋恚を滅し、已に惛沈・睡眠を滅し、已に掉擧・惡作を滅し、已に疑を捨て、勤・精進・正直にして、念は安立して惑亂せず、身は靜謐にして粗暴ならず、心は專心にして一境ならば、比丘衆よ、斯る比丘は歩行にも熱心なる、愧を知る、相續し、常に勤・精進なる、果斷なる者と言はる。比丘衆よ、若し立てるときも比丘が已に貪欲を滅し、已に瞋恚を滅し、已に惛沈・睡眠を滅し、已に掉擧・惡作を滅し、已に疑を捨て、勤・精進・正直にして、念は安立して惑亂せず、身は靜謐にして粗暴ならず、心は專心にして一境ならば、比丘衆よ、斯る比丘は立てるにも熱心なる、愧を知る、相續し、常に勤・精進なる、果斷なる者と言はる。比丘衆よ、若し坐せるときも比丘が已に貪欲を滅し、已に瞋恚を滅し、已に惛沈・睡眠を滅し、已に掉擧惡作を滅し、已に疑を捨て、勤・精進・正直にして、念は安立して惑亂せず、身は靜謐にして粗暴ならず、心は專心にして一境ならば、比丘衆よ、斯る比丘は坐せるにも熱心なる、愧を知る、相續し、常に勤・精進なる、

120
果斷なる者と言はる。 比丘衆よ、臥して醒めたるときも比丘が已に貪欲を滅し、已に瞋恚を滅し、已に惛沈・睡眠を滅し、已に掉擧・惡作を滅し、已に疑を捨て、勤・精進・正直にして、念は安立して惑亂せず、身は靜謐にして粗暴ならず、心は專心にして一境ならば、比丘衆よ、斯る比丘は臥して醒めるにも熱心なる、愧を知る、相續し、常に勤・精進なる、果斷なる者と言はる」と。

「心して歩み、たゝずみ、坐し、臥せる、
比丘は心して、〔肢を〕屈し伸すべし。
前に横に後に地を進むとき、
〔五〕蘊の法の生滅を見る。

121
かく篤く靜けく誇らで住める、
心靜けく、直き、常に學び、心せる、
斯る比丘を斷えず果斷なる者と言ふ」と。

一一二[9] (四・一三)

げにこれを世尊は說き應供は說き給へりと我聞けり。「比丘衆よ、如來は世間を現前に自ら覺り、如來は世間より離れたるものなり。比丘衆よ、如來は世間の因を現前に自ら覺り、如來は世間の因を捨てたるものなり。比丘衆よ、如來は世間の滅を現前に自ら覺り、如來は世間の滅を實證したるものなり。比丘衆よ、如來は世間の滅に到る道を現前に自ら覺り、如來は世間の滅に到る道を修せるものなり。比丘衆よ、如來は天と倶なる、魔と倶なる、梵天と倶なる、沙門及び婆羅門の族と倶なる、天及び人と倶なる世間に就きて見られ、聞かれ、思はれ、識られ、達せられ、遍く求められ、回想され、思考されたることを現前に自ら覺れり、故に如來と言はる。又、比丘衆よ、如來は無上正自覺を現前に自ら覺れる夜より、無餘依の涅

122

槃界に般涅槃せる夜に至る此の間に於て、凡て話し語り說きし所の一切は如にして不如に非ず、故に如來と言はる。比丘衆よ、如來は說くが如く、その如く行ひ、行ふが如く、その如く說く、是の如く說くが如く、その如く行ひ、行ふが如く、その如く說く、故に如來と言はる。比丘衆よ、如來は天と倶なる、魔と倶なる、梵天と倶なる、沙門及び婆羅門の族と倶なる、天及び人と倶なる世間に於ける征服者・非被征服者・一切を見たる權威者なり、故に如來と言はる」と。この義を世尊は宣ひ

此處に次のごとく說き給ふ、

「一切世間にて如實なる、一切世間を遍く知り、
一切世間より離れしは、一切世間に比ぶ者なし。
賢しきは一切に勝ち、一切のほだしを脫る、
彼は最上の寂止、無畏の涅槃をさとる。
有漏を盡し、惱みを無み、輪廻を斷てるこの佛は、
一切の業を亡くし得て、煩惱を滅して解脫せり。
この應供・佛陀こよなきこの獅子こそ、
天と倶なる世に、梵輪をまろばさむ。
斯くて佛の敎を信ぜし天と人は、
群がり行きて、大いなる無畏者に歸命す。
御者中の優れし御者、隱者中の寂靜の仙、
解脫者中の最上解脫者、度脫者中の最勝度脫者なり。
斯る賢しき大いなる無畏者に歸命す。

天と俱なる世に彼と等しき者あらじ」と。

世尊はこの義をも亦說き給へりと我聞けり、と。

四集を終る

124

その攝頌

婆羅門(一〇〇)、四(一〇一)、知(一〇二)、沙門(一〇三)、戒(一〇四)、愛(一〇五)、梵(一〇六)、大なる援助者(一〇七)、欺瞞(一〇八)、諸人(一〇九)、步行(一一〇)、具足(一一一)世間(一一二)による此等の十三なり、と。

如是語經に於ける一一二經なり、と。

註❶ A. N. vol. II, pp. 26-7 (南傳藏、一八卷四八－九頁)參照。

❷「沙門の義」とは沙門と稱する意義、四の沙門果といふ意なり。「婆羅門の義」とはそれと同義語なり。又「沙門の義」とは四聖道、「婆羅門の義」とは四聖果なりと言ふ(註釋四三一頁)。

❸ uppajjamānā とは uppajjanasīlā なり(註釋四三七頁)。

❹第一五經の偈に同じ。

❺ A. N. vol. I, p. 132; vol. II, p. 70 (南傳藏、一七卷二一四頁、一八卷一二一頁)參照。

❻ A. N. vol. II, p. 6 (同一八卷一〇頁)參照。

❼ A. N. vol. II, pp. 13-14（同二二―四頁）參照。
❽ A. N. vol. II, pp. 14-15（同二五―六頁）參照。
❾ A. N. vol. II, pp. 23-24（同四二―四頁）　中阿含世間經（大正藏、一卷六四五頁）參照。

オンデマンド版 南伝大蔵経 第二十三巻

二〇〇一年 五月二〇日 初版発行

監修者 高楠順次郎
発行者 石原大道
発 行 大蔵出版株式会社
〒一五〇-〇〇二二 東京都渋谷区恵比寿南二-一六-六
サンレミナス二〇二
電話 〇三-六四一九-七〇七三
http://www.daizoshuppan.jp/

印刷
製本 富士リプロ株式会社

ISBN978-4-8043-9626-2 C3315

南傳大藏經初刊關係者

高楠博士功績記念會纂譯

代表者
文學博士 宇井伯壽
文學博士 長井眞琴
文學士 辻直四郎

監修
マスター オブ アーツ
ドクター オブ リテラチュア
ドクトル フィロゾフィー
文學博士 高楠順次郎

飜譯
文學士 阿部文雄
文學士 和泉得成
文學博士 宇井伯壽
文學博士 荻原雲來
文學士 神林隆淨
文學士 栗原廣廓
文學士 坂本幸男
文學士 田中於菟彌
ドクター オブ フィロソフィー 立花俊道
文學士 寺崎修一
文學士 成田昌信
文學士 花山信勝
文學士 平松友嗣
文學士 增永靈鳳
文學士 宮田菱道
文學士 山田龍城
文學士 渡邊照宏

文學士 青原慶哉
文學士 石川海淨
文學士 上田天瑞
文學博士 金倉圓照
文學博士 木村泰賢
文學士 佐藤密雄
文學士 白石眞道
文學博士 高楠順次郎
文學士 辻直四郎
文學士 中野義照
文學士 西義雄
林五邦
文學士 平等通昭
文學士 松濤誠廉
文學士 宮本正尊
文學士 山本快龍
文學士 渡邊楳雄

赤沼智善
文學士 石黒彌致
文學士 小野島行忍
文學士 金森西俊
文學士 久野芳隆
文學士 佐藤良智
文學士 末永眞海
文學士 高田修
文學士 土田勝彌
文學博士 長井眞琴
文學博士 羽溪了諦
文學士 干潟龍祥
文學博士 逸見梅榮
文學士 水野弘元
文學士 山崎良順
文學士 山本智教

編輯
文學博士 小野玄妙
文學士 山本快龍
文學士 渡邊俊英
文學士 蓮澤成淳
文學士 金森西俊
文學士 岡崎密朗
文學士 和泉得成
文學士 山本智教
吉水睦子

第二十三巻

一九三七年八月八日發行
一九三七年一〇月二〇日 再刊發行

東京市本郷区本郷3丁目2
大藏出版株式會社
初版編輯兼發行者 木村省吾

東京都文京区目白台一丁目17番6号
再刊發行代表者 長宗泰造

再刊印刷所 株式會社 厚德社

東京都文京区目白台一丁目17番6号 大藏出版株式会社内
發行 大正新脩大藏經刊行會

東京都文京区目白台一丁目17番6号
發賣 大藏出版株式會社
社長 鈴木正明
振替・東京三―五一六八四番

出版委員
長宗泰造
清水谷恭順
望月桓匡
坂本純造
城戸芳彦

編集委員
和泉得成
松本德明
中村元
結城令聞

相談役
壬生台舜
小野清一郎
中野義照
宮本正尊
辻直四郎
干潟龍祥
渡邊楳雄

主事 塩入良道

索隠

發音索隱

ア

アーナンダ Ānanda 阿難（比丘） 89
アスラ asura 阿修羅 171
アチラヴティー Aciravatī 阿夷那和提（河） 170
アヂャカラーパカ Ajakalāpaka 羊群（夜叉） 90
アヂャパーラニグローダ
Ajapālanigrodha 羊牧尼拘律（樹） 88
アトゥラ Atula （優婆塞） 52
アヌピヤー Anupiyā 阿㝹夷（邑） 113
アヌルッダ Anuruddha 阿㝹樓馱（比丘） 89
アヴァンティ Avanti 阿槃提（族，國） 176
アヴァンティスダッキナーパタ
Avantisudakkhiṇāpatha 阿槃提南路 177
アンニャータコーンダンニャ
Aññātakoṇḍañña 阿若憍陳如（比丘） 211
アンバヴナ Ambavana 菴摩羅林 113

イッチャーナンガラ
Icchānaṅgala 伊車能伽羅（村） 103
イティヴッタカ Itivuttaka 如是語經 241

ウ

ウシーラ usīra （香） 69
ウダーナ Udāna 自說經 85
ウデーナ Udena 優陀延（祠堂） 186
ウデーナ Udena 優塡（王） 215
ウパセーナヴンガンタプッタ
Upasena Vaṅgantaputta 優波先那婆檀提子（比丘）157
ウパヴッタナ Upavattana 惒跋單（林） 143
ウルヹーラー Uruvelā 優樓比螺（村） 85

カ，ガ

カーシ Kāsi 迦尸（族，國） 191
カーリゴーダー Kāligodhā （優婆夷） 113
カッタカ kaṭṭhaka （草） 42
カポータカンダラー
Kapotakandarā 迦布德迦（寺） 146
カランダカニヷーパ
Kalandakanivāpa 迦蘭陀迦園 89
カリ kali （骰子數） 56
カレーリ kareri 迦里梨（樹） 131
カンカーレーヴタ
Kaṅkhārevata 疑惑離曰（比丘） 181
ガヤー Gayā 伽耶（町） 92
ガンガー Gaṅgā 恆伽（河） 170
ガンダッバ gandhabba 乾闥婆 171

キ，ギ

キミカーラー Kimikālā 金鞞（河） 138
ギリッバヂャ Giribbaja 耆梨跋提 263

ク

ククッター Kukuṭṭhā 迦屈嵯（河） 222
クサ kusa （草） 27
クシナーラー Kusinārā 拘尸那羅（市） 143
クッダカ・パータ Khuddaka-pāṭha 小誦經 1
クララガラ Kuraraghara 拘羅羅伽羅 176
クンディッターナヴナ
Kuṇḍiṭṭhānavana 軍持處林 107
クンディヤー Kuṇḍiyā 軍持（村） 107

コ，ゴ

コーサラ Kosala 憍薩羅（族，國） 100
コーサンビー Kosambī 憍賞彌（族，國） 149
コーシヤ Kosiya 拘翼（天） 130
ゴーシターラーマ
Ghositârāma 瞿私多林園 149

サ

サーマーヷティー Sāmāvatī 奢摩嚩帝（優婆夷） 215
サーランダダ Sārandada （祠堂） 186
サーリプッタ Sāriputta 舍利弗（比丘） 89
サーヷッティー Sāvatthī 舍衛（市） 89
サッタンバ Sattamba （祠堂） 186
サラブー Sarabhū 薩羅遊（河） 170

ス

スヂャーター Sujātā 善生（阿修羅の女）130
スッパーラカ Suppāraka 蘇波羅哥（邑） 93
スッパヴーサー Suppavāsā （優婆夷） 107
スニーダ Sunidha 須尼陀（大臣） 228
スブーティ Subhūti 須菩提（比丘） 202
スラー surā （酒） 55
スンダリー Sundarī 孫陀利（外道女） 153

セ

セーニヤビンビサーラ
Seniya-Bimbisāra 洗尼耶頻毘沙羅（王）100

ソ

ソーナコーティカンナ
Soṇa-Koṭikaṇṇa 蘇那俱胝耳（優婆塞）176

タ，ダ

タガラ tagara 多揭羅（樹） 25, 320
タガラシキン
Tagarasikhin 多迦羅支棄（辟支佛）165
ダッバマッラプッタ
Dabba-Mallaputta 陀驃摩羅子（比丘）236
ダナパーラカ Dhanapālaka （象） 67
ダンマパダ Dhammapada 法句經 17

チ，ヂ

チャーパーラ Cāpāla 遮頗羅（祠堂） 186
チャーリカー Cālikā （村） 138
チャーリカー山 Cālikā-pabbata （山） 138
チューラパンタカ Cūlapanthaka 周利槃特（比丘） 183
チュンダ Cunda 淳陀（優婆塞） 219
ヂャントゥ Jantu 闍闘（村） 138
ヂェータヴナ Jetavana 祇陀林 89

テ，デ

ティミ timi 帝麗（魚） 171
ティミラピンガラ timirapiṅgala 帝麗羅頻伽羅（魚）171
ティミンガラ timiṅgala 帝麗伽羅（魚） 171
デーヴダッタ Devadatta 提婆達多（比丘） 89

ト

トゥーナ Thūna （村） 213

ナ

ナーガ nāga 龍 171
ナーガサマーラ Nāgasamāla 那伽娑摩羅（比丘）232
ナンダ Nanda 難陀（比丘） 118

ネ

ネーランヂャラー Nerañjalā 尼連禪（河） 85

バ，パ

バーヒヤ Bāhiya 婆醯（比丘） 93
バッダサーラ Bhaddasāla 跋陀沙羅（樹） 149
バッディヤ Bhaddiya 跋提梨迦（比丘） 113
パータリー Pāṭalī 波吒梨（邑） 90
パータリガーマ Pāṭaligāma 波吒離（村） 225
パーリレーヤカ Pālileyyaka 波陀（林） 149
パーヴー Pāvā 波婆（邑） 219
パセーナディ Pasenadi 波斯匿（王） 100
パヴッタ Pavatta 波樓多（山） 176

ヒ，ビ，ピ

ヒマラヤ Himavant （山） 64
ビーラナ bīraṇa （草） 69
ピッパリグハー Pipphaliguhā 畢鉢羅窟 90, 129
ピリンダヴッチャ Pilindavaccha 畢陵迦婆蹉（比丘）128
ピンドーラバーラドヴーヂャ
Piṇḍolabhāradvāja 賓頭盧頗羅墮誓（比丘）152

プ

プッバーラーマ Pubbârāma 東園 112

マ

マガダ Magadha 摩揭陀（族，國） 100
マガヴン Maghavan 摩伽婆（帝釋の異名）21
マッラ Malla 末羅（族．國） 143
マッリカー mallikā 末利迦（樹） 25
マッリカー Mallikā 勝鬘（妃） 160
マハーカッサパ Mahākassapa 大迦葉（比丘） 89
マハーカッチャーヤナ
Mahākaccāyana 大迦旃延（比丘） 89
マハーカッピナ Mahākappina 大劫賓那（比丘） 89
マハーコッティタ Mahākotthita 大拘致羅（比丘） 89
マハーチュンダ Mahācunda 大淳陀（比丘） 89
マハーモッガッラーナ

Mahāmoggallāna 大目犍連（比丘） 89
マヒー Mahī 摩企（河） 170

ム

ムチャリンダ Mucalinda 目眞隣陀（樹） 99

メ

メーギヤ Meghiya 彌醯（比丘） 138
メーラヤ meraya （酒） 55

ヤ

ヤソーヂャ Yasoja 野輸那（比丘） 122
ヤムナー Yamunā 搖尤那（河） 170

ラ

ラクンタカバッディヤ
Lakuṇṭhakabhaddiya 羅婆那跋提（比丘） 207
ラタナ ratana （尺度） 147

レ

レーヴタ Revata 離越（比丘） 89

ヴ

ヴッグムダー Vaggumudā 婆求末（河） 123
ヴッサカーラ Vassakāra 禹舍（大臣） 228
ヴッシカー vassikā （草） 76
ヴッシキー vassikī （樹） 25
ヴッヂ Vajji 跋闍（族, 國） 123, 228

ヸ

ヸサーカー Visākhā 毘舍佉（優婆夷） 112

ヹ

ヹーサーリー Vesālī 吠舍離（市） 124
ヹープッラ Vepulla 毘補羅（山） 262

漢 字 索 隱

ア

阿夷那和提	Aciravatī	（河）	170, 173
阿闍梨	ācariya		284
阿修羅	asura		130, 169, 171, 175
阿難	Ānanda	（比丘）	89, 122
			162, 167, 179, 181, 186, 204, 213, 221, 224, 229
阿若憍陳如	Aññātakoṇḍañña	（比丘）	211
阿㝹夷	Anupiyā	（邑）	113
阿㝹樓駄	Anuruddha	（比丘）	89
阿槃提	Avanti	（族, 國）	176
阿槃提南路	Avantisudakkhiṇāpatha		177
阿鼻地獄	Avīciniraya		338
阿羅漢	arahant		3, 32, 42, 82
			93, 121, 157, 191, 192, 331, 346
阿羅漢果	arahatta		175, 363
阿羅漢向	arahant		175
阿羅漢道	arahattamagga		93, 191, 192
阿羅漢品	arahantavagga		30
愛	taṇhā		86, 87, 300
愛結	taṇhāsaṁyojana		252
愛好品	Piyavagga		49
愛盡の樂	taṇhakkhayasukha		101
愛欲	taṇhā		56, 69
愛欲品	Taṇhāvagga		69
惡行	duccarita		53
惡業	pāpaka-kamma; dukkata		
			7, 27, 36, 38, 44, 65; 66
惡業者	nihīnakammā		64
惡趣	duggati		19, 54, 66, 144, 227, 241, 242
			244, 245, 247, 249—251, 256, 270, 282, 311, 325, 337, 350
惡生	apāya		227
惡不善の法	pāpakakusala-dhamma		193
惡法	pāpaka-dhamma		54, 315
惡品	Pāpavagga		35
惡魔	Māra		135, 137, 144, 187
安穩	yogakkhema		20, 253, 255, 274, 279
安靜	upasama		141
安樂品	Sukhavagga		47
菴摩羅林	Ambavana		113, 138, 219, 223
闇聚	tamokhandha		252

イ

伊車能伽羅	Icchānaṅgala	（村）	103
威儀	iriyā		280
恚	byāpāda		143
恚覺	byāpādavitakka		140
恚心	vyāpannacitta		342
恚尋思	vyāpādavitakka		333
意惡行	manoduccarita		
			272, 273, 305, 311, 329, 350
意寂默	manomoneyya		307
意清淨	manosoceyya		307
意妙行	manosucarita		306, 312, 350
爲	saṅkhata		285
一衣外道	ekasāṭa		190
一如す	sameti		151
一來	sakadāgāmin; āgāmin		215; 346
一來果	sakadāgāmiphala		175
一來向	sakadāgāmin		175
印契の術	muddāsippa		133

ウ

有	bhava		86, 87, 300
有愛	bhavataṇhā		157, 300
有爲	saṅkhata		340
有依福業事	puññakiriyavatthu		265
有學（者）	sekha		208, 253, 304, 331
有求	bhavesanā		297, 298
有結	bhavasaṁyojana		286, 331
有情	bhūta; satta		
			37, 80, 241—245, 247, 249—252; 14, 82, 135
有餘依涅槃界	saupādisesa-nibbānadhātu		286
有漏	bhavāsava		299
雨安居	vassa		124, 178
禹舍	Vassakāra	（大臣）	228
憂	soka; domanassa		86, 87; 342
優陀延	Udena	（祠堂）	186
優陀那	udāna		
			86—93, 96, 97, 99, 101, 103—106, 111—115, 117, 122
			126, 127, 129, 130, 133—135, 143, 144, 146, 148, 151—153
			156—158, 161, 162, 166, 167, 175, 180—183, 190, 193, 198
			201—205, 207—215, 217, 218, 225, 232, 233, 235, 237
優塡	Udena	（王）	215
優婆夷	upāsikā		149, 189, 215

優婆塞 upāsaka 103, 106, 110, 149, 164, 176, 188, 225, 228
優波先那婆檀提子 Upasena-Vaṅgantaputta（比丘）157
優樓比螺 Uruvelā （村） 85—88, 99, 135

エ

依護 patiṭṭhā 217
依所 nātha; saraṇa; dīpa 42; 46; 53
依著 upadhi 295, 299, 314, 320
慧 paññā 166, 301, 358
慧蘊 paññakkhandha 301, 359
慧解脫 paññāvimutti 121, 327, 348, 351
慧眼 paññācakkhu 303
壞劫 saṁvaṭṭakappa 349
壞成劫 saṁvaṭṭavivaṭṭakappa 260, 349
厭離 nibbidā 141
閻浮檀金 jambonada 52
閻魔 Yama 53
閻魔界 Yamaloka 24
緣覺 paccekabodhi 13
緣起の法 paṭiccasamuppāda 85—87
緣境 ārammaṇa 217

オ

汚戒者 dussīla 154, 226
汚心 paduṭṭhacitta 256
汚泥 paṅkā 38
王舍 Rājagaha （市） 89, 128, 129, 146, 157, 162, 181, 202, 236
應供 arahant 1, 17, 85, 94, 157, 178, 204, 241, 279, 281, 330, 340, 365, 371
遠離 viveka 28
遠離者 pavivitta 152
遠離の話 pavivekakathā 141

カ, ガ

火 teja 96, 217
火神 aggi 92
火大定 tejodhātu 286
迦屈嗟 Kukuṭṭhā （河） 222
迦尸 Kāsi （族, 國） 191
迦布德迦 Kapotakandarā （寺） 146
迦蘭陀迦園 Kalandakanivāpa 89, 128, 129, 146, 157, 162, 181, 202, 236
迦里梨 kareri （樹） 131
過去時 atīta-addhā; atīta-addhāna 305; 321
戒 sīla 118, 157, 166, 191, 301, 302, 319, 358, 367
戒蘊 sīlakkhandha 301, 359
戒行 sīla; vata; sīlavata 12, 18, 25, 39, 50; 65; 331
戒禁(取見) sīlabbata 7; 203
戒の香 sīlagandha 25
戒法の話 sīlakathā 141
戒律 pātimokkha 45, 75
覺 vitakka 143
覺者 buddha 89
渴愛 taṇhā 137, 281, 297, 360
伽耶 Gayā （町） 92
伽耶 Gayā （河） 92
我所見 mama 118, 129, 135
我慢 asmimāna 99, 143
餓鬼 peta 9
害覺; 害尋思 vihiṁsāvitakka 140; 334, 365
學處 sikkhāpada 1, 141, 347, 367

キ, ギ

喜 rati 218
給孤獨〔長者の遊〕園 Anāthapiṇḍikassa ārāmo 3, 89, 91, 93, 100—106, 118, 122, 127, 131, 133, 151—153, 158, 160, 162, 166, 176, 179, 181, 183, 193, 198, 202—204, 207—209, 211, 212, 217, 237
吉祥 maṅgala 3
吉祥經 Maṅgalasutta （經） 3
吉祥 kusa （草） 320
弓術 dhanusippa 133
休息堂 āvasathâgāra 225
憍薩羅 Kosala （族, 國） 100, 104, 112, 144, 154, 160, 182, 190, 232
憍賞彌 Kosambī （族, 國） 149, 215
憍慢性 huhuṅkajātika 88
均分 saṁvibhāga 264, 349, 354
金鞞 Kimikālā （河） 138
技藝 sippa 133
祇陀林 Jetavana （林） 89, 91, 93, 100—106, 117, 118, 120—122, 127, 131, 133, 151—153, 158, 160, 162, 166, 176, 179, 181, 183, 193, 198, 202, 203, 204, 207—212, 217, 237
耆梨跋提 Giribbaja 263
愧 ottappa 284
疑 vicikicchā 164, 368
疑惑離曰 Kaṅkhārevata （比丘） 181
行 saṅkhāra 85, 86
行と行處 ācāragocara 347, 367

ク，グ

九衆生居　nava sattāvāsā　3
拘尸那羅　Kusinārā　（市）　143, 221
拘翼　Kosiya　（天）　130
拘羅羅伽羅　Kuraraghara　176
拘利　Koliya　（族）　107
苦　dukkha　46, 60, 86, 87, 107, 112, 136, 164, 208, 297, 320, 342, 356, 357
苦蘊　dukkhakkhandha　342
苦行　tapa　45
苦根　aghamūla　106
苦受　dukkhā vedanā　296
苦聚の生起　dukkhakkhandhassa samudayo　86, 87
苦聚の滅　dukkhakkhandhassa nirodho　87
苦樂　sukhadukkha　199
垢穢品　Malavagga　53
鳩足天　Kakuṭapādinī　（天女）　119
瞿私多林　Ghositârāma　（園）　149, 215
瞿曇　Gotama　6, 63, 88, 163, 213, 230
瞿曇　Gotamaka　（祠堂）　186
瞿曇渡場　Gotamatittha　231
瞿曇門　Gotamadvāra　231
空處　suññâgāra　287
空の　suññata　31
空無邊處　ākāsânañcâyatana　217
具眼者　cakkhumant　59, 287, 291, 359
具知根　aññātâvindriya　304
愚癡　moha　20, 56, 73, 81, 122, 215, 308, 335
愚品　Bālavagga　26
軍持　Kuṇḍiyā　（村）　107
軍持處林　Kuṇḍitthānavana　107
群生　pajā　251

ケ，ゲ

化樂〔欲〕　nimmānaratin　345
華品　Pupphavagga　24
華鬘　mālā　191
袈裟　kāsāva　18, 65, 290
輕安　passaddhi　218
血痢　lohitapakkhandikā　221
結使　saṁyojana　209
結髮外道　jaṭila　92, 190
見處　ditthitthāna　298
乾闥婆　gandhabba　33, 82, 171, 175
劍術　tharusippa　133
賢品　Paṇḍitavagga　28
外道派　aññatitthiya　102, 193, 198, 204
解脫　vimutti ; vimokkha　13, 211, 304, 358, 365 ; 31, 328
解脫蘊　vimuttikkhandha　359
解脫者　vimutta　281, 371
解脫智　vimuttiñāṇa　356
解脫智見　vimuttiñāṇadassana　358
解脫智見蘊　vimuttiñāṇadassanakkhandha　359
解脫智見の話　vimuttiñāṇadassanakathā　141
解脫の話　vimuttikathā　141
解脫の樂　vimuttisukha　85—88, 99, 135
解脫味　vimuttirasa ; vimuttisāra　174 ; 288
眼　cakkhu　73
現在時　paccuppanna-addhā ; paccuppanna-addhāna　305 ; 321
現欲　paccupaṭṭhitakāma　345

コ，ゴ

戶外經　Tirokuḍḍasutta　（經）　9
孤獨　paviveka　279
光音天　Ābhassarā devā　（天）　48, 260
香　gandha　191
後有　punabbhava　285, 309, 346, 347
後分　pacchima-yāma　87
黑法　kaṇhadhamma　30
惛沈睡眠；惛眠　thīnamiddha　368 ; 275
五下分結　pañca orambhāgiyāni saṁyojanāni　364
五根　pañca indriyāni　174, 286
五取蘊　pañca upādānakkhandhā　2
五著　pañca saṅgā　74
五欲樂　pañca kāmaguṇāni　192, 364
五力　pañca balāni　174
語　vācā　73
語惡行　vacīduccarita　272, 273, 305, 311, 329, 350
語寂默　vacīmoneyya　307
語清淨　vacīsoceyya　307
語妙行　vacīsucarita　306, 312, 350
護畏　bhīruttāṇa　272
護根　saṁvutindriya　343
護門　guttadvāratā　271
恆伽；恆河　Gaṅgā　（河）　170, 173 ; 231
業　kamma　371

サ，ザ

作　kata　285
再生　punabbhava　137

最後身 antimasamussaya ; antimasārīra ; antimadeha 72 ; 79 ; 281, 288, 299, 304, 353
最上義 uttamattha 77, 80
薩羅遊 Sarabhū （河） 170, 173
三愛 tisso taṇhā 300
三悪行 tīṇi duccaritāni 305
三悪不善の覚 tayo pāpakā-akusalā-vitakkā 140
三意念 tayo vitakkā 107
三歸文 Saraṇattaya 1
三求 tisso esanā 297
三結 tayo saṁyojanā 165
三眼 tīṇi cakkhūni 309
三業道 tayo kammapathā 61
三時 tayo addhā 304
三寂默 tīṇi moneyyāni 307
三受 tisso vedanā 2, 296
三十三天 Tāvatiṁsa （天） 119, 120, 166, 229
三十二身分 dvattiṁsâkāra 2
三十六流 chattiṁsati sotā 70
三清淨 tīṇi soceyyāni 307
三福業事 tīṇi puññakiriyavatthūni 302
三寶經 Ratanasutta （經） 5
三昧 samādhi 6, 55, 74, 126
三明 tisso vijjā ; tevijja 124 ; 349, 351
三妙行 tīṇi sucaritāni 306
三漏 tayo āsavā 298
算術 gaṇanasippa 134
財施 āmisadāna 348, 354
雑品 Pakiṇṇakavagga 62
慚(愧) hiri 38, 234

シ, ジ

支提 cetiya 12
四悪趣 cattāro apāyā 7
四正勤 cattāro sammappadhānā 174
四聖諦 cattāri ariyasaccāni 2
四神足 cattāro iddhipādā 174, 186
四姓 cattāro vaṇṇā 173
四雙 cattāri yugāni 6
四雙者 cattāri purisayugāni 340
四念處 cattāro satipaṭṭhānā 174
四軛 catuyoga 202
死王 Maccurājā 24, 43, 106, 183
詩術 kāveyyasippa 134
色 rūpa 2, 96, 314
色界 rūpadhātu 295
識 viññāṇa 85, 86, 320
識無邊處 viññāṇânañcâyatana 217

七菩提分 ; 七覺支 satta bojjhaṅgāni 3 ; 174
沙門 samaṇa
4, 38, 45, 56, 57, 78, 104, 129, 136, 147, 168, 173
193, 198, 227, 311, 317, 325, 329, 355, 357
沙門道 sāmañña 65, 154
沙門の義 sāmaññattha 357
沙門分 sāmaññaṅga 355
舍衛 Sāvatthī （市）
3, 89, 91, 93, 94, 100—106, 112, 117, 118, 122, 127, 131
133, 151—153, 158, 160, 162, 166, 167, 176, 179, 181
183, 190, 193, 198, 202, 204, 207—212, 217, 233, 237
舍利弗 Sāriputta （比丘）
89, 111, 127, 146, 152, 158, 207, 208
奢摩嚩帝 Sāmāvatī （優婆夷） 215
捨離 cāga ; pahāna 166 ; 275
遮頗羅 Cāpāla （祠堂） 186, 190
釋迦族 Sakyakula 213
釋迦牟尼 Sakyamuni 6
釋子所屬のもの Sakyaputtiya 154, 173
釋提桓因 Sakko devānaṁ indo （天） 119, 130
取 upādāna 86, 87, 136
周利槃持 Cūlapanthaka （比丘） 183
首陀羅 sudda （種姓） 173
衆生 satta ; pajā 2, 66, 300, 305, 314 ; 56, 72
執著 upādāya 95, 207
集 samudaya 164
集の法 samudayadhamma 164
愁 soka 342
宿住 pubbenivāsa 350
出家の楽 nekkhammasukha 59
出入息念 ānāpānasati 332
出離 nissaraṇa ; nekkhamma 285, 313 ; 365
出離界 nissaraṇīya dhātu 313
出離尋思 nekkhammavitakka 334
所護林 Rakkhitavanasaṇḍa （森） 149
初分 paṭhama-yāma 85
書術 lekhāsippa 134
小誦經 Khuddaka-pāṭha （經） 1
小品 Cūlavagga 207
少欲者 appiccha 152
少欲の話 appicchakathā 141
正覺 sambuddha 45, 165
正見 dassana ; sammādiṭṭhi 7, 15, 50
正思惟 sammāsaṅkappa 19, 144
正自覺 sammāsambodhi 370
正自覺者 sammāsambuddha
241, 279, 281, 295, 314, 328, 340, 344, 364, 365
正智 sammadaññā ; abhiññā 25, 31, 331 ; 141

正等覺者 sammāsambudha 1, 17, 26, 46, 78, 85, 94, 107, 157, 178, 204
正念食 pariññātabhojana 31
正菩提 sambodhi 367
正法 saddhamma 26
生 jāti 86, 87, 342
生有 bhava 135
生有の渴愛 bhavataṇhā 136
生天の話 saggakathā 163
生盲品 Jaccandhavagga 185
勝觀 vipassanā 287
勝觀の者 vipassin 241—245, 247, 250, 251
勝鬘 Mallikā （妃） 160
聖慧 ariyapaññā 363
聖者 ariya 49, 58, 297, 359
聖諦 ariyasacca 4, 6, 46, 263
精 sāra 90
精勤 padhāna 139
精進 viriya 39, 368
精進の話 viriyârambhakathā 141
精髓 sāra 204
稱譽 yasa 225
聲聞波羅蜜 sāvakapāramī 13
證者 pāṭibhoga 110
證智 aññā 172
攝護 saṁvara 141
攝益 anuggaha 349, 354
心一境 ekaggācitta 157
心解脫 cetovimutti 121, 141, 327, 348, 351
心品 Cittavagga 22
身 kāya 73
身惡行 kāyaduccarita 272, 273, 305, 310, 329, 350
身見 sakkāyadiṭṭhi 7
身寂默 kāyamoneyya 307
身清淨 kāyasoceyya 307
身妙行 kāyasucarita 306, 312, 350
信 saddhā 110, 166, 329
信度馬 sindhava 67
眞諦 sacca 218
森林住者 araññaka 152
瞋 dosa 135, 225, 242, 247, 286, 295, 308, 336
瞋恚 dosa, vyāpāda 20, 56, 74, 76, 80, 90, 129, 308, 335 ; 368
瞋火 dosaggi 344
瞋尋思 vyāpādavitakka 365
瞋不善根 dosa-akusalamūla 294
親近處 gocara 141, 144
自己品 Attavagga 41
自說經 Udāna （經） 85
事象 saṅkhāra 60
持戒者 sīlavant ; vatavant 25, 141, 154, 227 ; 49
持戒の話 sīlakathā 163
持法者 dhammadhara 57, 188
慈心 mettacitta 260
慈心解脫 mettā cetovimutti 265
慈悲 mettā 5, 74
慈悲觀 mettā-saññā 143
慈悲經 Mettasutta （經） 13
實語者 saccavādin 154
邪見 micchādiṭṭhi 43, 66
邪見者 duddiṭṭhin 70
邪思惟 micchāsaṅkappa 19
邪心 aduṭṭhacitta 266
闍鬪 Jantu （村） 138
受 vedanā 86, 87
儒童 māṇavaka 99
壽命 āyu 224
十戒文 Dasasikkhāpada 1
重閣講堂 Kūṭāgārasāla 124, 185
淳陀 Cunda （優婆塞） 219, 223
順世術 lokāyatasippa 134
上流者 uddhaṁsota 51
成戒 sīlasampadā 227
成劫 vivaṭṭakappa 349
成就者 pāṭibhoga 241—244
定 samādhi 85, 88, 99, 129, 135, 146, 301, 358
定蘊 samādhikkhandha 301, 359
淨界 subhadhātu 332
淨心 pasannacitta 259
常住 sassata 194 199
掉擧惡作 uddhaccakukkucca 368
靜道 santipada 304, 305
靜慮 jhāna 287—289
神通 iddhi ; abhiññā 100, 279, 313, 332, 351
尋(思) vitakka 202 ; 279, 332, 367
塵垢 raja-jalla 38
塵勞 raja 118

ス ズ

須尼陀 Sunīdha （大臣） 228
須菩提 Subhūti （比丘） 202
水 āpa 96, 217
數術 saṅkhānasippa 134
數息觀 ānāpānasati 143
隨生 anujāta 314

隨僧　pacchāsamaṇa　232
隨法行者　anudhammacārin　188

セ，ゼ

世間　loka　370
世間解　lokavidū　330
世尊　bhagavant　1, 17, 43, 85, 94, 157, 164, 174, 241, 330
世品　Lokavagga　43
生命の素因　āyusaṅkhāra　190
征服者　abhibhū　260
誓願　paṇidhi　3
刹帝利　khattiya　（種姓）　63, 77, 173, 227
殺生　pāṇâtipāta　1, 315, 344
千品　Sahassavagga　32
先師　pubbâcariya　361
洗尼耶頻毘沙羅　Seniya-Bimbisāra　（王）　100
染法　virāgadhamma　320
栴檀香　candana　191
栴檀樹茸　sūkaramaddava　220
戰勝　Saṅgāmaji　（比丘）　91
舌　jivhā　73
絶對信　vesārajja　160
絶望　upāyāsa　86, 87
善覺　Suppabuddha　（優婆塞）　163
善行　sucarita　53
善行者　kalyāṇadhamma　154
善業　sukata　66
善趣　sugati　19, 66, 166, 228, 259, 271, 283, 312, 319, 320, 328, 350
善生　Sujātā　（阿修羅の女）　130
善尋思　kusalavitakka　334
善逝　sugata　6, 61, 94, 186, 187, 189, 223, 236, 330, 332, 349, 363
善知識　kalyāṇamitta　254
善法　kusala-dhamma ; kalyāṇa-dhamma　141, 193, 282 ; 315
禪思者　jhāyin　181
禪定　samādhi ; jhāna　39 ; 45, 75
禪定の話　samādhikathā　141

ソ，ゾ

蘇那倶胝耳　Soṇa-koṭikaṇṇa　（優婆塞）　176
蘇那長老品　Soṇatherassa-vagga　160
僧（伽）　saṅgha　46, 63, 315; 182, 254, 255, 340
僧伽梨衣　saṅghāṭi　221, 223, 233
僧團　saṅgha　1, 6, 12

雙品　Yamakavagga　17
觸　phassa　86, 103
觸處　phoṭṭhabba　131
孫陀利　Sundarī　（外道女）　153
蹲踞　ukkuṭika　38
象頭　Gayāsīsa　（山）　92
象品　Nāgavagga　67
增上心定　adhicitta　152

タ，ダ

他化自在〔欲〕　paranimmitavasavattin　345
他生　punabbhava　314
多迦羅支棄　Tagarasikhin　（辟支佛）　165
多揭羅　tagara　（樹）　25, 320
多子　Bahuputta　（祠堂）　186
帝釋　Sakka　（天）　260
帝魔　timi　（魚）　171, 175
帝魔伽羅　timiṅgala　（魚）　171, 175
帝魔羅頻伽羅　timirapiṅgala　（魚）　171, 175
體　sarīra　194
托鉢者　piṇḍapātika　152
但三衣者　tecīvarika　152
陀驃摩羅子　Dabba-Mallaputta　（比丘）　236, 237
墮處　vinipāta　227, 256, 311, 325, 350
大迦葉　Mahākassapa　（比丘）　89, 90, 129
大迦旃延　Mahākaccāna　（比丘）　176, 212
大拘致羅　Mahākoṭṭhita　（比丘）　89
大劫賓那　Mahākappina　（比丘）　89
大地獄　mahāniraya　147
大淳陀　Mahācunda　（比丘）　89
大梵天　Mahābrahman　260
大目犍連　Mahāmoggallāna　（比丘）　89, 110, 127, 146, 168
大林　Mahāvana　124, 185
提婆達多　Devadatta　（比丘）　89, 181, 337
第八の生　aṭṭhama-bhava　7
醍醐味　sappi　105, 145, 237

チ，ヂ

地（界）　paṭhavī　24 ; 96, 217
地獄　niraya　36, 38, 64, 165, 227, 256, 273
地獄品　Nirayavagga　64
地上の横臥　thaṇḍilasāyikā　38
知根　aññindriya　304
知足者　santuṭṭha　152
知足の話　santuṭṭhikathā　141
知量　mattaññutā　271

智慧の話 paññākathā 141
癡 moha 135, 225, 242, 249, 252, 286, 295
癡火 mohaggi 344
癡不善根 moha-akusalamūla 294
竹林 Veḷuvana 89, 128, 129, 146, 157, 162, 181, 202, 236
中分 majjhima-yāma 86
長老 thera 57
調御丈夫 purisadhammasārathi 330

ツ，ヅ

通知 abhiññā 276, 348, 357
通力 iddhi 44
頭陀說者 dhutavāda 152

テ，デ

天界 sagga ; sagga-loka ; devaloka 36, 44, 83, 255, 256, 273, 274, 306 ; 166, 228, 259, 312, 319, 320, 350 ; 363
天眼 dibba-cakkhu 92, 147, 229, 303, 350
天上の樂 diviya-sukha 101
天聲 devasadda 327
天身 devakāya 328
天耳 dibba-sotadhātu 130, 148
天人 devatā 361
天人師 satthā devamanussānaṁ 330
轉生 pavatta 217
轉變の法 vipariṇāmadhamma 136
轉輪王 cakkavattī rājā 13, 260
田相術 khettavijjāsippa 134

ト，ド

兜率天衆 Tusitakāya 162
塗香 vilepana 191
刀杖品 Daṇḍavagga 37
東園 Pubbârāma 112, 167, 190, 233
到彼岸者 pāragata 365
塔婆 thūpa 96
等覺 sambodhi 224, 274, 275
統御安息 damatha-samatha 94
度脫者 tiṇṇa 371
貪 rāga ; lobha 135, 143, 225, 286, 308 ; 241, 246, 295, 335
貪火 rāgaggi 344
貪不善根 lobha-akusalamūla 294
貪欲 rāga ; lobha ; rāgadosa ; kāma ; abhijjhā 19, 20, 48, 56, 70, 74, 76, 80, 137, 308 ; 55, 335 ; 72 ; 122 ; 368
努力精進者 āraddhaviriya 152
同梵行者 sabrahmacārin 96, 157
動轉 calita 218
道 magga 164
道行 tapa 4
道品 Maggavagga 59

ナ

那伽娑摩羅 Nāgasamāla （比丘） 232
奈落 niraya 255, 256, 272, 290, 306, 311, 320, 325, 337, 350
泥鬼 paṁsupisācaka 148
難陀 Nanda （比丘） 118, 120
難陀品 Nandavagga 117

ニ

尼乾子 nigaṇṭha （外道） 190
尼連禪 Nerañjarā （河） 85—88, 99, 135
耳 sota 73
肉眼 maṁsacakkhu 303
如是語經 Itivuttaka （經） 241
如來 tathāgata 5, 58, 60, 108, 165, 169, 186, 189, 194, 204, 279, 280, 281, 308, 330, 338, 340, 354, 365, 369
忍受 titikkhā 45
忍辱 khantī ; akkodha 45 ; 51

ネ

涅槃 nibbāṇa 4, 7, 13, 20, 22, 28, 37, 45, 48, 52, 61, 74, 107, 128, 137, 141, 143, 217, 274, 276, 340, 356
涅槃界 nibbāṇadhātu 174, 286, 370

ノ

惱 domanassa 86, 87

ハ，バ

波斯匿 Pasenadi 100, 104, 112, 154, 160, 190
波旬 Pāpimant （惡魔） 187, 189
波吒梨 Pāṭalī （邑） 90

波吒離村 Pāṭaligāma 225, 228
波吒離村人品 Pāṭaligāmiyavagga 217
波陀 Pālileyyaka （林） 149
波婆 Pāvā （邑） 219
波羅提木叉 pātimokkha 141, 152, 167, 367
波羅提木叉律儀 pātimokkhasaṁvarasaṁvuta 347, 367
波樓多 Pavatta （山） 176
破戒 sīlavipatti 226
破僧伽 saṅghabheda 254
八支聖道; 八正道 ariyo aṭṭhaṅgiko maggo 3; 174
八種の人 aṭṭha puggalā 6
八輩者 aṭṭha purisapuggalā 340
婆求末 Vaggumudā （河） 123, 124
婆醯 Bāhiya （比丘） 93
婆羅門 brāhmaṇa 38, 63, 77, 86—89, 92
96, 104, 129, 136, 173, 182, 193, 198, 213
227, 311, 317, 325, 329, 349, 351, 353, 357
婆羅門道 brāhmañña 154
婆羅門の義 brāhmaññattha 357
婆羅門品 Brāhmaṇavagga 77
跋闍 Vajji （族, 國） 123, 228
跋陀沙羅 bhaddasāla （樹） 149
跋提梨迦 Bhaddiya （比丘） 113

ヒ, ビ

非有 vibhava; abhava 136; 300
非有の渇愛; 非有愛
vibhavataṇhā 136; 300
非時食 vikālabhojana 2
非想非々想處 nevasaññānāsaññâyatana 217
非被征服者 anabhibhū 260
非法 adhamma 55
非梵行 abrahmacariya 2
非梵行者 abrahmacārin 154
悲 parideva 86, 87, 342
鄙人 vasala 128
畢鉢羅窟 Pipphaliguhā 90, 129
畢陵伽婆蹉 Pilindavaccha （比丘） 128
賓頭盧頗羅墮誓 Piṇḍolabhāradvāja （比丘） 152
比丘 bhikkhu 11, 38, 58, 73, 74
129, 149, 164, 187, 308, 347
比丘尼 bhikkhunī 149, 188, 308
比丘品 Bhikkhuvagga 73
毘補羅 Vepulla （山） 262
鼻 ghāna 73
白淨 sucisoceyya 307
白法 sukkadhamma 30, 284
平等 tula 190

フ, ブ

不苦不樂受 adukkhamasukhā vedanā 296
不還 anāgāmin 215, 346
不還果 anāgāmiphala; anāgāmitā
175, 241, 242, 244; 287, 288
不還向 anāgāmin 175
不護門 aguttadvāratā 270
不死の界 amatadhātu 295, 314
不淨觀 asubha-saññā; asubhânupassin
143; 332
不善根 akusalamūla 294
不善尋思 akusalavitakka 324, 333
不善法 akusaladhamma 141, 270
不退轉の法 avinipātadhamma 165
不知量 amattaññutā 270
不動三昧 ānañja-samādhi 125
不平等 atula 190
不放逸 appamāda 20, 25, 227, 288
不放逸品 Appamādavagga 20
不與取 adinnâdāna 315
布薩日 uposatha 167, 181
布施 dāna 4, 12, 264, 302
布施の話 dānakathā 163
怖畏 bhaya 115
普行沙門; 普行出家 paribbājaka
102, 104, 153, 190, 204; 193, 198
風 vāya 96, 217
伏藏經 Nidhikaṇḍasutta （經） 11
福業 puñña 12, 51
福善 bhadra 35
福樂 sukha 225
覆 makkha 244, 251
拂惡 kusala 272
忿(怒) kodha 51; 243, 250
忿怒品 Kodhavagga 51
糞掃衣 paṁsukūla 79, 355
糞掃衣者 paṁsukūlika 152
佛眼 buddhacakkhu 135
佛(陀) buddha 1, 5, 46, 63, 315, 330, 371;
45, 47, 78, 110, 230, 256, 280, 308, 371
佛陀の教 buddhasāsana 74, 76
佛陀品 Buddhavagga 44
佛地 buddhabhūmi 13

ヘ, ベ

平和住者 samacārin 154
遍知 pariññā 276

吠舎 vessa （種姓） 173
吠舎離 Vesālī （市） 124, 185
吠陀 veda 88

ホ，ボ

法 dhamma 1, 6, 39, 46, 63, 107, 164, 315, 329, 363
法行者 dhammacārin 154
法句經 Dhammapada （經） 17
法眼 dhammacakkhu 164
法住者 dhammaṭṭha 56
法住品 Dhammaṭṭhavagga 56
法將 dhammasenāpati 111
法施 dhammadāna 72, 348, 354
法味 dhammarasa 72
法鬪 dhammâdhikaraṇa 96
法樂 dhammarati 72
法・律 dhammavinaya 157, 166, 172
放逸 pamāda 20, 227, 288
本質 upadhi 103, 136, 180, 215
菩薩 bodhisatta 162
菩提 sambodhi 289
菩提樹 bodhirukkha 85—87, 138
菩提の支分 sambodhiyaṅga 30
菩提分法 bodhipakkhiya ; bodhipakkhika 327 ; 347
菩提品 Bodhivagga 85
瀑流 ogha 21, 24, 61, 75, 208, 362
牧牛士 gopālaka 145
凡夫 puthujjana 59
梵行 brahmacariya 4, 41, 65, 88, 113, 118—120, 136, 162, 170, 177, 181, 189, 203, 211, 231, 275, 276, 285, 330, 362, 365
梵行求 brahmacariyesanā 297, 298
梵行者 brahmacārin 154, 168, 173, 290
梵住 brahma-vihāra 15
梵天 Brahman 33, 52, 212, 260, 329, 361
梵天宮 Brahmavimāna 260
梵輪 brahmacakka 371
煩惱 āsava 30, 31, 36, 52, 56, 59, 62, 77, 82, 95, 207, 331

マ

末羅 Malla （族，國） 143, 213, 219
末利迦 mallikā （樹） 25
摩伽婆 Maghavan （帝釋の異名） 21
摩掲陀 Magadha （族，國） 100, 225, 228, 263
摩企 Mahī （河） 170, 173
魔(王) Māra 18, 23—25, 33, 44, 60, 70, 299, 304, 329
慢 māna 31, 244, 246, 288, 297
慢結 mānagantha 246
慢心 māna ; ussada 28, 51, 80 ; 88

ミ

未知當知根 anaññātaññassāmitindriya 304
未得者 appattamānasa 253
未來時 anāgata-addhā ; anāgata-addhāna 305 ; 321
彌醯 Meghiya （比丘） 138
彌醯品 Meghiyavagga 138
名 nāma 2
名色 nāmarūpa 51, 74, 85, 86
明 vijjā 13, 282, 283, 332, 350
明行足 vijjācaraṇasampanna 330
命 jīvita 110, 194

ム

牟尼 muni 58, 83, 153, 190, 212, 281, 288, 297, 313, 332, 351
無恚尋思 avyāpādavitakka 334
無爲 asaṅkhata 285, 340
無有 abhūta 285
無憂 asoka 285
無憂離染の道 asoka-viraja-pada 295, 314
無衣外道 acela 190
無依者 anissita 287
無我 anatta 60, 218
無我想 anattasaññā 143
無害尋思 avihiṁsāvitakka 334
無起 asamuppanna 285
無疑 akathaṁkathī 298
無礙解 paṭisambhidā 13
無幸處 apāya 256, 290, 311, 325, 350
無作 akata 285
無色 arūpa 96, 313, 314
無色界 arūpadhātu 295
無所有處 ākiñcaññâyatana 217
無生 ajāta 285
無上士 anuttara 8, 330
無常 anicca 60, 136, 296, 320
無常觀 aniccasaññā ; aniccânupassin 143 ; 332
無尋定 avitakka-samādhi 202
無染 viraja 285

無相の animitta 31
無明 avijjā 85—87, 136, 282, 283, 299, 308, 332, 350, 356
無明蓋 avijjānīvaraṇa 251
無明漏 avijjâsava 299
無餘(依)涅槃(界) anupādisesa-nibbāṇadhātu 174, 224, 286
無欲 nirāsa 208, 298
無漏 anāsava 327, 348, 351

メ

滅界 nirodhadhātu 295
滅(盡) nirodha 164; 141, 313
滅の法 nirodhadhamma 164

モ

妄語 musāvāda 2
妄語者 musāvādin 154
妄想念 papañcasaññā 212
目眞隣陀 Mucalinda (樹) 99
目眞隣陀品 Mucalindavagga 98
文眞隣陀 Mucalinda (龍王) 99
聞沙彌文 Kumārapañha 2

ヤ

野輸那 Yasoja (比丘) 122
藥叉；夜叉 yakkha 12, 147, 364
藥品 bhesajja 355

ユ

由旬 yojana 26, 171, 175, 343
遊行者 paribbāja 65
瑜伽 yoga 61
優生 atijāta 314

ヨ

預流 sotâpanna 165, 215
預流果 sotâpattiphala 44, 175
預流向 sotâpanna 175
羊群 Ajakalāpaka (夜叉) 90
羊群 Ajakalāpaka (祠堂) 90
羊牧尼拘律 Ajapālanigrodha (樹) 88
搖尤那 Yamunā (河) 170, 173
欲 kāma 15, 99, 347
欲愛 kāmataṇhā 300
欲覺 kāmavitakka 140
欲求 kāmesanā 297, 298
欲生 kāmupapatti 345
欲心 icchā 28
欲尋思 kāmavitakka 333, 365
欲の繋縛 kāmayoga 346
欲の邪行 kamesu micchācāro 315
欲望 icchādosa 73
欲漏 kāmâsava 299

ラ

裸行 naggacariyā 38
螺髻 jaṭā 38
羅刹 rakkhasa 309
羅婆那跋提 Lakuṇṭhakabhaddiya (比丘) 207, 208, 210
來生 abhisamparāya 96
樂 sukha 112
樂苦 sukhadukkha 96
樂受 sukhā vedanā 296

リ

離越 Revata (比丘) 89
離欲；離貪 virāga 141; 340
律儀 saṁvara 275
龍；龍象 nāga 12, 171, 175; 94, 148, 179
靈鷲 Gijjhakūṭa (山) 263
輪廻 saṁsāra, vaṭṭa 31, 81, 157, 158, 201, 252, 300, 347, 348, 360, 371; 208

ル

流轉 saṁsāra 26, 40

レ

麗色 vaṇṇa 225
劣生 avajāta 314

ロ

漏 āsava 121, 286, 347
漏盡 khīṇāsava 157
老 jara 342
老死 jarāmaraṇa 86, 87

老品	Jarāvagga	39
六逆罪	cha abhiṭhānāni	7
六觸處	cha phassâyatana	127
六內處	cha ajjhattikāni āyatanāni	2, 364
六入	saḷâyatana	85, 86
鹿母講堂	Migāramātā-pāsāda	112, 167, 190, 233
鹿母毘舍佉	Visākhā-Migāramātā（優婆夷）	112, 233

ワ

惒跋單	Upavattana（林）	143
惑	kathaṁkathā	164